U0902025

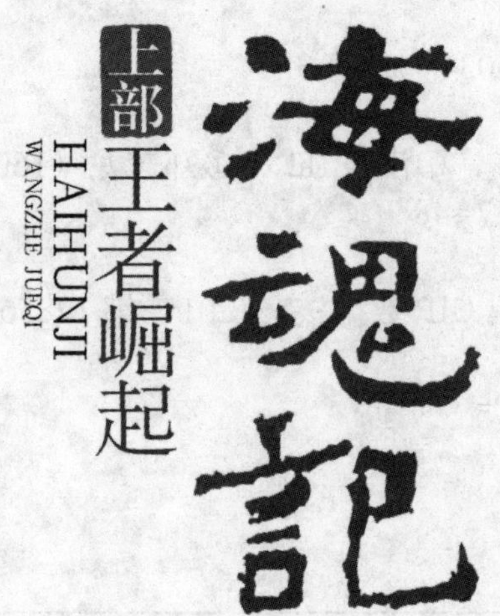

洪永宏 著

中国文史出版社

图书在版编目（CIP）数据

海魂记 / 洪永宏著 . -- 北京 ：中国文史出版社，2017.5

ISBN 978-7-5034-9272-3

Ⅰ. ①海… Ⅱ. ①洪… Ⅲ. ①郑芝龙（1604-1661）-传记 Ⅳ. ① K827=48

中国版本图书馆 CIP 数据核字 (2017) 第 128562 号

责任编辑：梁玉梅

出版发行：中国文史出版社

网　　址：www.chinawenshi.net

社　　址：北京市西城区太平桥大街 23 号　邮编：100811

电　　话：010-66173572　66168268　66192736（发行部）

传　　真：010-66192703

印　　装：北京温林源印刷有限公司

经　　销：全国新华书店

开　　本：16 开

印　　张：37.25　　字数：590 千字

版　　次：2017 年 9 月北京第 1 版

印　　次：2017 年 9 月第 1 次印刷

定　　价：86.00 元（上下册）

前言

民族英雄郑成功在收复祖国领土台湾时，挥笔赋《复台》一诗：

开辟荆榛逐荷夷，
十年始克复先基。
田横尚有三千客，
茹苦间关不忍离。

他接着在诗中加注称："太师（郑芝龙封号）会兵积粮于此，出仕后为红毛荷兰夷酋揆一王窃据。"向世人宣告台湾乃其父亲郑芝龙创立的"基业"。

但是，这位台湾基业的开创者、八闽长城的大英豪，却长期被认为原是个"大海盗"；或"亦盗亦商"，即"兼营商业的海盗"。

海盗者，古称"海贼"，乃一群在海上和滨海地带烧杀抢掠、奸淫妇女的匪徒。而"贼首"则更是一个无恶不作的大恶魔。

那么，郑芝龙究竟是怎么样的一个大海盗？又是怎么样的一个"贼首"？请看以下三份奏折：

1. 明天启七年（1627年）七月三日，兵部尚书王之丞在奏折上对郑芝龙之攻袭厦门称："唯是贼之来也，以索前所招抚杨六、杨七为名，遍张伪示，声言报仇……"（载于《中国明朝档案总汇·第三册》）

2. 明崇祯元年（1628年）二月十二日，兵部尚书阎鸣泰的奏折上称："贼首郑芝龙生长于泉，凡我内地之虚实了然于胸。加以岁月所招徕，金钱所诱饵，聚艇数百，聚徒数万。城社之鼠狐，甘为爪牙；郡县之刀笔，尽属腹心。乡绅偶有条陈，事未行而机先泄；官府才一告示，甲造谤而乙讹言。复以小惠济其大奸，礼贤而下士，劫富而济贫，来者不拒而去者不追，以故官不忧盗而忧民，民不畏官而畏贼，贼不任怨而任德；一人作贼，一家自喜无忧，一姓从贼一方可保无虞。……”（载于《中国明朝档案总汇·第四册》）

3. 紧接着，吏部监察御史苏琰在奏折上称：“郑芝龙……自旧镇进至中左所（厦门旧称）……中左之人开城门，哀求不杀，芝龙又约众不入……”（载于《中国明朝档案总汇·第五册》）

兵部尚书和御史在给皇帝的奏折上绝不可能为“贼首”说好话，这三份奏折当属可信可靠。

翻遍古今中外海盗史，哪有“礼贤下士，劫富济贫，任德不任怨，来不拒而去不追”并受到广大民众和郡县小吏拥戴的“大海贼”？

而且，这三份奏折提到的郑芝龙率部攻袭厦门，虽实有其事；但据奏折所描述的，他之所以率部攻袭厦门只是为了索取仇人杨六、杨七，以报血海深仇；因此“遍张伪示（到处张贴安民告示），声言报仇”。而当厦门百姓“开城门，哀求不杀”时，郑芝龙又约束部众不许进城扰民、伤民……这真可谓是一支“仁义之师”啊！

再说古今中外大海盗的相貌，几乎全都是“竖眉怒目、满脸横肉……”

这个“贼首”郑芝龙的长相又是什么样子呢？

请看明、清一些史料所描绘的郑芝龙的长相：

1.《明季北略》载：郑芝龙“姣好色媚”。

2.《梦游录》载：“芝龙少年姣好。”

3.《纤言》载：“公见其姿容秀丽，曰：汝当贵而封王。”

当年的史书也好，传说也好，凡提到郑芝龙的相貌，全都说他是个美男子。

这位美男子郑芝龙是什么地方人？他读过书练过武吗？……他在海外闯过哪些地方？学到哪些本领？有过哪些风流韵事？经历过哪些危难险情？……他为何起先被认定为“小龙飞天”，后来则被赞誉为“飞天蛟龙”？……他是因何接受朝廷招抚当上海防游击将军的？是因何被擢升为统领全省海陆军的福建总兵的？……他是如何迁徙数万闽省饥民、数百各类工匠到台湾垦殖，使台湾变成良田万顷、百业俱兴的中华宝岛的？……他是如何大败世界海上强国荷兰的舰队、成为明朝末年我国最杰出的海军将领并重启海上丝绸之路使东南沿海地区空前繁荣的？……他又是如何在崇祯皇帝逝世后于福建拥立隆武帝，被晋封为太师、平国公，登上人生顶峰的？……

长篇小说《海魂记》将摈弃以往讹传的老套话；依据正史采纳传说，以“抗击外夷，巩固海防，弘扬爱国主义，宣扬中华的海洋文化”为主旨；并参照电视剧的创作手法，用规范汉语羼入少许闽南语，讲述这位美男子的传奇故事。

目录

海魂记·上部

目录

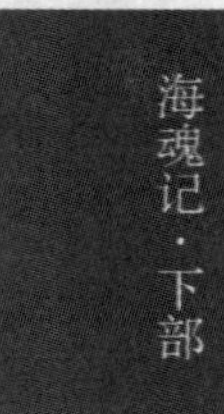

第一章 大顽童龙兄虎弟

台湾海峡，简称台海，东岸北自台湾岛北端的富贵角起，经鸡笼（今基隆）、台北、台中、台南、打狗（今高雄）等沿海地区，南至岛南端的鹅銮鼻。西岸北自闽江口外的海坛岛（今平潭）起，经兴化、泉州、漳州三府沿海各县，南至福建省南端与广东交界的铜山岛（今东山）；现台海西岸已泛指福建、浙南和粤东的沿海地区。该海峡因位于中国南海与东海的交汇处，扼通往南洋、西洋和东洋的咽喉，握连接大陆与台湾的纽带，因之成为神州东南最重要的海疆。

明万历四十七年，岁次己未，时届深秋，这一天早晨，从东北方向刮来的“九降风”呼啦呼啦地叫着，台海西岸满天乌灰乌灰的云朵把爽朗的秋阳挡在天外，往日湛蓝清澈的海面鼓起一堆堆浑浊的浪头，地处台海西岸中部福建南安县石井村的上空布满萧瑟之气。

这时，村东头鳌峰山麓郑氏宗祠里，却传出阵阵如歌似吟的读书声：

天子重英豪，文章教尔曹；万般皆下品，唯有读书高。

少小须勤学，文章可立身；满朝朱紫贵，尽是读书人。

朝为田舍郎，暮登天子堂；将相本无种，男儿当自强！

……

那是学塾设在宗祠东厢的初等班孩童们在吟唱《神童诗》，脆亮悦耳的“书歌”声给村子送来几分暖意。

学塾设在宗祠西厢的高等班，已经不再念书歌了，塾师蔡继明正在讲授儒家经典《礼记》，这位蔡继明是从泉州府城聘来的穷秀才，现年二十八岁。他身架结实，双目炯炯，虽出身贫寒，却自负甚高，认为自己不但能文善书，而且习练过武艺，探研过医术，有朝一日机缘一到，定会大有作为；如今因迫于生计，不得不受聘到石井执教。

学塾的高等班有生员二十余名，都是十四五岁到十六七岁的大学童，正处在野性勃发之龄，其中以坐在后排右侧的郑芝龙、郑芝虎兄弟最为顽皮……

讲台上，蔡继明正拔高声调朗读《礼记·大同篇》，并详加讲解：

大道之行也，天下为公，选贤与能，讲信修睦。故人不独亲其亲，不独子其子，使老有所终，壮有所用，幼有所长，矜、寡、孤、独、废疾者皆有所养，男有分，女有归；货恶其弃于地也，不必藏于己；力恶其不出于身也，不必为己。是故谋闭而不兴，盗窃乱贼而不作，故外户而不闭，是谓大同……

在塾师摇头晃脑认真讲解之时，芝虎用手指戳了戳芝龙的腰，细声恳求道："阿兄，拿出来给我看看嘛！"

"在家里已经说好了，放了学才给你。"芝龙拨开芝虎的手，轻声应说。

"不啦，不啦，我现在就要。"芝虎扯着芝龙的衣襟。

"现在正在上课。"芝龙皱起眉头。

"我看一眼就行，老师不会发现的。"芝虎依然缠住不放。

"好啦，好啦，只准看一眼。"芝龙经不住蛮缠，悄悄从书包里将那物件掏出来。

原来是一把制作精致的小弓弩，芝虎接过手，放到怀里，摸了又摸，看了又看，真是爱不释手……

忽听到蔡继明一声猛喝："你们在做什么？"

"没，没做什么……"芝龙、芝虎吃了一惊，连忙将小弓弩塞进书包里。

同班其他大学童纷纷转过头，盯着他们。

蔡继明手拿戒尺走了过来，站到他们面前："我刚才所讲的，你们都听进去了吗？”

“都听进去了。”两兄弟嗫嚅地应道。

蔡继明瞥了他们一眼，开声叫道：“芝虎。”

芝虎应声站起身。

蔡继明问道：“我刚才讲的是什么？你说。”

“蔡师刚才讲的是……”芝虎一时答不上来。

蔡继明不悦：“说呀，我刚才讲的是什么？”

芝虎摸了摸自己的头壳：“蔡师刚才讲的是，‘大学之道，在明明德，在亲民’……”

“大学之道，在明明德，在亲民？……”蔡继明反问。

“蔡师刚才讲的是，”芝龙赶紧替二弟回答，“大道之行也，天下为公……”

“我不是在问你，芝龙，”蔡继明说着，随即举起手中的戒尺，“你们以为在下面捣鬼我全然不知，是不是？”

“不敢，不敢，我们不敢……”这两个被村民戏称为“龙兄虎弟”的大顽童预感事情不妙，低着头应说。

同班那些大学童知道有好戏看，或站起身，或装鬼脸，对他们指指戳戳……

突然，蔡继明将戒尺朝他们桌面上猛地一拍，厉声喝道：“给我交出来！”

“不，不。”两人吃了一惊，芝虎连忙护着那只书包。

“给我交出来！”蔡继明再次厉声喝道。

“不交，不交。”芝虎硬着头皮，双手紧紧将书包抱住。

芝龙看芝虎那股愣劲，心中焦急：“坏了，坏了。”可一时又想不出什么办法……

蔡继明怒气冲冲，举起戒尺：“交不交？”

芝虎咬着牙：“不交。”

发怒的蔡继明用戒尺敲打芝虎的手，待他手指一松，就硬把那书包扯到自己手中。

芝虎正要出手去抢，却被芝龙拉住。

蔡继明从书包里取出小弓弩，仔细一看，那弓弩只有一尺多长，弓板用的是竹片，弓弦用的是牛筋；弩身则用硬木削成；前有“望山”以瞄准目标，中有“弩郭”以放置箭杆，后有“板牙”以勾住弦筋，下有“扳机”以扣发箭矢。整件弓弩结构紧密，制作极为精良，蔡继明不禁起了疑心，便开口问道：“这弓弩从哪里偷来的？”

芝虎噘起嘴：“不是偷的，是阿兄做的。”

蔡继明到石井学塾执教一年多了，情况已经熟悉，这班上的大龄学童，最顽皮的就数郑芝龙，而最俊美、最聪颖的也正是这个芝龙。他听芝虎这么一说，不禁将那弓弩把玩起来，问道：“你阿兄能做出这样的弓弩？”

“就是他做的。”芝虎咬着牙答说。

“我看他未必有这本事。”蔡继明摇了摇头。

“你别小看人。”芝虎气嘟嘟地顶了过去。

蔡继明一边暗笑，一边板下脸：“先没收再说。”说着，手握弓弩转身走向讲台。

愣头愣脑的芝虎再也忍不住了，他冲了上去，出手欲夺回小弓弩。蔡继明只侧身一闪，回手就抓住芝虎的胳膊；想不到芝虎猛力甩了两甩使劲挣脱，继续扑向弓弩。

至此，蔡继明才意识到不能小看面前这个愣学童，他手持弓弩，摆开架势，开始认真与芝虎过招。

芝虎虽有一股虎劲，但毕竟才十四五岁，虽然从小习武，但怎能敌得过蔡继明，几个回合下来，就只能勉力招架了。

这时，站在课桌旁冷眼注视双方格斗的郑芝龙，突然一个箭步插到蔡继明身后。蔡继明立即感到背后有人，刚一转身，郑芝龙已经闪电般地从他手上夺过小弓弩，猫着身飞快逃出课室。

看到芝龙抢回弓弩，芝虎赶紧拎起哥哥和自己的书包，跟着也溜了出去。

蔡继明万想不到这两个小子手脚如此之快，待他回过神来，芝龙、芝虎已经不见踪影。他猛力跺着脚，嚷道：“反了，反了！……”

溜出课室，芝虎四下张望后，判定哥哥准是躲进树林里，就朝着山头的树林子快步走去，边走边四处搜寻……

忽然，“呜哇”一声吼叫在耳边震响，他扭过头，芝龙已经站在他身旁。

“阿兄！”芝虎高兴得跳了起来，“你躲到哪里去了，让我找得好苦。”

“我不就在这里吗？”芝龙说。

“那弓弩有没有给弄坏？”芝虎急巴巴地问。

芝龙把手中的弓弩递给他：“你自已看。”

芝虎接了过来，上上下下摸着看着：“好啊，一点都没扯坏。”

芝龙戳了一下他的鼻子：“今天都是你惹的祸。”

芝虎嘟囔着：“我惹什么祸？蔡师他自己就不对，他凭什么没收我们的弓弩。”

芝龙有些生气：“你不吵着要看，他能晓得我们有弓弩？”

“这……”芝虎挠了挠头壳，“阿兄，是我错了。”

“今天这事闹得太大了，”芝龙说，“蔡师对我们还是不错的，今天我们却如此无礼，看来得先到蔡师那里请罚。”

“怎么罚，无非再挨一顿责打。”芝虎应道。

“责打倒不怕，”芝龙说，“怕的是蔡师准定告到家里。我们如果先向他请罪，可以央求他别去告。”

“告到家里又怎么样，”芝虎说，“阿爹人在泉州府衙里做事，二妈又不是我们的亲生母亲。”

芝龙皱起眉头：“可是蔡师到家里一告，二妈不知又要唠叨几天……”

“哎，”芝虎忽然想起，“听说舅舅出洋到澳门才三四年就开了一间店铺，还赚了不少钱；我们是不是也到澳门闯一闯？”

“到澳门闯一闯，”芝龙应道，“我早就想去。可你去得了吗？阿爹会允许吗？二妈会让你走吗？”

“算了，算了，”芝虎挠了挠头皮，“别去想它了。”

芝龙挥了挥手：“对，别管它了，走吧，到树林里试试这小弓弩的威力。”

芝虎拍起手：“好，好！”

“九降风”翻山越海来到树林已经减弱，秋阳偶尔透过云层露出点笑脸，虽然已经到了深秋季节，毕竟是在中华大地的东南海边。看那树冠上的叶子依然青青绿绿，听那林子里的鸟雀依然叽叽啾啾，林间草地上不时蹿出一两只野兔，这叫芝龙、芝虎兄弟怎能不心摇手痒……

“把竹箭拿出来。”

芝龙一声令下，芝虎立即从自己的书包里取出一个小皮囊，里面装着十几支竹箭。芝龙从中抽出一支……

哇哈！你看那箭杆笔直光滑，箭头钳着犀利铁片，箭尾还插着三排羽毛。

“给我先试试好吗？阿兄！”芝虎求道。

“好。”芝龙把弓弩和竹箭一起给了他。

芝虎用力将弓弦朝后一拉，勾在“板牙”上，然后把箭杆搭进“弩郭”，杆尾顶住弓弦。这时，正好一只斑鸠飞了过来，歇在相思树顶，他左手托着弓片，右手勾着“扳机”，用弓弩前端的“望山”瞄准斑鸠，手指将“扳机”扣动。

只听得“嗖”的一声，竹箭朝着斑鸠直射过去……

再听到“笃”的一声，竹箭钉在斑鸠脚下的树枝上，那斑鸠扑腾起翅膀飞走了。

“饭桶！笨蛋！”芝虎自己骂自己。

“不笨，不笨，”芝龙说，“第一箭射出这样的成绩已经够厉害了。”

“阿兄别夸我，这下你来吧。”芝虎说着，要把弓弩还给芝龙。

“不。”芝龙说，“你连续射它几箭，准能射中。”

芝虎喜出望外，抱拳道谢：“谢阿兄！”话音一落先把弓弩塞在芝龙手中，转身跑到相思树下，像猴子一般爬到树顶，细心地将那支竹箭拔了下来……

看到二弟上树拔箭，芝龙频频点头。

“这竹箭可不能白丢啊！”芝虎说。

就这样，兄弟俩在树林里继续寻找猎物……

芝虎第三箭射中一只鹌鹑时，高兴得又蹦又跳……

紧接着，芝龙也射中一只山鸡……

到了近午时分，两兄弟共猎得大鸟小鸟七只。

芝龙抬头看了看天色，准备收起弓弩：“二弟，时候不早了，该回去吃饭咯。”

芝虎跟着抬头望了望：“还不到中午，再打它两只吧。”

芝龙：“好，再打它两只……”

正说着，林间跳出一只肥滚滚的野兔，伸长着脖子四下张望。

芝龙和芝虎几乎同时发现，两人互递一下眼色，就原地不动，由芝龙拉开弓弩，搭上竹箭，静悄悄地等着。

那野兔看四周没什么异象，朝前跳了两步，低下头啃了几口林地上的青草；再跳前两步，又啃了几口青草；一步步靠近芝龙、芝虎藏身之处。待到这兔子进入射程内埋头啃草之际，芝龙托起弩身，瞄准野兔，果断地扣动扳机，一箭射中它的后腿。

中了箭的野兔啾的一声，蹦了起来，忍着痛转身就跑。

分明是到手的猎物，哪能让它逃掉？芝龙、芝虎立即拔起腿紧追。

两兄弟追出三四百步，那兔子渐渐支撑不住，一步一瘸地几乎跑不动了。

差十来步就追到啰！……忽听到前面树丛里有人在喊："野兔，野兔！"紧接着，一个身穿衣靠、携弓带箭的人跳出树丛，一脚踩中那即将倒地的兔子，伸手揪住兔耳朵，将那野兔拎了起来。

两兄弟跑上前定睛一看，原来是村里的"大狗熊"，在他身后，还有四个提着朴刀的家丁。

这"大狗熊"是石井举人府上的大少爷，名叫郑大雄，论辈分乃郑芝龙的族兄。他祖父在嘉靖年间中了武举，官至游击，在平定倭寇时战死在福建南部的漳浦，是个大名鼎鼎的好汉。他父亲承袭官职后也还能忠于职守。郑大雄却背离祖训，不求上进，终日无所事事，除了娶妻纳妾、生男育女外，就是舞刀弄枪，横行乡里。芝龙、芝虎都曾因一点小事被他抓去鞭打过，至今愤恨难消，此时却在这树林里窄路相逢。

芝虎素来莽撞，见那兔子在他手中，不管三七二十一就冲上前，一手将那野兔的脖子捏住，嚷道："这兔子是我们打的。"

兴高采烈的郑大雄这时才看清来的是西亭角士表家的两兄弟。他嘿嘿地笑了两声，嘲弄地问："这野兔是你们打的？"

"对。"芝虎理直气壮地指着兔子后腿上的竹箭，"这竹箭就是我们射的。"

郑大雄仔细一看，果然有一支尺把长的小箭插在那兔子的后腿上。"哼，"他晃了晃脑袋再问，"这竹箭是你们射的？"

这时，芝龙感到不能再平白退让，他跨前一步，把弓弩和箭袋亮在郑大雄面前："你看。"

郑大雄一愣，心想野兔果然是这两个小子射中的。但他在乡里一向称王称霸，现在兔子又在他手中，怎么可能还给芝龙兄弟？

“臭小子，两个臭小子，”他沉下脸开口骂道，边骂边拔出那支竹箭，扔在草地上，“哼，想要我的兔子，你们吃了豹子胆了！？”说着，将手中的野兔扔给家丁，喊了一声：“走！”就转过身扬长而去……

旧仇新恨一下子全涌上心头，芝龙、芝虎咬牙切齿，怎么说也不甘心。

芝虎狠狠地说：“这回我跟他拼了！”

芝龙问道：“你拼得过人家？”

芝虎有些沮丧：“难道就这样没完没了地被他欺侮？”

“不，”郑芝龙那稚气未净的眼睛里忽然露出一丝凶光，“这回该赏他一箭。”

芝虎眼睛随之忽闪一亮：“对，赏他一箭。”

芝龙立即张好弓弩搭好箭，手指勾着扳机；两人紧盯着郑大雄的背影，猫着身子悄无声息地追了过去，到双方相距三十来步才停下来，隐蔽在大树干后面，等待时机。

郑大雄原先射到的猎物并不多，自意外获得这只别人射中的野兔，手气开始顺了，发出两箭就射中一兔一鸟。

“大爷真是箭无虚发、百步穿杨啊！”家丁们纷纷跷起大拇指。

在手下的阿谀声中，郑大雄更是兴致勃勃地四下寻找新的猎物……

芝龙、芝虎也随之悄悄转移隐蔽的地方，而且越来越靠近。

很快，一只山鸡撑着翅膀滑了过来，郑大雄当即拉满弓弦，在山鸡歇到树枝的刹那间发箭。那山鸡应声而倒，落到地面。

家丁们捡起猎物，捧到郑大雄面前：“大爷，看这山鸡多漂亮啊！”

郑大雄指着那山鸡五颜六色的羽毛，笑了笑：“这是雄山鸡，羽毛特别美。”

这时，隐蔽在他身后的郑芝龙托起弓弩，瞄准他的肩部，扣动了扳机，竹箭“嗖”的一声射了出去……

毕竟是练过武艺，郑大雄立即感到背后似有暗器，他刚把头一偏，那竹箭已经插上了他的肩胛。

“哎哟！”郑大雄大叫一声，迅捷地转过身来，举目搜索，很快就发现正在逃离的芝龙兄弟。他挥手高喊：“追，快追！”

训练有素的家丁们立即分成两拨：三个家丁循着他手指的方位，提着朴刀，猛追过去；另一个留下来侍候主人。

郑大雄忍痛将那小竹箭拔了下来，一看到箭镞上的鲜血，气得浑身发颤，恶狠狠地骂道：“果然是这两个臭小子，抓到了非宰了他们不可。”边骂边拿出随身所带的金疮药，叫那家丁掀开他的上衣，帮他将药涂在伤口上。

紧追芝龙兄弟的三个家丁，都是郑大雄的贴身护卫，武艺精湛，快步如飞……芝龙、芝虎眼看就要被追上……

第二章 美少年坠崖落海

话说郑芝龙还有两个弟弟，三弟名芝凤，四弟名芝豹，就读于学塾初等班。这两人比他们的哥哥要规矩一些，今日一放学就按时回到家，郑二妈也开始张罗起孩子们的午饭。

这位郑二妈本姓黄，长得既美貌又端庄，是村里有名的“美姿娘”。她的娘家在邻近的晋江县安平（今安海）镇，家境原先尚好，童年也读过书。但自她父亲不幸身亡后，家庭便陷入困境，不得不在十八岁时嫁给丧妻的郑士表为继室，成为芝龙、芝虎、芝凤三兄弟的继母，并在进门的第二年为郑家再添一男丁，起名芝豹。

当时，郑士表在泉州府衙当管库小吏，名声虽好但薪俸甚少，养活这六口之家确实不易。可他又是个要面子的人，再难也要让孩子们上学读书。幸好黄氏精明勤快，善于理家，还把抛荒的几丘园地整得像模像样，有种有收；对芝龙、芝虎、芝凤这三个非亲生的儿子更是格外照顾，严加管教，使得一家平平安安。

今天她早早就到海滩上，直接向讨海归来的渔户买了四只大梭子蟹，准备给孩子们当午餐。现在芝凤、芝豹已经回到家，她即刻将梭子蟹下锅煮熟，配上日常主食番薯、稀粥，再加上一盘麦麸饼，不到午时就全部端上饭桌。

可是芝龙、芝虎却迟迟不见回来，郑二妈不禁走出家屋门外，朝着通往学塾的路上张望，依然不见人影……

饭菜都快凉了，郑二妈将芝凤、芝豹唤了过来，再次问他们：“你们大兄、二兄为何至今还没回家？”

芝豹：“不知道。”

二妈："你们放学的时候有没有见到他们？"

芝凤："没见到。我们先放的学。"

二妈："他们什么时候放学？"

芝凤："往日都比我们班迟一刻钟。"

二妈："你们回来都半个时辰啰！"

芝豹："是啊，照说早该回来了。"

芝凤忽然想起："对了，在上学的路上我听到二兄悄悄跟大兄说，放了学要到树林里打鸟。"

二妈以为听错了："打鸟？"

芝豹肯定地说："是啊，我好像也听到他们在说，就是不愿让我们知道。"

"打鸟？"二妈大感疑惑，"打鸟打到现在？这两个贪吃男孩玩起来可以忘掉别的，从来就没忘了吃饭……"

他们正说着，塾师蔡继明上门来了，一见面就冲着郑二妈气呼呼地说："芝龙、芝虎这两个孩子，你还管不管？"

二妈问道："蔡师，芝龙、芝虎怎么啦？"

蔡继明不悦："他们今早大闹学塾。"

二妈吃了一惊："大闹学塾？怎么闹的？"

蔡继明生气道："他们不知从哪里弄来一支弓弩，拿到课堂里闹玩。我一劝阻，他们竟敢公然冲撞老师，课也不上，扭头就跑，真是放肆至极。"

一种不祥的预感涌上二妈心头，她半似问蔡师，半似问自己："真有这事？"

蔡继明应道："你现在把他们叫出来，当面一问便知。"

二妈摇摇头："这两兄弟至今还没回家。"

蔡继明有些吃惊："没回家？不会吧。"

"确实还没回家。"二妈赶紧应说。

"那他们去哪里了呢？"蔡继明再问。

"是啊，他们到哪里去了？"二妈开始焦灼不安，嘴里不停地叨念，"他们跑到哪里去了呢？他们跑到哪里去了呢？……"

"我看准定是到树林里去打鸟。"站在一旁的小芝凤颇有把握地说。

"对，快到树林里去找他们！"二妈话音未落，就朝着鳌峰山的树林奔去……

芝凤、芝豹赶紧跟在母亲身后直跑……

蔡继明愣在那里，犹豫片刻，转过身也快步跟上……

树林里，快被追上的芝龙、芝虎发现前面不远处有一片浓密的矮树丛，树丛旁有一堆碎石块，两人不约而同地冲了过去，猛蹲下身，迅捷地抓起那些尖锐的小石块，对准家丁的头部，一阵猛掷，打得那三人左遮右挡，狼狈不堪。两兄弟则乘势一溜，躲进树丛里。

“快，你快回家去。”芝龙急匆匆地把弓弩和竹箭交给芝虎。

芝虎:“阿兄，你呢?”

芝龙:“我有办法对付他们。”

芝虎:“不，我要和阿兄在一起。”

芝龙厉声:“都什么时候了，还这么浑！快抄山后回家。”

芝虎:“阿兄……”

芝龙下令:“快，顺着这片矮树丛拐到山后。”

芝虎:“你呢……”

芝龙一巴掌甩过去:“还不快走!”

芝虎捂着脸颊，紧盯着哥哥的双眼，两行泪水禁不住滚了出来。他咬了咬牙，扭过头钻进那浓密的矮树丛中，迅速离去。

“臭小子，臭小子！……”被碎石片糊弄了一阵的家丁边骂着边追了过来，在树丛里四处搜寻……

郑芝龙隐藏在一处杂草遮蔽的巨石下，纹丝不动。

“怎么不见了?”领头的家丁说。

“跑到哪里去了?”另一个家丁问。

“抓不到这两个小子可不好交代啊。”第三个家丁又说。

忽然，右侧山坡顶传来一声声尖利的口哨声:“咻……咻……”

三个家丁一听，立即仰起头，捏紧下唇，跟着吹起口哨:“咻……咻……”

携弓带箭的郑大雄随即出现在那山坡顶。

“他们就在那里。”陪伴郑大雄的家丁肩上挑着猎物，指着坡下的矮树丛。

“下去!”郑大雄说着，大踏步地走下坡来，和那三个追捕芝龙兄弟的家丁会合。

“人抓到了吗？”郑大雄劈头就问。

“还没有。”三人嗫嚅地应说。

郑大雄有些不悦：“给跑了？”

领头的家丁道：“没有。”

郑大雄问：“那人呢？”

领头的家丁应道：“刚躲进这树丛里，我们正在搜寻。”

郑大雄四下一瞄，挥手指着前后左右，下令：“你们四人兵分四路，朝外跑出三百步，然后转过身，向内一步一步仔细搜索，我在这里等着。”

四个家丁即刻提着朴刀，分别朝着四个方向，急奔而去……几乎在同一时间转回头，向内搜寻，一步步收缩包围圈……

郑大雄则站在原地，瞪大眼睛监控着周围的情况。

郑芝龙躲在大石下的草丛中，竖着耳朵谛听上头的动静。原先，他自认为隐藏得很严密，只要三个家丁自矮树丛向外搜去，他就有把握逃脱。待到郑大雄撒出搜索网，又有一个家丁从那大石旁边跑过，他才有些紧张。

正当芝龙思寻应对之策时，那个家丁已经转回头搜寻过来。

嚓喳……噼啪……朴刀拨动草丛、砍断藤蔓的声音越来越近，家丁那张被尖石片刮出一痕一痕的脸很快就出现在郑芝龙面前。

再也无法隐藏了，芝龙当即从大石下跃起，猛力将那家丁扑倒在地，拔起腿就跑……

早有准备的家丁一招“鲤鱼翻身”，扯住芝龙一只脚，不让他跑……

芝龙飞起另一只脚，把家丁踢倒，正想顺势钻进矮树丛，不料那家丁就地一滚，握着朴刀直刺过来，同时高声喊叫：“抓人啰，抓人啰！”

芝龙快捷地左躲右闪，回拳反击，空手与持刀的家丁厮打起来，边打边想脱身，却被那家丁紧紧缠住……

这时，听到喊叫声的郑大雄和另三个家丁已经围拢过来，扑向芝龙。

郑芝龙毫无惧色，一个少年家勇对五个猛大汉，你用刀砍，我用掌劈；你用拳打，我用脚踢，接连斗过十几个回合，渐渐不支，最终被郑大雄一记重拳击倒在地。

“臭小子，竟敢暗算我，今天要让你领教领教大爷我的厉害。”郑大雄一边骂着，一边叫家丁割下几条青藤将芝龙的双手反绑起来；然后再次命家丁们进行搜索，直至确认另一个孩子已经找不到了，才押着芝龙，沿着小路下山。

青藤绑人怎么绑也不如绳索那样紧牢。芝龙一路被押走一路悄悄地扭动手腕，松开藤索。走着走着，忽听到山下传来二妈的呼唤声：“阿龙啊……你在哪里啊？……阿龙啊……你在哪里啊？……”

紧接着是芝凤、芝豹的呼喊：“阿兄……阿兄……”

郑芝龙又惊又喜，立即引腔回应：“二妈……我在这里……二妈……我在这里……”

郑大雄虽然横行乡里，但也知道妇人难缠，特别是这些同宗族亲的妇女，撒起泼来没完没了。前两次他把芝龙、芝虎抓进举人府鞭打，都给郑二妈讨了回去，还挨了一顿臭骂，这女人的厉害是已经领教过的。奇怪的是，今天这事刚刚发生，她怎么这么快就找上来了？

“阿龙啊，你在哪里？阿龙……阿龙……”二妈的呼唤声再次传来。

“二妈，我在这里……二妈……二妈……”郑芝龙再次高声应道。

“不许喊叫。”一肚子气的郑大雄扇了芝龙一巴掌。

郑芝龙咬着牙，拉长脖子：“二妈……二妈……二妈……二妈……”

“啪，啪，啪，啪，”郑大雄猛扇了芝龙几巴掌，“你再喊叫我就杀了你。”

“二妈……二妈……二妈……二妈……”芝龙刚才的喊声在山谷里回荡，终于传到山脚下。

“阿兄，是阿兄！”芝凤、芝豹惊呼。

“是，快上！”二妈拔起腿，和芝凤、芝豹一起奔上山。在他们身后的蔡继明随着也跟上山来。

躲过家丁们搜索的芝虎正往山下跑，听到二妈和大兄的喊声，又惊又奇又喜，连忙爬上山路旁一株大树顶，两只眼睛滴溜溜地注视着下方。

二妈一口气跑到半山腰，仰头一看，芝龙被郑大雄绑押着，正走下山坡，不禁大吃一惊，几大步冲了上去，泼辣辣地指着郑大雄：“你为什么抓我的儿子？”

“你的儿子，哼，士表婶子，”郑大雄对着二妈冷冷一笑，突然恶狠狠地说，“你的儿子出手要杀我，你知道吗？”

“他要杀你?!”二妈大感惊讶。

郑大雄取出那支小竹箭：“他躲在暗处用这利箭射杀我。”说着，拉开上衣，手指肩胛：“婶子，你看。”

二妈一看那肩胛上，果然有一处铜钱大的伤痕，转对芝龙，疑惑地问道：“芝龙，这果真是你射的?!”

“我……我……”郑芝龙正悄悄扭动被绑在身后的双手，松开那藤索，一时答不出话。

二妈见芝龙那个样子，心里着实焦急：“阿龙，你说呀，……是不是你射的？……这到底是不是你射的？”

芝龙经不住二妈这样质问，干脆地答道：“没错，这竹箭是我射的。不过……”

二妈一听箭是他射的，极感惊愕：“阿龙，你……你……”

郑芝龙吞吞吐吐：“我……我……”

二妈厉声：“这竹箭是你射的？”

“是我射的，不过……”郑芝龙正要辩解，二妈已经气得浑身发颤：“你竟敢如此作恶?!”

郑大雄戳了戳芝龙：“怎么样，这回我可没冤枉你吧。”

“你先抢了我的兔子……”芝龙给顶了回去。

“哈哈，又胡说八道了。你哪来的兔子？我怎么抢你的兔子？”郑大雄怪声怪气说着，然后转对二妈，连声讥笑，“哼哼，土表婶子，你不是说你们家是书香门第吗？很会管教孩子吗？怎么管教出这么个儿子呢？……”

二妈也慌了神：“这……这……”

郑芝龙至此才感到在这种场合是无法辩解清楚的，现在唯一的办法就是赶紧逃脱再说，他趁着大家在注意听二妈和郑大雄对答之际，双手用力挣脱藤索，转过身往山顶奔逃……

郑大雄正想再嘲笑嘲笑郑二妈，未加注意，待他反应过来时，郑芝龙已经跑出一段路了……“追，快追！”他边喊边带着四个家丁，左右包抄，猛追过去……

二妈、芝凤、芝豹和蔡继明先是一愣，随之也赶紧跟了上去……

躲在树顶上远远看到这一切的芝虎这时才溜了下来，悄悄地跟在他们后面。

奔逃中的郑芝龙满肚子懊恼，他生性倔强，从不认输，现在落到这地步，拼打拼不过，讲理讲不清，真不知该如何才好……

他埋着头跑着想着，想着跑着，直跑到石斗崖顶才清醒过来。

这石斗崖濒临大海，高出海面六七丈，崖下的海中有几块时隐时露的礁石，近十几年来，每年都有村民从崖顶摔下，撞上礁石者粉身碎骨，坠入海中者溺水身亡，从未有过生还者。

清醒过来的郑芝龙望着脚下的汹涌波涛，急转过身……郑大雄和四个家丁已经跑上崖顶的平台，把他围住。

“怎么样，小子，还跑吗?”郑大雄问。

郑芝龙紧咬着牙……

郑大雄看他那样子，故意嬉皮笑脸:“嘻嘻，有话就说嘛，咬着牙做什么?”

郑芝龙的双眼喷射出怒火……

“怎么样，生气啦?”郑大雄摇晃着脑袋，“别这样，还是乖乖地跟我走吧!”

郑芝龙再也忍不住了，他运足气力正要扑过去；郑大雄已经从身旁的家丁手中抄过朴刀，刺向他的胸膛。郑芝龙往后一退，郑大雄往前再逼。

就这样，一个空拳，一个持刀；一个后退，一个紧逼……

一步……两步……三步……四步……

正当芝龙想出招数欲予化解之时，突然感到后脚踩空，一个筋斗摔了下去……

“啊!”郑大雄张开大口，持刀的手微微发颤，他一步步地走到崖沿，朝下望去，只见崖下的海面上涌起一团耀眼的波光，却不见郑芝龙的身影……

“这，这，这人命关天啊，而且还是自己的同宗族弟!”横行乡里的郑大雄至此也禁不住有点惊慌。

“阿龙……阿兄……阿龙……阿兄……”二妈和芝凤、芝豹边喊着边跑上来，四下找不到郑芝龙……

“我的儿子呢?”二妈揪住郑大雄质问。

郑大雄嘟囔:“他……”

二妈大惊:“他怎么啦?”

“他自己跳崖了。”郑大雄垂下了头。

“啊!……”二妈和芝凤、芝豹全惊呆了。

郑大雄带着家丁们悄悄地溜走了。

随后上到崖顶的蔡继明看到二妈他们呆在那里，却没有见到郑芝龙，便关切地问道:“怎么啦，芝龙他人呢?”

芝凤、芝豹兄弟“哇……哇……”地大哭起来……

“哭什么呀?”蔡继明拉起他们的手，亲切地再问，“你大兄呢?”

芝凤、芝豹边抽泣边答:“大狗熊说，说他自己跳崖了……”

“啊!”蔡继明大吃一惊，“快，快到海边找去……”

天渐渐暗下来了，二妈和芝虎、芝凤、芝豹三兄弟在石斗崖下的礁石和海滩上，怎么找也找不到郑芝龙……

“阿龙啊，你在哪里?……”

“阿兄啊，你在哪里?……”

四个亲人的哭喊声交叠绞缠，在海空来回飘荡……

第三章 大海商航经厦门

就在同一天近午，五艘海船排成犁镞队形，劈波斩浪掠过围头、石井外港，转向料罗湾。

船队领头的“新洋号”是一艘头尖、尾翘、腹肚宽的大福船，乃赫赫有名的福州船厂精心建造的。船上有三根桅杆、四支长橹、两副铁锚、五个货舱；船后有一座三层舵楼，船头则有四间水手舱房；舱面上还配有四尊铁炮。其他货船也都配有火器、弓箭和刀枪，船员们全都习练过武艺。

这支武装的商船队是日本平户金阳商行属下的主船队，每年秋天乘东北季风，从平户南下浙江、福建、广东和占城（今越南）、占腊（今柬埔寨）、满剌加（今马六甲）、苏门答剌、爪哇等地；越年初夏再乘西南季风，绕经吕宋、台湾和闽、浙两省，返回日本；主要与欧洲东来的西洋商人进行通贩贸易；每年走它一圈，获利至少二至三倍。

半个月前，该船队从平户起航，先到杭州卸下部分货物后，装载了八百件丝绸；而后转到尚待开发的台湾岛，向当地汉民和番民购得预订的几十货包硫黄；再折向正西行驶，这时即将抵达下一个停泊港口厦门。

午间的秋阳透过云层露出点笑脸，辽阔的海面上浪花雀跃，升到桅杆顶的三幅龙骨帆正兜满东北风，推带着“新洋号”破浪前进。这时，舵楼顶层的露台上正站着两个人。

其中一位老者五十多岁，头上戴的是素金镶珠的乌纱官帽，身上穿的是绿色文绮的五品官服，腰间佩带一把赤铜剑鞘的古剑；霜白的两鬓衬着宽宽的前额，圆润的脸上印着深深的皱纹，浓眉下一对明亮的双眸，闪射出坚毅、睿智的光芒。他年岁虽大，但体格健壮，双脚稳稳实实地踩在风浪颠簸的船上。

另一位三十来岁的壮汉，身穿皂青对襟衣，肩披齐膝红斗篷，头扎平顶巾，脚着皮扎靴；眼睛虽小却透露出机灵果敢，脸庞黝黑则显露出久经风霜。

那老者站在舵楼顶上，神情肃穆地望着万顷波涛。那壮汉则毕恭毕敬地站在一旁，考虑着如何与老者攀谈。

船队一驶入料罗湾，金门岛就呈现在福船的右前方。壮汉看这机会到了，当即躬身对着老者，异常亲热地称道："大师兄！"

"唔？"老者偏过头，瞪了他一眼。

壮汉连忙改口："哦，大人，李旦大人，小的又忘了，请恕罪。"

"往后定要记住啊。"被尊称为李旦大人的老者叮嘱道。

"唉！"壮汉叹了口气，"小的总是忘不了我们的昭胜总堂，忘不了你这位大师兄的恩情。"

"刘奔！"李旦亲切地唤道，然后严肃地说，"昭胜帮已经散了，往事如同烟云，我们现在自己打拼不是很好吗？"

"是，是，感谢李大人的教示。"那被称为刘奔的壮汉恭敬地应着，"往后我一定出力打拼。"

刘奔的态度使李旦颇感满意，他转而问道："刚才你有什么事？"

"没什么大事，"刘奔边答边指着船右面的海岛，"我是想问，难得路过这金门，不知大人要不要上岛走一走？"

"没有闲工夫了，"李旦说，"厦门的货今晚一定要装好，明日一大早就得起程。"

"大人不是想要在金门也建个商馆吗？"刘奔恭谨地问。

"想是想过，后来考虑这一带有个厦门商馆也就够了。"李旦答道。

"依在下管见，"刘奔说，"金门岛扼泉、漳两府门户，东西各有一条水路，南北各有一道海湾，港阔水深，面朝大洋，地势十分重要啊！"

"不错，要不是这样，洪武年间江夏侯也不会在这岛上设卫建城。"李旦说，"不过，金门岛的重要，更多的是对兵家而言。"

"那厦门岛呢？"刘奔又问。

"厦门与金门隔海相望，两地互为唇齿，因同时由江夏侯在岛上建城，故合称‘厦金’，并共为八闽的咽喉。”李旦侃侃而谈，“唯厦门岛地处漳府龙江出海口，前通大洋，背倚大陆，岛上冈陵起伏，四周港湾优良，既便于水陆用兵，又便于货物吞吐，随着泉州后渚和漳州月泉两大海港日益衰落，厦门港口已经被越来越多的海商相中了，这是金门所难以企及的。”

刘奔听到这里，频频点头：“大人所言极是，所言极是，我跟师父来过几趟厦门，他都没看得这么透。”

李旦脸上显露出笑容：“到了厦门要是有时间，我就带你上山再看看吧。”

“谢大人！”刘奔万分高兴地鞠了个躬……

他们说着说着，船队已经越过金门岛，开始折向西北。

李旦俯首朝舱面上一看，只见水手长陈衷纪正指挥船员们，顺着船舵转向进行转篷，使“新洋号”在半逆风的状况下保持一定航速，领着船队顺当地进入厦门内港。

这时，一个大汉沿着竖梯攀上舵楼顶层露台，站到李旦身旁，手指大船前方那郁郁葱葱的岛屿，兴奋地说：“李大人，厦门到了，厦门到了！”

李旦笑道：“是啊，魁奇。”

这位名叫魁奇的大汉姓李，曾经当过海盗，后来其团伙遭官军清剿，他跳海逃逸，在海上漂流多时，幸遇李旦率船队经过这海域，将他救起，并留在福船上当水手。李魁奇感于李旦救命之恩，一直勤勤恳恳，加上他熟悉海上作业，武艺高强，遂成了李旦的侍卫。你看他身材魁梧，脸蓄胡须，腰间一边挂着宝刀，一边插着火铳，真是威风十足。

刘奔一见魁奇上来，先是一懔，随即脸上堆满笑容，热情地招呼道：“魁奇兄，厦门到了，你很欢喜噢！”

魁奇笑道：“是啊，是啊。”

刘奔眼珠一转：“怎么样？耐不住了，想到窑子里逛逛。”

“不，不，”魁奇连忙摇手，“我是上来禀告李大人，请李大人上岸时，务必先知会小弟一声，让……”

“好啦，好啦，不用知会了，”李旦打断他的话，笑着说，“船就要靠码头了，我们都下去吧！”

李旦等人沿竖梯下舵楼走上舱面，“新洋号”已经落下半篷，缓缓地驶向厦门城南门外滨海新建的码头。

水手们大忙起来：摇橹的摇橹，收帆的收帆，抛缆的抛缆，下锚的下锚……

码头泊岸上已经聚集着一大群苦力，人人都披着垫肩……

金阳厦门商馆的掌柜杨陆站在码头最前沿，他身穿劳作盘领衣，头戴四方平定帽，亲手将船上搭过来的跳板接住搁好，把系绳扎牢在石桩上。

船一停稳，水手长陈衷纪先踏上跳板，一步一踹，检验跳板是否牢靠，到了岸上才转过身，鞠了个躬："李大人，请！"

李旦高兴地点了点头，随即在刘奔和魁奇的陪侍下，迈步踏过跳板，走上岸来。

杨陆连忙迎上前去，单膝下跪，抱拳拜道："在下恭迎李大人！"

李旦伸手将他扶起："杨陆，往后别再多礼了。"

杨陆站起身，恭谨地应道："大人一路辛苦了！"

"顺风顺水，谈何辛苦？"李旦说，转而问道，"怎么样？货都备齐了吧。"

杨陆应道："遵照大人下的帖子，德化瓷器一千二百箱、平和瓷器一千四百箱，前天已经调运到厦门；另外还有五十件顺昌竹纸、七十箱福州漆器、九十桶漳州蔗糖，全都存在货栈里。"

李旦问："品质都验过了吗？"

"品质全都合格，"杨陆说，"连同瓷器的包装捆扎也都验过了。"

李旦指着岸上那帮苦力，问："这些苦力是……"

"是商馆特意招来等待装货的。"杨陆答。

李旦扫过一眼，说："人还不少呢。不过……人多了不一定干的活就多，得好好安排才行。"

杨陆恭谨地应道："请大人指示。"

李旦凝思片刻，发话说："陆上和船上，两拨人手都要组织好；搬运的和装舱的，必须相互衔接好；特别是这帮苦力要妥为安排。我看陆上就交给魁奇指挥，船上就由衷纪负责。总之，所有货物今晚务必全数装完，不得有误。"

衷纪、魁奇当即朗声应道："遵命。"

李旦交代完毕，就由杨陆和刘奔陪侍，朝着金阳厦门商馆走去……

这商馆建在厦门城南门外，距码头有三百来步。馆舍石基砖墙、木梁陶瓦，是一幢闽南式的三落大厝。附设在商馆两侧的货栈，则全用花岗石条砌成，极为坚牢。

站在馆门前的四个持刀馆丁，看到杨掌柜陪着大“头家”走了过来，即刻把刀竖起，贴在胸前，抱拳致敬。

李旦等人进了大门，来到前落客厅，馆内一个青年女仆即刻手捧一铜盆的热水，搁到客厅的盆架上；另一位年轻美貌的女仆则双手拎着一条西洋面巾，放进铜盆里；两人齐声唱道：“李大人，请！”随即退下。

李旦瞥了女仆一眼，微微一笑，走到铜盆前，捞起面巾洗脸……

这时，刘奔迅捷地环顾四周，看内外都没有其他人，便一边盯着正在洗脸的李旦，一边从怀里取出一只小小的蜡纸袋递给杨陆，话音轻得像蚊子声：“对时追魂。”

杨陆眼睛一亮：“对时追魂?!”当即将那小蜡纸袋藏入袖中，然后若无其事地走到李旦身旁恭候。

李旦洗过脸后，杨陆请他坐到太师椅上；那年轻女仆即刻端来一盅热茶，娇滴滴地说：“请大人用茶！”

李旦接过茶盅，呷了两口，抬起头将那小女仆上下打量了一番，板着脸问道：“名叫什么啊？长得很不错嘛，什么时候进馆的?”

年轻女仆顿时红透了脸，羞涩得答不出话来，惹得李旦哈哈大笑……

杨陆只得替她答说：“她名叫秋花，是在下的远房侄女，今年春天才来的，所以大人还没见过。”

“好啊，”李旦高兴地说，“在馆里好好做，我这商馆是不会亏待人的。”

“多谢大人，多谢大人！”秋花连连鞠躬。

李旦挥了挥手：“你可以下去了。”

秋花再鞠了个躬，转身退下。刘奔紧接着恭谨趋前，亲热地唤道：“李大人！”

“什么事?”李旦问。

刘奔答说：“大人在船上说，到了厦门要带我上山走走，不知……”

“可以啊，”李旦正在兴头上，站起身爽朗地答说，“要走现在就走。”

杨陆当即把他们送出商馆。

这时，商馆外已经非常闹热，那馆舍通往码头的大路上，装满货物的板车一辆接着一辆，络绎不绝；从码头放空返回货栈的板车，同样一辆接着一辆，井然有序……时已深秋，天气凉爽，搬运货物的苦力们，却一个个都满头大汗……

杨陆送走了李旦和刘奔，转回身来到商馆后落自己独用的房间，关紧房门洗过手，便坐到桌前，从衣袖里掏出那小蜡纸袋，细心解开，袋里现出一个扁鼓形的小瓷瓶。他拔开瓶塞，凑到鼻孔下，嗅了几嗅："啊，无味……"接着，从抽屉里取出一小张棉纸，把小瓶里的东西倒在纸上。

那是一撮淡白色的粉末，并不显眼，杨陆一看却又惊又喜，嘴里不停地叨念着："果真是'对时追魂散'……果真是'对时追魂散'……"他随手拿起一支称黄金用的小戥，将那撮白色粉末连同棉纸放进戥盘上一称，心情更其激动："哦！四钱三厘啊，四钱三厘的追魂散啊！"

说起这"对时追魂散"，乃一名倭人药师在"招魂丹"的基础上、经无数次反复调配秘制而成的。所谓"对时"，乃闽南语"一对时"，指的是第二天与头一天的同一个时辰，如"子时"对"子时"、"午时"对"午时"等。"对时追魂散"的特点是：色浅无味，下毒时只需用两钱药粉溶解于饮用的茶、酒、汤、水中，让对方喝下；受害者服下后须到第二天的同一时辰才突然毙命，在这一整日内无痛苦感觉；而且毙命时没有常见的七孔流血那类中毒症状，就像自然死亡一般。杨陆流落日本时曾用过一次，深知它的奇效。但这毒药极为稀少，他投奔李旦后出过高价寻购，一直没有买到。这回师弟刘奔不负重托，从平户给他带来四钱三厘，可作两次之用，这叫他怎能不欣喜若狂……

狂喜一阵之后，杨陆突然冷静下来，开始考虑要不要今天就用上这"追魂散"。他迈起沉重的脚步，在房间里转来转去，时而捏起拳头，时而咬紧牙根，终于狠下决心："好，就这样。"说着，回到桌前，拿起小戥，称出两钱，用棉纸包好，套进小蜡纸袋；剩余的两钱重新装进小瓷瓶中，藏在衣柜后的暗屉中。

这头一步安排妥帖，杨陆便脱下劳作服，换上一套儒生襕衫，叫下人再端来一盆热水，洗了洗脸，整了整头发，戴上凌云冠帽，小心翼翼地将那小蜡纸袋藏进怀里，然后把秋花召来。

秋花仍旧穿着那套女仆衣裳，一进房门便开口问道："阿叔找我有事？"

杨陆："当然有事，坐吧。"

秋花也不谦辞，坦然地坐在他身旁的椅子上。

杨陆："刚才李大人对你怎么样，阿花？"

秋花："很好。"

杨陆："你知不知道李大人是哪一等的人物？"

秋花："当然知道。"

杨陆："你说说看。"

秋花噘了噘嘴，说："李大人是上上等的人物，钱财是多得不得了，这金阳商行也好，厦门商馆也好，都是他开的……"

杨陆问道："还有呢？"

秋花眨了眨眼，娇嗔地说："还有……阿叔你还是归他管的呢。"

杨陆仰天大笑："哈哈哈！没错，没错！不过，说不定来年春天……"说到这里突然煞住。

秋花有点疑惑："来年春天怎么啦？"

杨陆连忙摇手："没什么，没什么，我是想问你，李大人对你这么好，你感觉如何啊？"

秋花笑了笑："很欢喜。"

"好，很好！"杨陆言归正传，"我就是要你今晚到李大人的房间里，好好侍候他。"

"这……"秋花显然有点犹豫。

杨陆盯着她："这机会难逢啊！"

秋花羞涩地说："这我知道，只是……"

"噢，"杨陆一下子就猜透了她的心思，"你是担心李大人嫌你不是黄花闺女？"

秋花嫩白的脸霎时涨得通红，泪珠在眼眶里悄悄地滚动……

杨陆看她那样，有点心软，但还是劝道："你呀你，你知道李大人的为人吗？他走南闯北，入海出洋，心胸开阔得很，只要你好好侍候他，他怎么会嫌你呢？”

秋花依然涨红着脸，那泪珠却禁不住滚落下来。

杨陆凑上前去，搂起秋花，用袖口拭去她脸上的泪痕：“好啦，好啦，别这样啦！李大人可是怜花惜玉的人，晚上你陪他喝过酒就知道，现在快回去换换衣裳，打扮打扮。”说着，又哄又逗地将秋花送回她房间。

这第二步安排妥帖，杨陆开始忙碌起来了。

首先，他来到商馆厨房，亲自督办当晚招待李旦的宴席。

接着，他叫女仆用绸布把中落小客厅里那张酸枝八仙桌拭擦得洁净明亮、光可照人；并在上、下、左、右四个席位的桌面上，各摆上一副购自暹罗（今泰国）的象牙筷子，和一套景德镇官窑的瓷碗、瓷盘、瓷汤匙。

女仆退下后，杨陆环顾左右，见四周无人，便将客厅门关上，走到一座雕花酒柜前，用随身携带的钥匙打开挂锁，拉开柜门。

酒柜内放着好几款坛装的国酒和瓶装的洋酒，还有三四款不同形状的酒盏、酒杯。杨陆从中取出一个造型奇特的酒具。

这酒具名叫“红釉蓬莱盏”，里白外红，呈圆鼓形；盏内中央塑有一小仙山，高度离杯口约半寸，斟酒时以淹没山尖为限；饮酒时随着酒液的减少，仙山便渐渐显露出来，别有一番韵味。这是杨陆为招待朝廷官员和西洋贵客，特地交代漳州龙山窑的师傅精心烧制的；去年曾用它招待过李旦，今天当然还是用上它啰。

杨陆取出这个蓬莱盏，放到八仙桌上，然后从怀里掏出那只小蜡纸套，抖出纸套里的小棉纸包，仔细解开，将里面的“对时追魂散”，均匀地撒进盏内；再把这蓬莱盏放回原位，关上柜门，扣上挂锁。

话说李旦带着刘奔出了商馆，绕经附近的虎头山下，然后穿过镇南关，越过钟鼓岭，登上五老峰。

午后西斜的秋阳把光辉洒遍厦门岛。朝南望去，碧蓝的海水轻拍着金色的沙滩；海对面的南太武山从山顶向左右两侧倾斜而下，一头没入九龙江出海口；另一头连接着青屿、浯屿和大担、二担等小岛。朝北望去，又长又宽的员当港几乎把全岛分成两半，一簇簇村落散布在港湾的两岸。西边不远处，厦门城屹立在临海的小山岗上，隔着一条水道与对岸的小岛相依相望；那水道的海面上，大小船只星罗棋布，或下锚停泊或扬帆鼓浪。

“刘奔！”李旦招呼道。

“李大人！”刘奔应说。

李旦指着那段海面和对岸的小岛：“这就是厦门内港，俗称鹭江，对岸那小岛就是鼓浪屿，这你都知道的。请看，单单这段海面就能容下这么多船只，如果再加上鼓浪屿后面宽阔的海域，即使再来他百船千帆，也尽可在此纵横驰骋。”

刘奔叹道：“是啊，怪不得当年倭寇硬拉着师祖，要在厦门建立一个南进的大据点。”

李旦有点吃惊：“哦，你也知道这事?!”

刘奔赶紧应道：“听我师父说的。”

李旦愤愤地说：“那是倭寇的奸计。”

“师祖就因贪图暴利和倭寇搅在一起，结果毁了自己，也毁了我们昭胜帮。”刘奔显得更其激愤。

李旦叹了口气，感慨万千：“唉，那都是过去的事了……”

眼看李旦心情还好，刘奔又开口了：“李大人……”

李旦问：“什么事?”

“我还听师父说……”刘奔欲言又止。

“说什么?”李旦问。

刘奔有些心虚：“说……师祖在厦门藏有财宝。”

“没有，没有，”李旦大摇其头，“这纯属瞎猜。”

刘奔看李旦那神色，连忙拐弯：“是啊，我也不信。”

李旦厉声道：“这事往后就不要再提了。”

“在下记住了。”刘奔郑重地应说。

秋阳已经落入鼓浪屿后，天边冒出了片片红霞，时候不早了。李旦招呼道：“走吧，我们该回商馆了。”

“是。”刘奔边应边跟着李旦，从五老峰北坡下山，进入厦门城。但见城内仍旧是一座卫衙、两条街道、三幢兵舍、四排店屋，没什么好看的，便漫步穿过南门，沿着大路，朝着商馆走去……

第四章 杨掌柜借花追魂

天已经暗下来了，商馆内烛光耀眼。

当杨陆将李旦和刘奔迎进小客厅时，秋花已经在厅里候着了。

李旦一看，问道：“你在这里做什么？”

秋花亲热地说：“我在这里恭候大人。”

李旦看着她：“你有这份心？”

秋花有点羞涩：“当然有啰。”

“好，你有这份心很好！”李旦说，“来，今晚就陪我喝几盅。”

阿花推辞：“小女不敢，小女不敢……”

“有什么不敢的……”李旦边说边叫秋花坐到右席，自己随即在上席坐下。

杨陆连忙朝厅外招手：“上菜！”接着请刘奔也入席。

三人坐定，杨陆打开酒柜，拿出一瓶洋酒交给秋花：“你来斟酒。”

秋花应了一声“遵命”，接过洋酒，旋开瓶盖。

杨陆又拿出四只蓬莱盏，将下了追魂药的那一只盏杯递给秋花：“先敬李大人。”

秋花再应一声：“是。”随即接过那下了药的蓬莱盏，将洋酒缓缓倒进盏杯中，到淹没盏内的小仙山为止，然后捧到李旦面前。

“这蓬莱盏做得真是奇巧啊！……”李旦高兴地把玩着那盏杯，秋花已经给其他三盏也都斟好了酒。

菜肴很快就送上来了，有加料鱼翅、切片鲜鲍、干煎膏蟹、清烫血蚶等，都是李旦喜欢吃的。

杨陆端起面前的蓬莱盏站起身，热情而又恭谨地说：“李大人千里迢迢，扬帆南下，不辞辛苦，亲临厦门，谨用这杯薄酒，为大人洗尘！”

秋花紧随着端起蓬莱盏：“小女敬大人一杯！”

满心欢喜的李旦跟着也端起蓬莱盏，频频颔首：“难得你们有这份心啊！”

秋花举杯：“小女先干了！”说着，仰起头把整盏的洋酒喝个精光。

杨陆和刘奔也争先恐后地干了杯。

李旦笑容满面，缓缓举起手中的蓬莱盏，凑到嘴前正要喝，突然厅门外传来一阵急促的脚步声：“咚，咚，咚，咚……”紧接着，李魁奇满头大汗地跑进厅来，撑大嗓门报说：“李大人，货物全部装好啦！”

“哦?!”李旦显得非常高兴，他放下蓬莱盏，招手叫魁奇到他跟前，问道，“货物全数都装上船了？”

李魁奇自豪地说：“是啊，一件都没少，而且装得整整齐齐，现在连货舱盖都封好了，明天一早就可起航。”

“好，做得好！”李旦赞道，顺手端起他那只蓬莱盏，递给李魁奇，“来，魁奇，这杯酒赏给你！”

杨陆那颗心霎时扑通扑通直跳，他迅捷地从酒柜里取出另一只蓬莱盏，送到李魁奇面前，转过头向李旦建议：“魁奇兄辛苦了，请他也入席吧。”

“不，不，不，”李魁奇大摇其手，“你看我满身大汗，能入席吗？我把李大人赏的这杯酒喝了就是。”

“哎，魁奇兄，客气什么呢？这样入席才显出你的辛劳。”杨陆一边劝着，一边命秋花，“快，快给魁奇爷摆个座位。”

“不要添座了，我喝了就走。”魁奇一手挡住秋花，一手举起杯来……

再也没有其他办法了，必须把那杯酒抢下来……

杨陆跨前一步，侧身遮住李旦的视线，在“别客气啦，魁奇兄啊！”的念叨声中，出手扳开李魁奇的手指……

李魁奇不知就里，愣了一下，指头稍微松开……

“哐当”一声，摔碎了的蓬莱盏把杯里的洋酒溅得一地……

李旦在一旁看他们两人拉来扯去，以为是在相互推让；待到那只蓬莱盏掉到地上摔碎，也只是感到可惜，根本就没想到那只蓬莱盏里的洋酒被做了手脚。

杨陆看李旦那神态，知道已经隐瞒过关，心头的大石才落了下来。他叫

下人将地面打扫干净，然后硬是在刘奔身旁添上一席，请李魁奇入座。

如此尽礼，使李旦深感满意。李魁奇也不再推辞，坐了下来。

秋花重新给大家斟了酒，宴席上你一杯，我一盏；你先干，我再干；直闹到戌时三刻，才尽欢而散。

杨陆先送李旦和秋花到他那雕龙绣凤的专用寝室，接着将李魁奇安顿好；然后带着刘奔来到商馆后落。刘奔一踏进杨陆的房间就竖起中指臭骂："他老母，这李魁奇！"

杨陆连忙把房门关上，冷冷一笑："李魁奇怎么啦？"

刘奔咬着牙："要不是这鸟人，今晚我们就得手了，我非先把他给灭了不可。"

杨陆冷冷道："你我两人加在一起，恐怕还打不过他一人……"

刘奔有些不服气："这有什么了不起，一个莽汉，我难道对付不了他？"

杨陆正色道："不错，李魁奇是个莽汉，要不然今晚我们恐怕就过不了关。但你可要牢牢记住，我们要的是师祖的财宝，要的是金阳商行。灭了一个李魁奇，李旦说不定还能找到另一个更强的，这又有什么用？"

刘奔一时语塞："这……"

"唉！"杨陆一声长叹，"师弟，要忍啊，要忍啊！只要我们隐蔽得好，机会总是会有的，千万不要一时鲁莽而坏了大事。你明日上船后，对李旦还要伺候得更周到，对李魁奇和陈衷纪这帮人，还要更好地笼络，明白吗？"

"明白了，师兄。"刘奔一对小眼不停地忽闪着。

这一夜平静无事。

第二天早晨，李旦和李魁奇、刘奔，都早早起身，盥洗后穿戴齐整，相携出门。难分难舍的秋花跟着杨陆，一直送他们到码头。

这时，船队已经作好起航的一切准备。

陈衷纪将李旦迎上"新洋号"，按照规矩请道："恭请李大人发令起航！"

李旦举目扫视，见船员们全都上了自己的岗位，当即高声下令："出大担口用丹坤针取南澳，平南澎转申庚针取澳门，到澳门停泊一天。……现在起航！"

"新洋号"和四艘货船所有的帆片，霎时都升到桅杆顶，兜起东北风，推带着船队，朝着大担口驶去。

杨陆、秋花和商馆的四名卫丁在岸上点燃两大串鞭炮，给船队送行。

李旦则站在舵楼顶层的平台上，挥手向他们致意。

说起这李旦，真是叫人钦佩。

他原名李习，又名李旭，籍贯泉州，长住日本，父亲是一位海商。那时，在朝廷"稳固中原，开发东南"宏图的推带下，官府资金和民间资本纷纷转入气候温暖、物产丰富的长江以南地区，各行各业如丝织、陶瓷、采矿、冶炼、造纸、造船、酿酒、榨油、制糖、制盐和印刷等业，你追我赶，千帆竞发，规模越做越大，不少作坊、矿场的工匠、工人已超过千人。其中特别是丝织和制瓷两业，更是着力于革新工艺，翻新花样，制成的货品争奇斗艳、琳琅满目，东、西洋海商竞相前来求购。

起先，人们根本没有想到，那平平常常的瓷碗、瓷瓶、瓷杯、瓷盘，原料是当地的瓷土，燃料是当地的柴炭，一窑可烧制出一两百件，一个村子一天出窑就有上千件，在墟场上几文钱就可以买到一件瓷碗、瓷杯；而这些瓷器漂洋过海被贩运到欧洲，竟然成为当地的王宫用品和民间珍物，制作精巧的一件可以卖到几块洋银，获利达几倍、十几倍；即使是卖给远涉重洋来到东方的洋商，或卖给日本、朝鲜等地的商人，价钱也比在国内市场高出许多。如果再从东洋和南洋一带运回当地的特产及西洋出产的货品，在国内市场上卖出去，那所赚的银子，不知还要多上几倍。

通贩外洋获利如此惊人，朝廷却屡次实行"海禁"，不许下海经商。一些商民迫于无奈，只得违反禁令，自行建造大船，往来吕宋、占城、暹罗、爪哇和日本，跟西洋商人、日本商人和南洋当地土著通贩货物，每次出洋都获得巨利，满载而归。福建的泉州后渚与漳州月港，由于远离京城，朝廷鞭长莫及，因之一时帆樯如帜，商贾咸聚，成为全国海商私贩外洋的重镇。漳、泉二府的百姓近水楼台先得月，造船通洋者，比比皆是。

李旦的父亲就是在这时卷入到出洋经商的大潮。但他的本事有限，经营十几年才拥有海船三艘，资金万两，而且不幸在一次海难中丧生。时年十九、英气勃勃的李旦接过父亲遗业，继续穿行于日本平户与南洋各地，生意日渐兴隆。

其时，出洋通商很不安全。肆虐中国沿海的倭患基本被平定后，尚有小股倭寇盘踞在荒岛，与中国海寇相勾结，对海上的过往船只施行抢劫，官兵一时无能为力。为寻求保护，李旦投到昭胜帮大支堂门下，成为第三代的大师兄。

昭胜帮的师祖王昭满，起先也是个海商，在那群雄四起的年代，为应对动荡的局势，获取更大的收益，他投入巨资武装了自己的船队，并创立昭胜帮，招兵买马，实行亦商亦盗。这种现象的出现，在当时的实际情况下，并不奇怪。

后来王昭满利令智昏，暗中与倭寇勾结，沦为海盗，终于招致朝廷派兵清剿，自己横尸法场；徒众大部被歼，幸而逃生者绝大多数已改邪归正。

李旦初投昭胜帮时，获益匪浅，特别是对日本和吕宋的贸易，发展非常快。但他本意是为了经商，因此，当他发现王昭满勾结倭寇时，一方面敬而远之，用尽手段虚与周旋，极力避免参加海盗活动；另一方面则大力拓展营业。这样做的结果，不但躲过了劫难，还发了大财。到四十岁那年，李旦已拥有三十多艘海船，并在日本平户创设了金阳商行，与平户藩主结成好友；随后又花了五千两银子，向朝廷捐得一个五品官职，成为“李大人”。

借着五品官职之便，李旦在中国沿海及南洋增设商馆，直接与欧洲的葡萄牙人、西班牙人、荷兰人进行贸易，获利更是成倍增长。

但李旦家财的猛增，却招来了一些人的妒忌，特别是昭胜帮三支堂堂主杨宗德。

杨宗德为人尚称豪侠，在李旦逃避参加总堂的海盗活动时，曾多方予以遮掩，自认为对李旦有恩。当然，李旦也悄悄进贡给了他不少银两。

昭胜帮遭到官兵围剿，杨宗德身负致命重伤，被儿子杨陆和爱徒刘奔救出，藏匿在浙江外洋的一个荒岛上，当他在病中获知李旦的情况，嫉恨之心油然而生，并认定李旦是侵吞了师祖暗藏的财宝才大发其财的，心中愤愤不已。之后，杨宗德转移到福建北部沿海村社，继续疗伤，撑持了多年，终因各方面的条件所限，含恨而终。临终前，他命杨陆和刘奔立誓：“扫灭李旦，取而代之。”并将自己多年谋划的计策，密授给他们。

四年前一天，李旦正在平户金阳商行核对大账，忽接馆丁来报，说有两位福建乡亲求见。

李旦虽旅居日本，乡情却未曾或减，当即放下账册，来到客厅，刚一坐定，两个随馆丁进厅的来客即刻快步到他跟前，下跪磕头，齐呼："李大人！"

李旦请他们站起身，见他们身架壮实，肤色黝黑，气度不凡，态度谦恭……再仔细一看，两人的面相十分眼熟；便问道："你们二位是？……"

"我是杨陆。""我是刘奔。"两人相继答说。

"杨陆！"李旦一下子就想起来了，"宗德师叔的长子！"

"是啊，是啊。"杨陆连忙应道。

"你……"李旦转对刘奔，"你是……"

"我就是'粪扫'，"刘奔忙说，"当年常跟在你屁股后面跑的那个'刘粪扫'。"

"哦，你就是'粪扫'，"李旦喜出望外，"宗德师叔的爱徒！"

刘奔连忙点头："对啊，对啊，后来师父说我这名字不好听，叫我改名'刘奔'。"

"哦，原来是这样，"李旦赶紧趋前，一一抱住他们的肩膀，仔细再辨认一番，果然没错，不禁惊喜交集，"你们果真是杨陆和'粪扫'啊！"

"是啊，大师兄……李大人！"杨陆和刘奔的泪珠霎时涌出眼眶，滚落到地面上。

"快请坐，快请坐。"李旦命馆丁给他们端来交椅。

两人坐定后，李旦感慨地说："十年了，头尾都十年了，你们都受了不少苦吧！"

"能保住这条命就是万幸啊！"杨陆应道，随之话语恳挚地将事先编好的那一套"……官兵是如何凶残清剿昭胜帮……父亲杨宗德是如何被杀害……他们师兄弟是如何死里逃生……逃生后是如何隐姓埋名藏在汀州府的山区……在山里耕作三年后是如何做起小生意……做生意后是如何往来于汀州与厦门之间……厦门走熟后是如何得知大师兄已成为李大人……继后又是如何积攒盘缠、如何搭船前来平户投奔大师兄"等，一一详加叙说……

昭胜帮遭官兵围剿时，李旦本人在满剌加（今马六甲），他据各方传来的消息，料定杨宗德等支堂主被害；对杨陆和刘奔，则难以判定他们是死是活，也无法探知他们的下落。现在杨陆所说的，符合他原先的想法，因之信以为真。

三个月后，李旦的副手、金阳商行总管颜思齐从吕宋押送一批货物到杭州，转载一批丝绸至平户，见到杨陆和刘奔，心中犯疑，经李旦同意后，暗中加以考察。

一年下来，颜思齐见他们对上恭顺，对下和气，遇事勇于负责，处事果断有力；只发现他们时常流露出感恩之情，未发现他们有什么可疑之处。

于是，李旦对杨、刘二人便深信不疑。第二年，恰遇厦门金阳商馆掌柜一职空缺，李旦当即委派杨陆出任，商馆的生意随之更加兴隆；加上每次他来到厦门，都受到无微不至的侍候，心中着实满意……

第五章 幸遇救初抵澳门

告别了厦门港，李旦依然站在福船舵楼顶，领着船队驶出大担口，转向西偏南。刚越过青屿，水手长陈衷纪急匆匆攀缘竖梯上来，手指左前方的海面：“李大人，请看。”

李旦顺着陈衷纪所指仔细一看，左前方海面上有一金色的小东西在晃动，笑了笑，问：“你说，那是什么？”

“会不会是什么宝物？”衷纪好奇地应道。

“海面上哪有什么宝物，”李旦答说，“我看不是海龟就是镇港鲨。”

衷纪反问：“海龟是墨绿的，镇港鲨是花白的，怎么会闪烁金光？”

“龟壳、鲨皮都很光亮，”李旦解释道，“现在日头刚升起来，一照就闪光嘛。”

衷纪喃喃地说：“我看不会是海龟和镇港鲨。”

李旦摇摇头：“别再说了，船一靠近就可以看清楚。”

“是。”衷纪应着，继续和魁奇、刘奔随侍在李旦身旁。

东北季风劲吹，福船破浪前行……

“啊？！”注目凝视的李旦和衷纪、魁奇、刘奔同时惊呼……

那显然是一条小龙，扭着弯弯的身子，甩着长长的尾巴；但浑身却披着金色的鳞甲，头上长着两只角，脖子上还挂着一团乌黑的东西……

四人不约而同地揉了揉眼睛，想看个仔细，就在一瞬间，那条小金龙竟然消失得无影无踪，唯有那团乌黑的东西被遗在海面上。

怪呀，怪呀！……李旦和衷纪等人面面相觑，一时竟说不出话来。

福船继续前行，先回过神的陈衷纪忽指着前方海面：“李大人，那小金龙遗下的像是一具浮尸。”

李旦注视片刻：“不，不能断定是浮尸，只能说是个溺水多时的人。”

“这人救还是不救，李大人？”陈衷纪急切地问道。

李旦转问刘奔、魁奇：“这人救还是不救？”

李魁奇皱起眉头：“海上救人太麻烦，而且救上来是死是活还不知道。”

刘奔看李旦那脸色，眼珠转了转，说：“麻烦是麻烦，不过，依我看，这人还是要救。”

李旦点了点头，下令：“落帆救人！”

“遵命。”陈衷纪俯首抱拳，朗声应道。

三幅大帆相继降下一半，陈衷纪和他年轻精干的手下钟斌，随带救生用具，跨进挂在船舷内的舢板，让水手们将他们两人连同舢板缒到海面，快速地划上前去，将那溺水者救起；然后划回大船下方，再让船上的水手连人带小舢板一起绞回舱面。

大帆又升到桅杆顶，福船又恢复到原先的速度。

完成作业的水手们纷纷围拢过来，用好奇的眼光看着那被救上大船的人，只见他双眼紧闭，嘴唇乌黑，腹肚鼓胀，手脚发颤，年纪十五六岁……

“快，钟斌，快来一碗红糖姜汤！”陈衷纪喝道。

这钟斌一向手脚勤快，他连应都没应，就赶紧跑进舵楼里的炊事房……

陈衷纪把那少年家放倒在甲板上，双手贴着他的腹肚，上下按压……

“哇……哇……”落水者终于大口大口地吐出海水。

这时，钟斌已经将一碗热气腾腾的姜汤送来。陈衷纪一手接过姜汤，一手捏开少年家的嘴巴灌了进去。

少年家悠悠地醒转过来，他缓缓地睁开眼睛，看到好多人围在他身旁，顿时明白已经获救，连忙翻转过身，对着陈衷纪和众水手，纳头便拜。

陈衷纪命钟斌把他扶进房舱里换衣，自己则攀到舵楼顶层。

“李大人，落水者已经救活了，是个少年家。”陈衷纪向李旦禀报。

“好啊……”李旦显得很高兴。

“救人一命，胜造七级浮屠啊！”刘奔在一旁插嘴。

“从上面看下去，”李旦接着说，“这少年家身架子还不错。”

陈衷纪夸道：“不但身材好，长相也好。”

李旦令道：“下去看看。”

陈衷纪点头：“是。”说着，和刘奔、魁奇一起陪侍李旦下了舵楼，来到水手房舱。

那被救者已经换上一套干净的水手服，正捧着一碗稀粥猛喝，没留意有人走进舱门；待到他喝完稀粥，一位老者已经站在他的面前。他抬头一看，这老者粗眉短髯，气势轩昂，身上穿的分明是官服，知道来头不小，心头一动，连忙放下竹筒碗。

李旦仔细端详面前这少年家，看他稚气未除却身材魁伟，脸色苍白却面容俊俏，一对晶亮的眼睛透露出聪颖和机灵，便开口问道：“你名叫什么？”

“我……我……”少年家不知该不该实说。

李旦问：“说，你名叫什么？”

“我……我……”少年家欲言又止。

“不要怕，少年家，”陈衷纪看他有点惶然，便上前劝慰道，“李大人在问你呢，是他交代我们救你上船的。”

那少年家一听，热泪霎时涌上眼眶，跪到李旦面前，连连磕头。

李旦挥了挥手：“起来，起来！”

陈衷纪跨前一步，将他扶起，叮嘱道：“你名叫什么，快给李大人说。”

“李大人，”少年家向李旦鞠了个躬，“我姓郑，名芝龙，字飞黄。”

李旦回味着他的话：“姓郑，名芝龙，字飞黄？”

“姓是郑和的‘郑’，名是灵芝的‘芝’、蛟龙的‘龙’。”郑芝龙忙解说道，“字飞黄则是飞天的‘飞’、炎黄的‘黄’。”

李旦一听，脑际又显现那条瞬间消失的金色小龙……不禁赞道：“郑芝龙，字飞黄！这名字起得不错啊。”

郑芝龙应道：“这是父亲给我起的‘名’和‘字’。”

李旦赞许：“看来你父亲也是读过书的啰，什么地方人呢？”

“泉州府南安县石井村人，”郑芝龙应说，“父亲在府衙里做事。”

“那你该回石井去。”李旦说。

郑芝龙赶忙摇手：“不，不，我不回石井。”

“不回石井？”李旦感到很奇怪，问道，“那你想到哪里？”

郑芝龙喃喃道：“我想到澳门。”

“好啊，”站在一旁的刘奔插嘴说，“我们船队下一站就是要到澳门。”

“真的吗？”郑芝龙惊喜，“我一直想到澳门去找我舅父！”

李旦感到意外：“哦!？你想要到澳门找你舅父？”

郑芝龙应道：“是，是，我舅父在澳门开一家店铺，赚了不少钱。”

李旦看着他：“原来你是想到澳门赚钱噢！”

郑芝龙没等他说完，抢着求道：“对，对，李大人，你就带我到澳门去吧，在船上我什么都愿意做。”

李旦笑了笑，问：“你真不想回石井家里吗？”

郑芝龙连忙应说：“要回家，但要等我赚了大钱才回去。”

“赚大钱?!”李旦颇感意外，转而问道，“赚大钱，有那么容易吗？你难道就不怕出外遇到什么困难吗？”

“男儿志在四方，要怕就不要出外，要出外就不要怕。”郑芝龙坚定地答说。

“好！”李旦心头一热，当即答应，“我就让你跟这船到澳门。”说着，从怀里取出两块六角形的小银饼，递给郑芝龙：“这是西班牙银币，在澳门和南洋一带都很好用。”

随即，陈衷纪也给了他十几文铜钱。

东北风继续在刮着，驶出大担口的“新洋号”领着船队，折向西南，顺风顺潮，第三天巳时抵达澳门。

郑芝龙脱下水手服，换上一套陈衷纪送给他的粗布衫，含着热泪，三磕头拜谢了李旦；然后抱拳拜别了刘奔、魁奇、衷纪、钟斌等人，自己上岸寻找他的舅父去了……

澳门，古名“濠镜澳”，乃广东省香山县滨海一个小小的半岛；因半岛南部有两山相对，其状如门，故称“澳门”。南宋末年，宰相文天祥拥立端宗皇帝退居于此，抗击元军，不幸兵败被俘，留下了“人生自古谁无死，留取丹心照汗青”的千古绝唱。元代以来，地处海路交通要冲的澳门不断得到开发，到明代已成为中外贸易的重要港口，四方商民纷至沓来，其中以闽南商民为多；福建人所崇拜的海上女神“妈祖”，也因之传入澳门，成为当地最早的民间信仰；闽南人聚居的“望厦村”，也成了当地的大村社。

明朝弘治年间，时值公元15世纪末，崛起于欧洲西南的海上强国葡萄牙，派出一支商船队，绕过非洲南端的好望角到达亚洲；次年满载丝绸、瓷器、香料、象牙等亚洲特产返回首都里斯本，获利高达六十倍。随后，葡萄牙又派出舰队，攻占了马来半岛南端的要地满剌加，控制了欧洲通往东亚的孔道；并以此为据点，进一步扩大其在亚洲的势力范围。明正德八年（1513年），葡萄牙人首航中国获取高额利润后，便不断派出船队到广东沿海，以澳门为其临时泊口，与中国进行通商贸易，历经数十载刻意经营，终于在万历初年用年租金五百两白银租得澳门，并在明朝政府的监督下设立自治机构，使澳门发展成为繁荣的国际商贸大港和东西方文化交流的桥梁。李旦此次转到台湾购得的硫黄，就是要卖给葡萄牙人在澳门开设的铸炮厂。

郑芝龙一登岸，但见码头对过的街市，粉墙红瓦的店屋一座接着一座，街面上的行人挤来挤去，不时有马车、轿子穿梭其中，比泉州府城还更热闹。大街尽头则是一幢四五层高的塔形大楼，楼顶上竖着一个大“十”字，闪闪发亮，极为显眼。

他好奇心本来就很重，见到这新奇的景象怎能忍得住，连忙三步作两步蹿进街去。

哇！这街上不但有我们中国人，还有许许多多的洋人。再仔细一瞧，呵！这些洋人也不是同一个模样。就从外表皮肉来看：有的白里透红，有的红里透黑，有的简直就像黑炭乌亮乌亮的。

从穿戴来看：那些肤色白里透红的，少数穿着黑长袍；多数则穿着过腰的敞襟衣、齐踝的长腿裤，喉咙下面还缀了一朵黑绸花。那些肤色红里透黑的，头上戴着一球大红头巾，身上穿着一套短袍长裤，腰间则扎上一条彩色绸带。那些肤色像黑炭一般的，几乎都穿着粗布单衣和单裤，和闽南港口码头上的苦力差不多。

郑芝龙游兴大发，他穿过闹市，先进入一条小街。那街两旁摆满了蚝摊，每个摊子前都有三五个买蚝的人，掌摊的妇女正用小扁锥紧张地剥蚝……

"噢，对了，现在正是新蚝上场的时节……"他自言自语道。

走出小街，外面竟是一片沙滩，沿滩搭满了竹架鱼棚。看那棚前的捞网高高挂起，棚上空无一人，郑芝龙一想："噢，对了，现在正是退潮的时刻……"

顺着海滩，转入民居，那些房子与家乡的民屋差不多；但奇怪的是，每隔两三幢就有一户人家的门牌上写着一个醒目的"井"字。郑芝龙悄悄地探了探，原来这户的庭院里有一口大井；而门牌上未标"井"字的民屋就不见有水井。

转出民居，抬头一看，前门是个小山岗，沿着曲径走上去，山顶有一座神庙，庙门上的牌匾刻着"妈祖庙"三个大字……"哦?！澳门也有妈祖庙?"郑芝龙边叨念着边走进庙里，合掌向妈祖神像拜了三拜后才猛然想起，这回到澳门的头一桩大事该是找到舅父。

于是，郑芝龙转过身离开妈祖庙，匆匆下山，重新来到大街上，寻找舅父。这时他才感到不妙……

原来他在家里，只知道舅父名叫黄呈；可是舅父开的那家店铺的店号却不清楚……

这下可怎么办呀?

他只好在街上挨家挨户叩问……

可是他来回转了几圈，根本没有一家店铺的老板名叫"黄呈"……

天已经暗下来了，看来这样找法很难找到舅父，得明天再想想办法继续找啰!

这时，郑芝龙才感到肚子有点饿。他走出大街，在一处巷口见到一家小店，门前挑着一面招旗，上写着"顺记食坊"四个字；再一看，那店门口摆着八九样小吃，有蚝仔粥，有炒粉肠，有烧肉粽，有鱼丸汤……便走了进去，吃了一碗虾仁面，两块菜头糕，付了五文铜钱。

离开小吃店，郑芝龙漫无目的地走着……

该怎么办呢? 舅父没有找到……现在是举目无亲啊，连个同乡都没碰着……再倒回去向李旦大人求助，自己又夸下了海口……

"笃，笃……笃，笃……"远处传来清脆的梆子声，已经是二更天了。

郑芝龙循着梆子声走进一条巷子，渐渐感到困倦不堪，他朝前走着走着，两旁尽是一些土墙柴门的小户平屋，一直走到快出巷口，才看到一家大厝门前有石阶、门顶有门檐，可作栖身之处，便走了过去，身靠门柱，坐了下来，闭上眼睛，很快就沉沉入睡……

第六章 铸炮厂勤练本领

也不知过了多长时间，郑芝龙恍恍惚惚地来到一条溪边，跨进一只扁舟；荡起双桨，沿溪而行……划呀，划呀……划呀，划呀……桨片在溪水里搅起一簇簇细浪，船头在溪道上拉出一条条波纹……扁舟的前方慢慢地亮了起来，四周的景物渐渐地浮现出来……哇！原来这小溪的两岸长满着桃树，这桃树上开满了桃花……那桃花粉红粉红的，煞是好看……快，快上岸去，快上岸去……咣当一声，扁扁的小船撞到岸边高高的大石，整只船撞碎了……

“哎哟！”郑芝龙蓦然惊醒。他揉了揉眼睛，舒了口气，“啊，天亮了！”

这时，巷子斜对面那间平屋门前，一个头梳高顶髻、身穿绢布袄的女子，肩上挑着一副担子，手上还提着一个装满东西的竹篮，正匆匆往巷口走来，经过他身旁时瞥了他一眼。可能是一时走神没提稳，那篮把子突然脱开篮底，眼看竹篮里的东西就要倾覆在地，想不到在这刹那间有人快捷出手，将整个竹篮接住。

那女子放下担子一看，接住竹篮的竟然是坐在大厝门前那个俊美的少年家。她十分惊奇：“你是怎么把这竹篮接住的？”

郑芝龙笑道：“我看那竹篮里装的东西显然过多，那篮把子都快脱了，就赶紧跑过来。”

“真多谢你噢，真多谢你噢！……”那女子合着掌一拜再拜。

“不用谢了，不用谢了。”郑芝龙摇了摇手，问道，“你这竹篮里是什么东西？”

“都是一些糕点啊，”那女子答说，“如果倒落地上，我今天的生意就全完了。”

郑芝龙:“哦，原来你是卖糕点的。”

那女子:“是啊，我现在就是去赶早市的。”

郑芝龙:“篮把子坏了，你又得挑担，这一篮糕点你怎么带走?”

那女子听出他的话意，连忙应道:“我正发愁呢，少年家，你愿不愿意帮忙啊?若是你帮我将这篮糕点拿到市街，我可以给你十文钱。”

郑芝龙有点惊奇:“十文钱?!”

那女子把两只手的五指全撑开，晃了晃:“对，十文钱。”

郑芝龙感到不好意思:“十文钱，太多了，我只要五文钱就够。”

那女子恳切地说:“哎，不多不多，我雇人拿去都得三文钱，况且你还帮我救了这整篮的糕点。”

郑芝龙应道:“那我就不客气了。”说着，蹲下身子，双手抱起那竹篮。

那女子盯着他那俊俏的脸孔，心中禁不住一阵骚动，含情脉脉地说:“好啊，少年家，你这就跟着我走吧。”

一女一男，一前一后，一个挑着担子，一个抱着篮子，穿街走巷，来到那条大街。

街路两旁，已经摆着许多地摊，有卖新鲜菜蔬的，有卖猪肉牛肉的，有卖米粮五谷的，有卖鱼虾蚝蛏的……

那女子来到一家洋人商行门前，放下担子，从担子里取出两张折叠小桌，摊开摆稳;在其中一张桌面放上一个装满茶水的大茶壶、十几只茶碗和一叠竹纸;另一张桌面则摆上竹篮里那些糕、馃、饼和包子等。

安排停当后，那女子转过头对着郑芝龙:“好啦，少年家，我还没问你的名字呢。”

郑芝龙:“我姓郑，名芝龙。”

那女子:“哦，芝龙，好记，好记。”

郑芝龙反问:“那你呢?”

那女子:“我姓陈，名玉桃，人家都叫我阿桃。”

“啊?!玉桃，阿桃，桃……”郑芝龙又惊又奇，昨晚刚梦见桃花，今早就遇到阿桃，这到底是……

“怎么啦，我这名字不好吗?”玉桃见他那样子，疑惑地问道。

郑芝龙连忙摇手："不是，不是，玉桃，阿桃，这名字很好。"

玉桃再瞄了他一眼："哦，对了，你该是饿了吧。"说着，拈起一张竹纸，用它夹起一个肉包子，递给郑芝龙；再为他斟了一碗茶水……

郑芝龙也不客气，接过手就大口大口地吃……吃完肉包吃米糕，吃完米糕吃芋粿，吃完芋粿吃煎饼……

这时，几个赶早市的人来到摊前，陈玉桃连忙从怀里掏出十枚铜钱，塞进郑芝龙那粗布衫的口袋里，转过身去招呼她的顾客。

郑芝龙看她开始忙起来了，肚子也已经吃饱了，便道了声："多谢，多谢！"说着，转身就要走……

陈玉桃连忙将他拉住，问道："你要去哪里？"

"我要去找我的舅父。"芝龙应说。

陈玉桃真诚地说："那你以后随时都可以到我这里来吃早点，我免费供应。"

郑芝龙心头一热："谢谢你啦，现在我该去找我的舅父了。"

陈玉桃叹道："好吧，那你走好。"

郑芝龙于是独自一人继续去寻找他的舅父黄呈……

大街小街的店门都相继打开了。

郑芝龙再次一条街连着一条街细查，一家店接着一家店叩问……

时近中午，天气又变了，大片大片的乌云布满天空，他耐着性子走完一条尚未查问过的长街，依然没有找到舅父的商店……

"唉！"郑芝龙叹了口气，"难呀，难呀，这可怎么办呢？……"

这时，连接着长街的一条斜巷深处，传来了"轰隆轰隆"的响声。郑芝龙又压不住自己的好奇心，他拐进斜巷，很快走到另一端的巷口，面前出现一幢又高又宽又深的大平屋，把它后面的一处村落遮去了一大半。这大平屋的墙体是用条石砌成的，屋顶盖的是厚厚的红瓦；还有两根水桶一般粗的烟筒竖立在屋顶上，烟筒口直冒着火星和黑烟。那轰隆声就是从烟筒里传出来的。

郑芝龙靠上前去，但见大门外排着一溜七八辆装满货包的板车，一个头扎红巾、腰佩短剑的红脸洋人站在车旁看守着。

满天的乌云不停地翻滚，随着阵阵冷风袭来，铜钱般大的雨滴开始掷向地面。那红脸洋人赶紧跑进门内，大声呼叫，一群看起来是正在做工的人随即从屋内跑了出来，抢搬板车上的货包。

雨越下越大，还有将近一半的货包在板车上，眼看那些货包就要被大雨淋湿，站在雨中的郑芝龙冲了过去，跟着那些工人扛起货包，抢着搬进大平屋内。

所有货包全搬完了，郑芝龙拉起袖口，擦去脸上的雨水和汗水，仔细一看，哇！这大平屋里全是一些稀奇古怪的东西，而且大屋深处还有一排排的房间……

正当他深感惊愕之时，有几个工人走了过来，将他上下打量一番，纷纷说道："这个少年家不是我们厂里的。"其中一个工人指着他，厉声质问："你是什么人？"

郑芝龙没料到好心反遭怀疑，一时语塞："我，我刚才路过这里……"

"路过这里就敢溜进来？"那工人打断他的话，气势汹汹地说，"你胆子可真大呀。"

"怎么啦？为什么不能进来？"郑芝龙也火了。

"哦，你这小子顶臭硬的。"那工人说着，撒开双掌，准备出手。

郑芝龙冷笑道："你想打我？"

"不是要打你，是要抓你。"那工人话音刚落，就猛扑过来。

郑芝龙往后一躲，出腿一钩，那工人即刻扑倒在地；他顺势转过身，快步朝门外走去……

站在一旁的工人看他要跑掉，连忙高声喊道："抓贼噢，抓贼噢！"边喊边追上来……

"他们把我当成贼了，"郑芝龙一懔，"这样纠缠下去还得了？"他撒开腿埋头往前直冲，想要早早离开这是非之地，忽听到一声猛喝："给我站住。"他抬起头一看，一个彪形大汉和一个身穿黑长袍的白皮洋人，已经镇在他的面前。

眼看一时走不了了，郑芝龙的心里反倒镇定下来，他刹住脚，理直气壮地说："我不是贼。"

"你不是贼，为什么要逃呢？"彪形大汉问道。

郑芝龙不屑地说："他们要抓我，我不愿跟他们纠缠，我有事要走，不是逃。”

彪形大汉不大相信：“哼，那你是怎么溜进来的？”

郑芝龙淡淡地说：“我不是溜进来的……”

“哈，哈，”彪形大汉笑了笑，“你不是溜进来的，那你怎么会在我们这铸炮厂里？”

“刚才我路过你们大门前，天正下雨，”郑芝龙解释说，“我看你们急着抢搬货包，就跟着大家一起搬，我就是这样进来的。”

“别再骗人了。”彪形大汉喝道，正要出手……

“且慢，”那位身穿黑长袍的白皮洋人把大汉拦住，对着郑芝龙用不大纯正的闽南语问说，“少年家，你真的是帮我们的工人搬货包的吗？”

郑芝龙一听那洋人竟然会讲闽南语，先是一愣，紧接着忙应道：“真的是这样。”边说边指着自己的粗布衫：“你看，我的衣服都给打湿了。”

那洋人凑上前仔细察看，见他不但衣衫被淋湿，而且肩上还沾有货包里渗出的硫黄粉末，便再次问道：“少年家，你真的帮我们抢搬货包？”

郑芝龙正色道：“当然是真的。”

“刚才有个面生的人夹在我们中间一起搬硫黄，当时正在抢搬没留意，我看就是这少年家。”一个工人站出来证实。

“对，对，就是他，就是他。”又有两三个工人接着说。

那洋人点了点头，朝围观的工人们挥了挥手：“都做工去！”

工人走开后，那洋人把郑芝龙仔细端详一番，对着彪形大汉：“我看这少年家不错，如果他愿意，就把他留在厂里吧。”

“是，是，多禄神父！”彪形大汉连连鞠躬。

那被称为多禄神父的洋人随即朝着厂内走去。

彪形大汉的态度这下子全变了，他转过身拍了拍郑芝龙的肩膀，亲热地说：“少年家，刚才误会了，请别介意。”

郑芝龙应道：“不把我当贼就行，现在该让我走了吧。”

彪形大汉叫住他：“慢着，看你这样子像是头回来到澳门。”

郑芝龙老实地回答：“是的。”

彪形大汉问他：“那你现在要到哪里？”

郑芝龙应道：“我要去找我舅舅。”

“找你舅舅？”彪形大汉问，“他名叫什么，住在哪里？”

郑芝龙应说：“他名叫黄呈，在澳门开了一家店铺。”

彪形大汉再问：“店铺在哪一条街，店号名是什么？”

郑芝龙支支吾吾：“我……我……我不清楚。“

彪形大汉看着他：“不清楚你怎么能找到呢？”

郑芝龙挠了挠头皮：“这，这，这该怎么办呀？”

彪形大汉笑着说：“刚才神父大人已经交代过了，你就先留在我们铸炮厂里吧。”

“好，好。”举目无亲、无处安身的郑芝龙即刻答应。

“少年家，”彪形大汉随即问道，“你名叫什么？”

“我姓郑，名芝龙。”郑芝龙应说。

“好，郑芝龙。”彪形大汉随即自我介绍，“我名叫高弘，是厂里的工头。”郑芝龙灵机一动，向高弘鞠了个躬，亲热地说：“高大哥，今后请多关照。”

高弘笑了笑：“你这少年家倒还懂事。”

接着，高弘带郑芝龙来到厂房外工人住的工棚，给了他一个铺位；还拿了几件旧衣服让他换洗，让他有个安身之处。

说起这澳门铸炮厂，乃当年远东大型火药武器制造中心之一，是葡萄牙巨商波加劳所创办，并委托当地的多禄神父负责管理，主业是铸造铁炮、铜炮，兼及手铳、火绳枪等单兵火器和刀、剑等冷兵器。厂内分设冶炼、造模、浇铸、锻打、组装和弹药配制等工段，各项专业技术均由葡萄牙技师负责，由少数中国工匠协助；具体操作和笨重劳动则全由中国工人承担。郑芝龙在没找到舅父之时能进厂打工，实乃不幸中之万幸。

当晚平安度过，第二天早晨，厂里清脆的钟声将郑芝龙唤醒，他睁开眼睛一看，睡在同一张大统铺上的十来个工人都已穿好衣服，先后走出那棚屋，准备去吃早点。他赶紧掀开被子，穿上自己的粗布衫，连走带跑跟了上去……

吃过早点，芝龙跟着高弘到铸炮厂上工。这时，厂房里已经是热火朝天

了。你看那造砂模的造砂模，熔铁水的熔铁水，整炮身的整炮身，制弹药的制弹药……七八个洋人技师和百来号工人、工匠，分别在各个工段紧张地劳作……腾腾热气将初冬的寒意驱散殆尽！

高弘按照多禄神父的交代，领着郑芝龙来到火炮组装工段，安排他当学徒工，反复叮嘱两句话：一、学徒学本领，师傅要尊敬。二、镜愈擦愈明，心愈用愈灵！

这两句老话郑芝龙在家乡已经听人讲过，现在听起来更是倍感亲切。

那“火炮组装”是铸炮厂的最后一道工序，主要是对浇铸出模的炮筒进行整修；并扎上木包铁箍以防破裂，装上准星照门以利瞄准，锉平弹药室壁以利装药，安上左右炮耳以利转动，使之成为一门成品火炮。该工段各项工艺技术性高，要求严格，郑芝龙尊师敬业，勤学勤练，加上他禀性聪颖，技艺日日有所长进，还学会了澳门本地人所讲的广东话。

除了上工组装火炮外，郑芝龙在空余时间全都泡在工厂里，或与练武的工友切磋武艺，或到其他工段帮工研习，特别是认真地向洋司傅学讲洋话，半年后竟然能用半通不通的洋话跟洋司傅交谈，因而学到了不少有关火炮的知识……

第七章 姐弟恋甘甜如蜜

寒冬很快就过去，转眼已是初夏时节，这一天，因工厂需对部分设备进行维修，除一些工匠留厂作业外，大部分工人都歇了工。

郑芝龙也在歇工之列，他起床较迟，到膳堂吃过早点返回时，远远就看到棚屋门前有二三十个工友围成一圈，像是在看什么热闹。他快步走到圈外，把头往前一探，圈内有五六个面生的民女，人人手中都提着一个竹篓，竹篓里装满脏兮兮的衣服。哦！原来是一帮头回来厂招揽洗衣活计的女人，一个个都很年轻，而且都长得很不错，跟以往那些三四十岁的洗衣婆全然不同，怪不得厂里的工人像苍蝇见到蜜糖，围着她们不放……

“时候还早嘛，急什么呢，到屋里坐坐吧！”一个中年工友拉着其中一个民女劝道。

“不用啦……”那民女应说。

“到屋里喝杯茶吧！”周围的工友起哄。

“别客气啦……”民女们齐声回应。

“你怕什么呢？屋里又没有老虎。”另一个青年工友嬉弄着另一个丰腴美貌的民女。

“怎么没有老虎？你就是老虎。”那民女娇声娇气地应道。

“我是老虎？你怕我把你吃了？”那青年工友又说。

那民女怪声怪调地说：“把我吃了？怕你没那本事噢！”

郑芝龙听她那腔调，再仔细一看：“哎，这民女好面熟啊……”他正想着，那青年工友又凑前一步，对着那民女：“你说我是老虎，那我当然能把你给吃了。”

“好啊，你是老虎，”那民女说着，跷起右手的食指，点了点自己的鼻子，“可你知道我是谁吗？”

郑芝龙看她那模样，再仔细一想：“对了，阿桃，是阿桃。”他用力拨开挡在前面的工友，钻进圈内。

这时，那青年工友嬉皮笑脸地挨到那民女身旁：“那就请问你是谁人啰？”说着，伸出手想要搂她的腰。

那民女往后一躲，鼓起腮帮，装出一副凶猛的架势，粗声粗气地说：“我是武松，专打老虎的。”

“哈哈哈哈……”满场又是一阵哄笑。

“别再闹了！”圈子外传来高弘洪亮的声音。

围观的工友们看工头来了，纷纷散去……两个调戏民女的工人赶紧溜之大吉……郑芝龙则装出一副与己无关的模样，站在原地东张西望……

高弘走了过来，对着那自称是“武松”的民女，满面笑容地招呼道：“阿桃，这么早就来洗衣裳了。”

“头回来嘛，不早来就揽不到生意啰。”阿桃应说。

高弘连连点头：“说得也是。”

“怎么啦，高大哥，今天你也歇工吗？”阿桃问道。

高弘亲昵地说：“是啊，阿桃，我没日没夜整整忙了一个月啊！”

阿桃叹道：“怪不得好久都没见到你的人影。”

高弘挑逗地问：“想我啦，对吗？”

“去你的！”阿桃一本正经地应说……

看到高弘过来跟阿桃搭话，另外那几个民女全都抿嘴窃笑，大家相互递过眼色，便甩开阿桃，提着竹篓迈开大步，朝着村头的大井走去……

阿桃一看同伴们都走了，当即向高弘告辞：“我得去洗衣裳了。”

高弘有点无奈：“好吧，你先去吧，不过，洗完衣服要到我屋里坐一坐。”

“到时候再说吧。”阿桃边应着边追赶她的同伴去了……

果真是阿桃！是那个卖早点的陈玉桃！郑芝龙不知为何一颗心怦怦直跳。他等高弘离开后，看看四周没有其他工友，便独自一人悄悄地来到村头的大井近旁。

玉桃和她的同伴们正在井台上搓洗工人们的脏衣服，一边洗着一边说说笑笑……

这是一个大晴天，郑芝龙在井台外面溜过来溜过去，既不敢靠近，更不敢露脸，但想要仔细看看阿桃的欲望却非常强烈，正好井台边上有一株大榕树，他便装作路过乘凉，站到榕树后面，把两只眼睛紧紧盯着正在洗衣的玉桃。

今天的玉桃上身穿着浅蓝色的单衣，下身穿着墨绿色的宽裤，头上盘着一球高髻，脚下套着一双木屐，跟去年冬天初次见到她时大不一样。但见她乌黑的头发忽闪忽闪，两颗眼珠明明亮亮，圆圆的脸庞堆满着笑容，红润的肌肤衬映着阳光；嘴巴虽然稍宽嘴唇虽然稍厚，却透露出情意殷殷……

郑芝龙看着看着，不知不觉地从大榕树后移到了大井台边。

这时，民女们已经把所有的脏衣服洗净拧干放进竹篓，准备回铸炮厂晾晒。郑芝龙一愣，正要躲开，忽听到玉桃一声惊呼："芝龙，是你吗？"

他抬起头，猛然看到玉桃的右手直指着他，不禁吓了一跳，转过身赶紧跑掉，就像那小贼偷东西被事主发现赶紧逃走一般。

玉桃追出了几步，却又刹住脚步，叹了口气："咳……"

"哎!?"女伴们都感到很奇怪，纷纷问道，"阿桃，那少年家是谁呀？"

"他，他……"玉桃脸上泛起了红晕，不知该怎么回答。

女伴们看她那样子，更感到新奇，大家围着她，嘻嘻哈哈地你一句来我一句："他，他，他到底是谁人啊？""他为什么要跑呢，这少年家？""你为何不追了，阿桃姐，赶快去追呀！""这少年家长得比高大哥要俊得多呢。""敢是阿桃姐的小情人噢！"……

"别说了，别说了。"玉桃显得有点生气，她挥了挥手，下令，"快走，快走，快去晾晒衣服。"说着，提起竹篓扭起腰，跨步朝着铸炮厂走去。

这帮年轻洗衣婆跟着玉桃来到工人棚屋，晾好衣服，领了工钱，就各自回家去了……

再说郑芝龙。

他在井台边突然被陈玉桃认出来时，竟莫名其妙地吓跑了。他跑着跑着，越跑心里越不自在……"我为什么要跑呢？"……"敢是我怕她不成？"……"我哪是怕她？我好像是喜欢她。”……“喜欢她为什么又像小贼那样逃开？”……“不行，我不能跑，半年多才再见到这一面，我要回去找她。”……

郑芝龙刹住脚，转回头朝着大井台望去，玉桃和她的女伴们全都不见人影了。他呆呆地站了些时候，才想起玉桃她们准定是去晾晒衣服，便绕过村庄，走向棚屋。可是当他来到棚屋门外，那晒衣场上已经挂满了洗净的衣服，玉桃她们早已走了。郑芝龙大失所望，看看太阳就在头顶，便悻悻地离开晒衣场，沿着铸炮厂外那条斜巷上街市，随便吃了顿午饭，打算返回棚屋歇息。

他无精打采地走着走着，不多久便走到斜巷巷口，正要拐进巷子里，哎哟！迎面来的不就是玉桃吗？郑芝龙喜出望外，一颗心又扑通扑通地跳了起来，连忙躲进巷口一家小店铺的墙边，待到陈玉桃走到他身边，才站了出来，唤了一声：“阿桃！”

玉桃先愣了一下，再定睛一看，面前正是那个从井台旁逃掉的、名叫芝龙的少年家。她跷起右手食指，点着郑芝龙的鼻子：“你呀，你呀……你跑哪里去了？”

“我上街吃午饭啊。”郑芝龙应说。

“吃午饭用得着那样跑吗？”陈玉桃质问道。

“哎，哎……”郑芝龙答不出话来。

“算了，算了，不说了，”玉桃晃了晃手，“先问你，那天清早你帮我捧糕点，至今都半年多了吧，你都跑到哪里去了？”

芝龙：“我在铸炮厂做工。”

“啊?!”玉桃十分惊讶，“你就在铸炮厂里做工？”

芝龙：“是啊。”

玉桃：“你怎么能进厂？”

芝龙：“是多禄神父收我进厂的。”

“哦，是多禄神父吗，你真是遇到贵人了。”玉桃十分高兴。

听玉桃这一说，芝龙忽然想起，应道：“哎，对了，小时候母亲曾带我到泉州开元寺抽过签，签诗上说我命该出外，虽有风险，但一路都会有贵人相助。”

玉桃：“看来你在澳门将会成就大事业。”

芝龙：“这还很难说，当个工人，不知什么时候才会出头。”

玉桃："机缘一到就会出头，现在你不能急，先在铸炮厂里好好做。"

芝龙："当然啰，我现在整天都泡在厂里。"

玉桃："那你现在为什么跑到街上来？"

芝龙："今天歇工嘛，我才出来四处逛逛。"

玉桃："想到哪里玩呢？"

芝龙："没特意准备到哪里。"

玉桃："那就到我屋里坐一坐。"

"不，不。"芝龙又是摇头又是晃手。

"为什么不呢？"玉桃说，"那天清早你帮了我，我一直记在心里呢。"

芝龙不好意思："见笑，见笑，一点点小事算什么呀？何况你还给了我十文钱。"

"那是应该的，算是大家有缘分，走，走，我们先上街溜溜，然后到我那里喝喝茶。"玉桃说着，欲牵芝龙的手。

芝龙急忙把手缩回："好啦，好啦，我跟你去就是。"

于是，玉桃在前，芝龙在后，两人从斜巷口走进小街，再拐入码头后面那条大街。

大街上依然是人来人往，熙熙攘攘，十分热闹。行人中除华人外，还有白人、黑人、印度人，和往常也都一样，郑芝龙对此已经不感兴趣，但陈玉桃还是拉着他继续逛街。

两人逛着逛着，不觉逛到一条齐整的街道，街中一座气派非凡的大院，门前站着四个手持长矛的兵丁，门外不远处还停着一辆马车。郑芝龙至今尚未来过这里，感到有点新奇，便开口问说："这是什么地方？"

"哦，这地方你没来过？"玉桃喜滋滋地反问道。

芝龙老老实实应道："是啊。"

"这是提调司衙，"玉桃说，"朝廷派来的大官就驻在这里。"

芝龙有点不明白："澳门不是葡萄牙人在管着吗，何须朝廷再派人来？"

"这你就不知道咯，"玉桃答说，"澳门只是租借给葡萄牙人，让他们管理，但这块地还是属于咱们天朝的，朝廷派人来就是来监督他们的。"

芝龙若有所思："哦，原来如此。"

真是说曹操曹操到。他们正说着，就看到一个朝廷官员送一个洋人走出衙门。那洋人身穿耶稣会神父袍服，学着中国礼节抱拳向那官员告辞……

芝龙仔细一看，很是惊讶："这不就是多禄神父吗？"

玉桃倒是很淡然："不错，是多禄神父。"

郑芝龙有点慌张，说："他是我们铸炮厂的大掌柜呀。"说着，想要躲开。

陈玉桃一把将他拉住："别怕，我跟神父很熟呢。"说着，迎上前去，深深鞠了个躬："神父大人，午安！"

"哦，是阿桃啊，"多禄神父用不大纯正的闽南话应说，"都半个多月没见到你了。"

玉桃又鞠了个躬："我也没上门向大人请安，实在不好意思。"

"近来你的小生意好吗？"多禄神父继续用闽南话问道。

"托大人的福，小生意还过得去。"玉桃恭谨地答说……

郑芝龙镇定下来后，也模仿玉桃向神父鞠了个躬："神父大人！"

多禄把芝龙上下打量了一番，问："你是那个少年家，叫郑芝龙的，对吗？"

"是，是，"郑芝龙连忙应说，"大人记性真好。"

多禄："这半年多来在整修炮身工段过得好吗？"

芝龙："很好，很好，多谢神父大人的栽培。"

多禄："下一回到厂里视察，我会到工段去看你的。"

芝龙十分激动："多谢神父大人！"

神父："现在你们可以走了。"

玉桃："我们还是先送大人上车。"说着，陪送多禄到马车前，掀起帘，扶他上车，然后再次鞠了个躬。

告别了神父，玉桃带着芝龙来到他们头一回见面的地方。

那窄窄的巷子坎坷的路，那土墙柴门的小平屋，还有那家唯一有门檐的大厝，和那晚芝龙栖身的石阶与门柱……两人很是感慨……

好了，进了玉桃的屋子，芝龙又高兴起来。

这小屋是泥土打的墙，细杉搭的梁；前面一小厅，后面一小房；蒸笼、大锅、大灶架在屋门后，柴草、水缸、水桶放在土墙边。厅中间一张用来和面、拌料的大方桌，有时也用来泡茶、吃饭；小房里一张平板床，则足足有四尺来宽。

“哇，不错啊！”芝龙赞道。

“太挤了。”玉桃应说。

芝龙赞道：“挤是挤，可收拾得很干净。”

玉桃笑道：“不干净还能住人。”

“你就一个人住在这里？”芝龙禁不住问道，随即感到过于唐突，连忙改口，“哎呀，我不该问，不该问。”

玉桃看他那样相，笑了笑：“有什么不该问的，我就是一个人住在这里，怎么样？”

“这……”芝龙不好意思说出来。

玉桃猜出他的心意：“你是要说，我该找个伴，对吗？”

芝龙点了点头。

“可惜我现在还没有找到合适的人。”玉桃说。

芝龙试探地说：“高弘大哥看来对你很好嘛。”

“不错，高弘大哥对我很好，但他在老家……”玉桃赶紧刹住，接着才说，“我还得斟酌斟酌。”

“你还斟酌什么呢？”芝龙追问。

“不能斟酌吗？”玉桃有点不高兴，“问七问八的，像个孩子。”

“谁像个孩子？我都十七岁了。”芝龙辩道。

“十七岁又怎么啦？我今年都十九了。”玉桃应说。

芝龙似乎有点意外：“哦?！你都十九了，那我该称你玉桃姐啰。”

“对啊，”玉桃半开玩笑，“你还是我的小弟呢。”

“好啦，阿桃姐，”芝龙认真地说，“我想问你一件事呢。”

玉桃问道：“什么事？”

芝龙眼睛里闪烁着好奇：“这多禄神父怎么会讲我们闽南话？”

“咳，这又有什么，”玉桃说，“他不但会讲闽南话，还会讲广东话，会讲官话，还会讲好几个国家的洋话。”

芝龙惊讶道：“哎哟，这么厉害啊。”

玉桃笑道：“什么厉害不厉害，不管什么话语，只要你肯认真学，很快就能学会；别说多禄神父学问那么高，就连我现在都能讲洋话。”

芝龙："你真的会讲洋话？"

玉桃："当然是真的。"

芝龙："你是怎么学的？"

玉桃："我是跟多禄神父学的。"

芝龙："你因何跟他那么熟？"

玉桃："我刚到澳门时单身一人，举目无亲，流落街头，险些被骗去卖掉，后来是多禄神父收留了我，让我在他府上当女佣。"

"哦！？"芝龙甚感惊讶，"你单身一人流落到澳门？"

"是啊……唉！"玉桃深深叹了口气，"我老家在福建平和，八岁时家乡遭灾，父亲带着全家逃荒，一直逃到广东汕尾，落脚后打拼了六年，不但建起了房子，还买了一只渔船，日子过得和和美美，我还读了点书。万想不到那年秋天一个晚上，不知从哪来的一股倭寇，冲进村里抢劫，边抢边放起大火，我父亲被倭寇用刀砍死，母亲和弟弟被大火活活烧死，那只渔船也被抢走了……"玉桃说到这里，两行泪水禁不住涌出眼眶，顺着单衣滚落到地面。

芝龙看她那样悲伤，连忙劝道："玉桃姐，别说了，别说了。"

"不，我要说，"玉桃上齿咬着下唇，硬止住泪水，"那年我才十四岁，平和的家没了，汕尾的家毁了。一个十四岁的女孩啊，孤身一人四处流浪，当过乞丐，做过苦力，几回被歹人抓去，几回逃了出来……"

说到这里，玉桃又泪如泉涌，伏在芝龙的肩上放声大哭……

自小倔强刚硬的芝龙，至此无法再忍，他一边抚慰着玉桃，一边也跟着伤心落泪，直到玉桃悲情渐消，才捧起她的脸，用袖口擦去她脸上的泪痕，劝慰道："那都是过去的事，以后不准再提了。"

玉桃苦情宣泄后，心绪渐渐平复，她盯着芝龙那真挚的眼神，再次叹了口气："唉！"

"嘿嘿，嘿嘿！"芝龙装出一副怪相，笑了两声，忽然像发现什么新鲜事，"你看，你看……"

"看什么呀？"玉桃问。

芝龙指着她的脸庞，画了个圆圈："看你这张脸。"

玉桃有点莫名其妙："我的脸怎么啦？"

芝龙挑逗地："看你这张脸呀，这张脸呀……就像一个很'古锥（闽南语，可爱）’的小女孩。”

“我才不是小女孩呢。”玉桃禁不住撒了个娇。

“不过……”芝龙装了个鬼脸，“你呀，你呀……更像一个丑八怪！”

“你坏，你坏。”玉桃捏起拳头捶打芝龙。

芝龙哼哼呀呀地说：“哎哟，哎哟，好痛噢，好痛噢……”边哼边捧着肚子蹲下身去，像是痛得不得了……

“扑哧！”玉桃终于破涕为笑，一把将芝龙推倒在地，“你这个坏东西，往后不理你了。”

芝龙站起身来，依然一副顽皮相：“哎呀，阿桃姐，人家开玩笑嘛！”

“好啦，别再闹了，”玉桃看了看天色，“时候不早，该吃晚饭啰。”

芝龙跟着抬头看了看天，站起身：“天都快暗了，我该走了。”

“不行，”玉桃用命令的口气，“在我这里吃过晚饭才可以回去。”

“这……不好意思。”芝龙推辞道。

“哼，不好意思?!”玉桃反问，“你还认不认我这个阿姐?”

芝龙瞟了她一眼：“好，那就依你。”

玉桃拍了他一下：“对，这才是我的乖小弟。”

说着，玉桃即刻到屋后小厨房里，很快煮了一钵子蚝干金瓜饭，逼着芝龙吃得饱饱的才让他回去……

第八章 靶场上大显身手

又是到了初冬时节。

这一天早晨刚上工，厂里接到多禄神父的紧急命令，全厂上下顿时大忙起来，除了冶炼工段全员继续作业外，其他工段都抽出人手，又是清除垃圾，又是打扫厂房，又是扎花结彩，又是安排展览……郑芝龙则跟着本工段的洋技师和工匠、工友，到靶场上搭建看台，设置靶心，安放炮位。

看到这般排场，芝龙预料今日厂里准定是要出演“大戏”，便在工作时寻找机会凑到洋技师身旁，嘀咕过来，嘀咕过去，直到洋技师点了头才不再缠他。

果不出芝龙所料，午时一过，“大戏”开演了。一位朝廷官员带着十几个兵弁，在多禄神父陪同下来到铸炮厂，厂门前顿时锣鼓喧天……

这名官员姓王名猷，甲寅年进士，时任香山知县，澳门乃其辖地，因此被朝廷委派前来购买西洋火炮。

朝廷为何要派员前来购炮？话要从这两年来东北边境的战事说起。

原来，早在三十年前，居住在东北地区的满族开始崛起，并在其杰出领袖努尔哈赤的领导下，统一了各部落，创立了兵民合一、军政合一的八旗制度，大力发展农牧业生产，大大增强了军事实力。去年四月，努尔哈赤乘明朝不备，一举攻取了抚顺，连败明军，使终日纵情声色、不理朝政的神宗皇帝大为震惊，慌忙调集十万大军，企图将满军击退，想不到反被满军打败，再失沈阳、辽阳等重镇。为了夺回失地，朝廷想方设法加强武备，王猷便是在这情势下被派来澳门购炮的。

多禄神父领着王猷进入大厂房，首先来到冶炼工段。但见两座冲天炉穿出屋顶，热气逼人；炉旁均配有丈把长的大风箱，各由四人推拉，“呼噜呼噜”的鼓风声，和“嗨呀嗨呀”的号子声交织在一起，响彻四周。

参观过冲天炉，王猷跟着多禄神父，相继来到造模、浇铸、锻打、弹药、组装等工段视察，边走边看边交谈……

王猷：“贵厂这冲天炉填料点火之后，要多久才能炼出铁水？”

多禄：“两昼夜。”

王猷：“每炉铁水有多少？”

多禄：“每炉铁水两千斤。”

王猷：“填料都出自何方？”

多禄：“所用铁沙产自佛山，木炭则来自粤北，都是就地取材。”

王猷：“就地取材好，可以节省不少钱。”

多禄：“是的，大人。”

王猷：“贵厂除铸造火炮外，还能……”

多禄：“还能制造手铳，锻打刀、剑。”

王猷：“犁、锄、铲、镢等农具呢？”

多禄：“照样能造。去年春天应周近地区农户之请，我们制出一批锄头、犁刀，很受用户欢迎。”

王猷脸现微笑：“你们也赚了钱嘛。”

多禄：“当然，当然。”

王猷：“贵厂设有专门配制弹药的工段，是否既卖火器，又卖弹药？”

多禄：“是的。”

王猷：“这弹药无非是硝石、硫黄、炭粉三物拌和而成，我方也可配制。”

多禄：“不，大人，本厂所造火器，结构与别的厂家有所不同，需用本厂特殊配制的弹药，才能发挥最大威力。”

王猷：“这么说，购买贵厂的火炮，非得同时购买弹药不成？”

多禄：“大人，这对双方都有利嘛。当然，本厂设在澳门，如若朝廷需要，自当廉价供货。”

“好啦，”王猷说，“现在还是要看看贵厂所造的火炮性能如何。”

多禄神父恭请道：“那就请王大人亲自到靶场查验。”

铸炮厂这靶场设在邻近一处宽阔的沙滩上，一头是六七丈高的大礁石，一头是苍翠低矮的红树林，两头相距四百丈。

王猷和多禄神父在兵弁和高弘等工匠的簇拥下来到靶场时，实弹试炮的准备工作已全部就绪。礁石正面已钉上两丈见方的靶板，板上画着圆形的靶心；红树林前，一尊铁炮已经架设在架座上；在炮座朝向靶心的三百丈处和二百丈处，各放置一条破旧舢板作为一、二号靶船；负责操炮的炮手也已在炮座旁恭候。

一进入靶场，王猷先来到铁炮前，仔细察看后，撑开右手手掌，依次丈量了炮身的长度、炮口的口径和装弹室的大小，说："炮筒长五尺五，外加九道铁箍；炮口外径六寸五，内径四寸……"

"对，大人量得很准。"多禄接着说，"本炮与一般铁炮相比，炮筒加长一尺，口径加大半寸，管壁增厚六分，铁箍多加两道，使得本炮射出的炮弹速度高，射程远，具有超强的毁杀威力，同时炮身更加坚固耐压，可以确保发射安全。"

王猷随即从炮架上取出一个尺把长的铁质圆筒，问："这是子炮？"

"是，"多禄答说，"子炮事先填好弹药，发射前装入炮身后部的装弹室，发射完毕退出，再重新填药，继续使用；每尊母炮配有九枚子炮。"

"这弹丸呢？"王猷指着置放在炮架另一边的金属圆球。

"这弹丸是铅质炮弹。"多禄应道。

"点火装置呢？"王猷再问。

多禄应道："采用慢燃火绳点火，可以连续使用一个时辰。"

王猷点了点头："好啦，现在就看贵厂的实弹射击。"

"请！"多禄说着，带领王猷步上看台，请他入座，然后挥手下令，"炮手就位。"

三名身穿葡萄牙军装的炮手即刻跑步向前，在炮架旁立定。

随同多禄神父到现场的高弘仔细一看，三人当中，站在炮架右边的是组装工段的洋技师，站在前面的是工段里的老工匠，站在左边的则是郑芝龙，不禁大感惊讶。

这实弹试炮关系重大，过去全由洋技师和富有经验的司傅操炮，今天怎么用上这么一个新手？

就在高弘疑惑难解之时，多禄神父发出第二道命令：“目标靶心，准备发炮。”

老工匠即刻往装弹室压进一枚子炮，送进一枚铅弹；与此同时，郑芝龙敲击火石引燃火绒，备好慢燃火绳。紧接着，以洋技师为主、郑芝龙为副，两人轮番瞄看照门、准星，旋动左右炮耳，很快抓准了目标，将炮身固定下来。

“准备完毕。”洋技师高声报告。

“开炮！”多禄神父发出第三道命令。

洋技师立即捏起慢燃火绳，点燃子炮上的导火索……轰隆一声巨响，炮弹飞出炮口，越过四百丈宽的海滩，准确击中靶心，将靶板打得个碎片纷飞……

“哦嗬！哦嗬！……”靶场上响起阵阵欢呼声。

在欢呼声中，多禄神父高举右手，再次发令：“目标第一号靶船、第二号靶船，接连开炮！”

三名炮手动作迅捷，配合紧密；你装子炮，我放铅弹；你瞄准星，我旋炮耳；瞬间接连发出两炮，把两只靶船全都击碎……

“哦嗬！哦嗬！……”靶场上的欢呼声接连不断。

多禄神父满面春风，走到王猷座位前：“大人都看到了吧。”

“看到了。”王猷脸带微笑，频频颔首。

多禄道：“刚才的实弹射击，足以证明本厂铸造的火炮，性能十分优越。”

“不但火炮的性能好，”王猷赞道，“炮手的技艺也很高。”

“本厂的主炮手，都是欧洲聘来的高级技师。”多禄略带炫耀地应说。

王猷略为思索：“哦，不过那三名炮手中，有两名好像是中国人。”

“不错，是有两名中国人，”多禄答说，“但他们都是欧洲技师训练出来的。”

王猷有些好奇：“能不能叫他们过来给我看看？”

“当然可以。”多禄立即吩咐下去，三名炮手很快就到看台上来。

王猷站起身，先按西洋礼节跟那位洋技师握了握手，然后转向那两名身穿葡萄牙军服的中国人。

老工匠和郑芝龙当即下跪拜道：“小民拜见大人！”

王猷忙说:“请起，请起。”

两人站起身后，王猷一看郑芝龙年纪很轻，长相又很俊美，不禁大感兴趣，开口问道:“你是铸炮厂的炮手?”

“我是厂里的工人,”郑芝龙答说，“今天实弹试炮，洋司傅让我来当他的副手。”

王猷:“你才几岁? 进厂有多久? ……”

郑芝龙:“我今年十八岁了，进厂也有两年多了。”

王猷:“进厂两年多就能当实弹试炮的副手?! 你本事可不小啊!”

郑芝龙:“洋司傅很疼我，很用心教我。况且这洋人火炮的发射和中国弓弩的扣射，道理是一样的。”

王猷:“这和你今天当炮手有什么关系?”

郑芝龙:“我在家乡特别喜欢摆弄弓弩，还自己做过小弓弩。”

王猷:“哦，你家乡在哪里?”

郑芝龙:“我家乡在福建南安县石井村。”

王猷听后，禁不住仔细端详起这个站在他面前的少年家……但见他身材魁伟、面容俊俏、天庭饱满、下颌圆润，眉目间透露出一股兼有机灵的英气，看起来真是栋梁之材，便问道:“你的名字叫什么?”

郑芝龙:“我姓郑，名芝龙，字飞黄。”

“姓郑，名芝龙，字飞黄?”王猷再问。

“‘郑’是郑和的‘郑’，‘芝’是灵芝的‘芝’，‘龙’是蛟龙的‘龙’。”郑芝龙忙解说道，“字飞黄则是飞天的‘飞’、炎黄的‘黄’。”

“飞天的‘飞’、炎黄的‘黄’……灵芝的‘芝’、蛟龙的‘龙’……”王猷默默念着，若有所思……

郑芝龙看他那样子，忙问道:“大人，是不是我没说清楚?”

“不，我听清楚了。”王猷摆了摆手，嘴里继续念道，“炎黄的黄……飞天的飞……蛟龙的龙……”念着，念着……不禁开怀大笑，指着面前的郑芝龙，半认真半打趣地说:“你这个炎黄子孙啊，将来可会变成‘飞天的蛟龙’哦! ……”

“‘炎黄子孙’变成‘飞天蛟龙，’”多禄神父复述着王猷的话，也跟着哈哈大笑，然后向郑芝龙和老工匠挥了挥手，“你们退下吧。”

“是。”两人应着，向王猷和多禄神父鞠了个躬，跟洋技师一起走下看台。

炮手们退下后，多禄神父叩问王猷：“从刚才实弹试炮的结果来看，本厂铸造的这火炮不知合不合朝廷之用？”

王猷明确地回答：“合用。”

“那么，首批准备购买几尊？”多禄神父再问。

“每尊火炮价钱多少？”王猷反问道。

多禄神父应道：“炮身连炮架，外加子炮二十枚、铅弹八十发、火药一百斤，每尊火炮总值四百两银子；如若朝廷需要，本厂愿八折优惠，仅收三百二十两。”

“好，首批先订购十尊，”王猷当场拍板，“不过，贵厂需派出一名技师协助我方训练炮手。”

“这事好办，”多禄应说，“只是训练期间技师的薪酬，还请朝廷核发。”

王猷慨然允诺：“那是理所当然。”

多禄抱拳鞠躬：“多谢王猷大人！”

第九章 教堂里举办婚礼

发射三炮全都中靶，多禄十分高兴，送走王猷后赏给三名炮手每人二十两银子，并恩准歇工两天。

兴高采烈的郑芝龙第二天早晨起床后，到膳堂里吃过早餐，回到棚屋，坐在自己的铺位上，盘算着如何将这喜讯告诉玉桃。到时间差不多了，才将那两锭赏银用布包好，揣在怀里，冒着寒风，上街寻找玉桃去了……

天气有些阴冷，玉桃刚卖完早点，正在收拾摊子，一抬头看见芝龙已经走到她跟前，不禁喜出望外："哎哟哟，我的小弟，今天刮的是北风，怎么把你给吹来了！"

"歇工呗。"芝龙高兴地应说。

玉桃感到有点奇怪："今天不是歇工日，你怎么会歇工？"

"不是歇工日，我却可以歇工，"郑芝龙反问道，"你猜猜看，这是为什么？"

玉桃看他那高兴劲儿，伸出手点了点芝龙的鼻子："别卖关子了，小弟，快告诉阿姐。"

"昨天一位朝廷大官来看实弹试炮，洋技师让我当他的射炮副手，结果三发三中，"芝龙喜滋滋地说，"多禄神父十分高兴，奖给我二十两赏银，还恩准歇工两天。"

"哎哟，芝龙小弟，你好有本事哦！"玉桃惊喜交集，拉起芝龙的手，"快，快跟我回家。"说着，挑起担子，带着芝龙转过大街，回到那小屋。

一进小屋放好担子，玉桃先把屋门给闩上，回过身紧紧把芝龙抱住，嘴里唠叨："我的小弟，我的心肝小弟，你好大的本事噢，你好大的本事噢！"

芝龙给她抱住，一颗心怦怦直跳，过了好一会儿，才紧贴在玉桃耳旁说："玉桃姐，我还有事找你。"

玉桃缓缓地松开双手，问："你还有什么事，小弟？"

芝龙应道："我要向你借文房四宝，写封信回家；同时将二十两银子寄回去。"

玉桃有点惊讶："把二十两银子都寄回去？"

"是噢。"芝龙应说。

玉桃沉吟片刻，建议道："小弟，依我看你先寄十五两回去，留下五两银子，在澳门有时还得用点钱。"

芝龙连连点头："对，对，就照阿姐的意见办。"

"这就好。"玉桃边说边进房，捧出一套笔、墨、纸、砚，放到厅里的方桌上。

芝龙当即坐在方桌前，注水研墨，提笔书写，再把那写好了的信折起装进信封，说："我这就上大街到钱庄里，用一枚十两银锭换成两枚五两的。"

玉桃抬起头看了看天，说："别忙，现在已经辰时三刻了，我肚子有点饿，我们吃点糕饼再走吧。"

芝龙吃过早点后也过了一个多时辰，当即应道："好，好。"

于是，玉桃将卖剩的糕点摆到桌上，还泡了一壶茶，两人又饱餐了一顿。

芝龙擦了擦嘴，站起身："玉桃姐，我该走了。"

玉桃问道："你二十两赏银都带在身上？"

"是啊。"芝龙说着，从怀里掏出布包，放在桌面上解开，现出两枚光闪闪的银锭。

"哇，芝龙小弟，你真有出息啊！"玉桃兴高采烈，"我陪你一起去。"说着，帮芝龙包好银锭，牵起他的手走出屋门。

两人一起上大街到钱庄里换好银锭……然后又一起前往望厦村，到福建会馆托交信件和银两……

路途相当远，事情办完后已近黄昏，郑芝龙依依难舍："阿桃姐，你要回去吗？"

"不，我要请你吃饭。吃过饭还要你和我一起回家。"

芝龙红着脸："这多不好意思。"

玉桃笑道："有什么不好意思，今天我可要好好地祝贺祝贺你。"

说着，硬拉芝龙到一家菜馆，叫了一盘咖喱牛排、一盘红烧鸡翅、一盘海蚝煎蛋、一盘虾仁粉丝和一碗杂菜汤……

一看玉桃叫了那么多菜肴，芝龙不禁连声惊叹："哇！哇！……这么多啊！"

"还有呢。"玉桃说着，又叫店小二送来一瓶红葡萄酒，先给芝龙斟满一杯，然后在自己的酒杯里也注满一杯。

玉桃举杯："来，芝龙小弟，祝你大显身手，三炮三中！"

芝龙随之举杯："多谢玉桃姐！"

两人碰杯后都一饮而尽……

就这样杯来盏去，过了整整一个时辰，终于把一瓶红葡萄酒喝光，菜肴也差不多全吃完。

天黑下来了，两人酒足饭饱之后，都有六七分酒意……

玉桃付了钱，牵起芝龙的手，漫步朝家里走去……

一到家，玉桃先把门闩上，然后点亮蜡烛，再从衬棉的暖包里提起茶壶，斟了两碗温热的茶水，给了芝龙一碗，自己也端起一碗慢慢地喝着。

芝龙因酒喝得多，感到口渴，一端起茶碗就仰起头将满碗茶水直往喉咙里灌了下去，灌着灌着，扑哧一声，茶水被反呛出来，直喷到玉桃身上……

"哎哟，不好意思，不好意思！"芝龙一边赔罪，一边用手拭去玉桃胸前的水渍……

拭者无意，玉桃却感到芝龙那温热的手是在爱抚着她那丰腴的乳房，她猛然扑进郑芝龙怀里，把他紧紧抱住，嘴里唠道："阿龙，我要嫁给你，我要嫁给你！"

"你要嫁给我？"突然被她紧紧抱住的郑芝龙又激动又茫然。

玉桃脸贴着脸在他耳旁轻声地说："对，阿龙，我要嫁给你。"然后万般舍不得地放开双手，让他直起腰杆。

"你是我的阿姐。"芝龙喃喃应道。

"是你的阿姐又怎么样？"陈玉桃问。

"哎，哎，哎……"芝龙一时不知如何回答才好。

玉桃看他那样相，扑哧一笑："你是说我比你年岁大，是你的阿姐，你不要娶我为妻，是不是?”

“不是，不是……”芝龙连忙摇手。

“我们闽南有句古话，不知你听过没有?”玉桃再问。

芝龙问道：“什么古话?”

玉桃用闽南语说道：“某（妻）大姐，坐金交椅。”

“某大姐，坐金交椅……听说过，听说过。”芝龙应说。

玉桃笑道：“这就对了，你娶阿姐做妻子，今后定会坐上金交椅。”

“坐金交椅?！……”芝龙挠了挠头壳，突然高兴起来，“好，阿桃姐，我娶你做妻子。”

“这就对了，”玉桃满面笑容，“那你明天一大早就来我这里，我们一起到教堂去找多禄神父。”

“找多禄神父做什么?”芝龙问。

玉桃：“要他为我们证婚。”

芝龙：“为我们证婚?”

玉桃：“对，我要把我们的婚礼办得像模像样。”

第二天清早，芝龙换上新衣，来到玉桃的小屋。玉桃已经穿上新衣在等他。两人吃过早点，相携来到教堂，多禄神父正从教堂内走出来，他们迎了上去，深深鞠了个躬：“早安，神父大人！”

多禄看玉桃、芝龙一起来找他，甚感奇怪：“玉桃，你没上街卖早点?芝龙，你为什么没去上工?”

“大人你不是恩准我歇工两天吗，今天是第二天。”芝龙嗫嚅地应道。

多禄点了点头，转问玉桃：“你们怎么会一起来找我?”

玉桃羞涩地说：“我们有要紧事。”

多禄不解地问：“什么要紧事?”

玉桃郑重地说：“我要嫁给郑芝龙，我们两人要结婚。”

多禄十分惊讶：“什么，你说什么?”

“我要嫁给郑芝龙，”玉桃恳求道，“请大人准许我嫁给他。”

多禄怀疑自己听错了：“你不是想要嫁给高弘吗?”

玉桃正色道：“我从没讲过要嫁给高弘。”

多禄看着她："你和高弘相好两三年了，大家都认为你一定会嫁给他。"

玉桃："虽然我们相好过，但他并没真正爱我，而且他在老家还有个妻子。"

多禄："这有什么？从福建到澳门来的男人，没一个带家眷的，他们理所当然要在这里另行娶亲成家。"

玉桃："高弘要娶亲，他自己去娶，我不嫁给他。我要嫁给郑芝龙。"

多禄："郑芝龙？他年纪还小呢。"

玉桃："他都十八岁了。"

多禄："但你比他大好几岁。"

玉桃："我只比他大两岁，我一定要嫁给他。"

多禄有点恼火："我真不明白，玉桃，你怎么会这样？"

玉桃："因为我真心爱他，他也真心爱我。大人多次答应过，让我自己选个男人，现在我选定郑芝龙……"

多禄转问郑芝龙："芝龙，你愿不愿意娶他？"

"愿意，愿意。"芝龙赶紧应道。

"唉！……"多禄深深叹了口气

玉桃眼含泪花，急切地说："大人一诺千金，求求你成全我和芝龙吧！"说着，双膝下跪，不停地磕头。

"好吧，玉桃。"多禄将她扶起，问，"那你们的婚事准备怎么办呢？"

玉桃："就按照教会的礼仪，请大人为我们证婚。"

"可以，我可以为你们证婚。"多禄终于点了点头，"你们现在就去准备吧！"

流落澳门多年的陈玉桃终于找到了心上人，并冲破那羁绊多年的无形桎梏，赢得了跟心上人正式结为夫妻的权利。

于是，虽然出身低微，工作粗贱，陈玉桃还是要把婚喜办得风风光光。

于是，虽然决定按照教会礼仪，由神父主礼，陈玉桃还是要保留一些闽南的民间习尚。

她倾尽自己多年的积蓄，先对小屋进行修葺粉刷，打扫干净，门前高悬红灯，门柱刷上喜联，前后门板和厅、房墙壁则贴上红底金字的大"双喜"，总共九张。

屋子修葺一新，玉桃又张罗起屋内的家私，小厅里方桌换圆桌，房间里小床换大床，床上摆好锦被绣枕，床顶挂上绫罗纱帐。

屋内布置停当，玉桃领着芝龙到市街最出名的裁缝店，订制了一套洋装婚纱礼服、一套新郎新娘汉装。

为了物色陪上教堂的男、女花童，玉桃前往十几个老顾客家里拜访，挑选出一男、一女两个活泼可爱而且比较懂事的儿童，给这两家都送上了红包。

婚期吉日终于到了，一辆马车将身穿婚纱礼服的玉桃、芝龙和男、女花童送到教堂门前。

没有喧天锣鼓，没有吹拉弹唱，只有管风琴的乐音陪伴着他们进入教堂。

多禄神父为芝龙、玉桃主持婚礼并给予祝福之后，那辆马车又把他们送回那小屋……小屋门前顿时鼓乐齐鸣，鞭炮爆响……

当天晚上，换穿婚庆汉服的玉桃、芝龙，在澳门的大酒楼开了一桌酒席，高弘被他们奉为上宾。宴毕，免去“弄新娘”的习俗，让这对新人在二更时就进入洞房，共度良宵。

铸炮厂恩准郑芝龙歇工七日，陈玉桃也暂停上街卖早点。

七天七夜形影不离，七天七夜难分难解，使这对新人享受到那无与伦比的欢乐……

第十章 杨秋花跟定李旦

话说李旦救起郑芝龙抵达澳门让他上岸之后，继续领着船队兜着东北季风前往南洋群岛，先后到过占城、占腊、暹罗、满剌加、苏门答剌，第二年初夏抵达爪哇；继而乘西南季风北上，到望加锡、三宝颜、岷里拉等港口，与当地商家进行贸易；然后越过巴士海峡，进入中国海域，在台湾北港和澎湖本岛各逗留两天，进行考察；于初秋时节来到厦门，仍旧住在金阳商馆。

在杨陆的精心安排下，秋花在商馆门前迎进李旦，殷勤接待，使得整年颠簸海上的李旦困意全消。

当晚，李旦再次带秋花来到他的专用寝室，两人坐定后，李旦关切地问道：“我出洋后这些日子，你过得怎么样啊？”

李旦不问还好，一问却勾起秋花的满腹心事，她蛾眉紧锁，欲言又止……

“怎么啦，不说话了？”李旦问道。

秋花依然默不作声。

李旦疑惑地问：“这商馆的掌柜是你的堂叔，难道有人敢欺负你？”

秋花一听，眼角即刻闪起泪花……

李旦至此才悟到秋花可能有难言之隐，他摇了摇手：“好啦，好啦！不问了，不问了！”

秋花低下头，少顷才开口：“李大人，小女有事求你，不知你答应不答应？”

“什么事，你说。”李旦亲切地问道。

秋花喃喃道：“小女恳求大人带我到平户。”

“带你到平户?!”李旦感到有点意外……旋而慨然应允，“带你到平户，可以，我这回就带你到平户。”

秋花一听，即刻扑跪到李旦跟前，两行热泪滚落到地面：“大人大恩大德，秋花永生铭记在心!”

第二天，杨陆、魁奇、刘奔、衷纪等人，全都忙着卸货、装货……到了当晚饮宴，酒过三巡，李旦才宣称，说要带秋花到平户。

杨陆、刘奔一听，正中下怀，喜不自胜；魁奇、衷纪虽感意外，也争先举杯，敬酒道贺。

第三天正午，船队从厦门起航，杨秋花打扮得花枝招展，随李旦上船，在摇篮似的船舱里，继续服侍她的如意郎君……

秋季的风向多变，有时刮着南风，有时吹来北风。船队顺风时正帆直驶，逆风时侧帆横驶，半个月后回到平户。

平户位于日本九州西北部海面上，其本岛稍大于澎湖，连同周近小岛组成“肥前国”，乃日本当年数十个小国之一；因地处东海北沿，距中国东部沿海较近，在唐朝时曾是日本遣唐使者赴中国的首站，宋朝以来已是日中两国民间贸易的重要港口。

船队进入内港，“新洋号”首先泊岸。

李旦带着秋花和刘奔、魁奇、衷纪等人踏过跳板，走上岸来。

在码头恭候的金阳商行总管颜思齐迎上前去，抱拳拜道：“恭迎李大人!”

跟在他身后的卫丁队长郭怀一领着一帮持刀卫丁，齐刷刷地单膝下跪，高声应和：“恭迎李大人!”

李旦拍了拍颜思齐的肩膀，笑道：“不用多礼了，思齐贤弟。”

颜思齐挥手：“礼毕。”

郭怀一和那帮卫丁随声站起。

颜思齐俯首躬身：“李大人，请!”说着，带四名卫丁在前开道，领着李旦等一行人，穿过两排绿树，来到金阳商行。

金阳商行乃李旦的商业总部，建在平户岛西部滨海岸上，是一座五院五落、门高墙厚的中式豪宅。商行内大小寝室、大小厅堂、眷属寓所、庖厨账房，以至密室、武器库、储藏间，应有尽有。

众人进入前落迎客厅，盥洗完毕，李旦当即宣布："船队诸位同人，大家先歇两天，后日起核结账目。"

三个女仆上前，分别领着刘奔、魁奇、衷纪前往他们的寝室。

李旦把颜思齐拉到身旁，对秋花说："这位是我的好兄弟，商行总管颜思齐。"

秋花当即下跪拜道："颜总管！"

颜思齐连忙将她扶起："不敢当，不敢当。"

李旦转对思齐介绍说："她名叫秋花，这回从厦门带来的，是杨陆的堂侄女。"

"杨陆的堂侄女?!"颜思齐颇感意外，嘴上却应道，"好啊，好啊。"转身叫两个女仆送他们到中落的李旦居室安寝。

核结账目费了三整天。

此次远航通贩中国和南洋群岛，历时十一个月，历经十六个港口，做成五笔大生意，纯利达七万六千八百两白银。

李旦在兴奋之余，拨出三千两银子犒赏五艘大船的全体船员，另再犒赏几个大伙计每人二百两。

犒赏完毕，李旦请颜思齐到他居室的小厅里，两人坐定，秋花献茶。

李旦满怀谢意："思齐贤弟，这趟远航南洋，多亏你坐镇平户，调拨指挥，才有如此之大的业绩，为兄的实在很感谢你。"

"大哥过奖了，这些都是我应该做的。"颜思齐谦辞道。

李旦亲热地说："该做是该做，难得你做得这么好，这几天我想了想，决定将你的年终花红再提一成。"

"再提一成?!"颜思齐忙说，"太多了，弟不敢接受。"

李旦笑道："这不算多，我看就这样定了。"

颜思齐只得抱拳谢道："那就多谢大哥了！"

李旦顿了顿，说道："今天我请你来，还想跟你商量一件要事。"

思齐马上严肃起来："什么要事?"

李旦沉思片刻："这回我从岷里拉北上，再次停泊在台湾北港，进行考察。此地东倚高山，西通南洋，面对闽粤，紧邻琉球，上达京师，北连倭国；而且地处台湾中部，便于开发台湾全岛……"

"大哥所言极是，"思齐紧接着说，"台湾物产之丰富，位置之重要，难以尽述；特别是所产的硫黄乃制造火药的主要原料，近年来需求猛增，这可是一项大生意啊！但是至今仍然冷冷清清，着实可惜。"

"不过，情况已经开始变了，"李旦继续说道，"此次我到北港，见那一带海面上船只穿梭，比三年前我所看到的要多出两三倍，其中多数为我泉、漳二府的商船、渔船；还有一艘西洋来的大船，看那模样，显然是占据爪哇的荷夷船只……"

"哦！"思齐应道，"荷夷三年前就到过澎湖，现又在觊觎我台湾。"

"没错，"李旦点了点头，"荷夷野心真大，他们自占据爪哇以来，就四出窥探。此次前来北港，显然意在台湾。但台湾乃我华夏之地，岂容西夷插足。但现在朝廷只驻军澎湖，兼管台湾；对开发之事，尚未顾及；而我福建商民又力不从心……"

"兄长是不是认定……"思齐当即插话，"这开发台湾的担子，只能由我们金阳担当？"

李旦呵呵笑道："真是知我者，贤弟也！"

思齐恳切地说："我落难投奔兄长之前先到澎湖，接着在台湾住过一年，北自鸡笼，南至打狗（今高雄），几乎都走遍了；加上这些年来每次出航路过，都要上台湾逗留一两天，情况还算熟悉。正如兄长所言，北港正处于西部沿海平原之中，如能在此地建一商馆，必能成为开发台湾全岛的中心。"

"对了！"李旦频频点头，"这正是我今天请你前来所要商量的大事。"

"我看无须商量，"思齐应道，"兄长有什么吩咐尽管交代就是。"

李旦满意地笑道："那我就直说了。这回要请贤弟你亲自出马，前往台湾创立北港商馆。"

"好！"思齐挺身应道，"我一定把北港商馆建好，把我们金阳的生意做得更大。"

"生意做大做好是一方面，还有……"李旦欲言又止。

"还有什么？"思齐叩问。

李旦沉吟片刻，反问道：“北港后面那阿里大山，你去过没有？”

“我每次到台湾，着重考察西部沿海平原及港湾，”思齐答说，“阿里山只到山脚和山腰地带转过。”

李旦叹道：“可惜啊，那阿里大山可是个风景绝佳的地方。”

“哦，大人，”思齐有点意外，“你进过阿里大山？”

“是啊，早在二十年前我就去过了。”李旦脱口而出。

“二十年前？”思齐颇感新奇，“那时大人还在昭胜帮门下呀！”

“没错，思齐，”李旦坦然应说，“当年我曾跟随师祖和师父泊碇北港，游览阿里山，那情景至今犹历历在目啊。”

“噢！”思齐似乎明白过来，“这也是大人决意在北港建立商馆的原因之一。”

“当时北港和阿里山一带，除古早时就居住在台湾的闽越族人外，几乎见不到唐人，”李旦弦外有音，“如今可大不一样了，我们如果再不动手，那可要变成别人的地盘啰。”

思齐连连点头：“对，对，不能再拖延了。”

李旦精神一振：“我先拨给你五万两银子，福船‘新洋号’也交给你用，另外再随带货船五艘，哨船十只，你看怎么样？”

思齐抱拳：“多谢大人顾爱，只是‘新洋号’交给我用，实不敢受，而且林贯火长年岁较大，这趟远航已经够辛苦了，似应再歇一歇。”

李旦略为思索道：“‘新洋号’乃我金阳商行的门面，此次抢滩台湾扎营北港必须用它。至于火长，我看陈衷纪对航行事务已经很熟悉，这回就叫他代理，你一路上再考察考察，如能胜任，即行提升；衷纪的水手长一职，就由魁奇暂代。”

思齐应道：“好的。”

李旦继续说道：“我将命卫丁队长郭怀一先陪同你前往北港，再给你配一名司账、一名司库和十二个卫丁。你到北港后要从当地或漳、泉两府物色人才，负责管理商务。你看这样安排好不好？”

“很好，很好。”思齐连忙应说。

李旦颔首：“那就这样定了，祝你马到成功！”

思齐起立，抱拳朗声：“谢兄长，思齐一定不辱使命！”

第十一章 颜思齐转赴台湾

话说这位颜思齐，真乃李旦的好兄弟。

他原是漳州府海澄县一名铁匠，身材魁伟，技艺精熟，不论是犁、耙、锄、铲，还是刀、枪、剑、戟，都锻打得十分锋利；加上他武艺高强，为人仗义，因之闻名乡里。万历三十年，漳州月港一带商民不堪官府的苛征和欺压，群起反抗，思齐领头参加护商武装，在一次与官兵对抗中挥拳击毙一名税吏，全家被抄；他带着年岁尚幼的女儿紫霜逃出，经澎湖到台湾，而后转到平户。其时，李旦正在平户筹建金阳商行，招他入伙，仅两年相处，就被他的忠肝义胆所深深打动，便倚为左右手。思齐流亡异乡时遇到这么个好人，更是掏心掏肺拼出全力辅佐李旦，使金阳渐渐拓展成一家大商行，两人因之成了好兄好弟。此番抢滩台湾，任务重大，李旦当然非请他出马不可。

思齐接令并准备就绪后，立即率领一行人马，驾起“新洋号”从平户起航，兜着强劲的秋风，朝向南方，日夜兼程，破浪前进。

第八天清晨，一座葱葱郁郁的海岛出现在福船前方海天连接处。

船行渐近，举目望去，但见这海岛层峦耸翠，云霞飘绕，山岳黛蓝，田野油绿，连接着荡漾的碧波，组成一幅壮美绝伦的七彩图画。

“台湾到了！”站在舵楼顶上的颜思齐兴奋地说。

“是啊，台湾到了！”在一旁的陈衷纪应和道。

“前往北港的针路你知道吗？”思齐问。

衷纪道：“知道，颜总管。”

思齐点头：“好，传令直下北港。”

“是。”衷纪应着，从舵楼顶下到舵房。

帆片未动，舵位稍转，福船折向南偏西，带领货船和哨船，沿着台湾岛西海岸，继续快速前行；第二天午后抵达北港海面，转向正东，落下半帆，驶入港湾。

颜思齐下令："锣鼓鞭炮！"

十二名卫丁即刻搬出锣、鼓、钹，架稳在甲板上，兴高采烈地敲打起来。

港湾内停泊着二三十只民船，船民们听到锣鼓声，纷纷举目张望，看到一艘房子一般高的大船驶了进来，无不感到新奇。

船队进港后，选定一处岸边，下锚泊定，搭出跳板，福船上随即燃起两大串鞭炮。

锣鼓声加上噼噼啪啪的鞭炮声，把岸上的人全都吸引过来，大家围在岸边，睁大眼睛，观看这艘难得一见的大海船。

颜思齐领着陈衷纪、郭怀一、李魁奇和司账、司库、卫丁等，踏过跳板走上岸，一看人群中多数显然是闽南人，少数是当地的番民，便操闽南语开讲："诸位乡亲，我们是金阳商行，兄弟是商行里的总管，姓颜名思齐。这回到北港来，准备建立一座商馆，跟大家做生意，做大生意，到时候大家都能赚到大钱……"

思齐话还没讲完，人群中突然跑出一个年轻女子，冲到他跟前，扑通跪下，连声拜道："恩公，恩公！"

"你是谁人？快起快起！"思齐连忙把她扶起。

"我是龚玉娘啊，"那女子说，"三年前在澎湖，我遭到一伙'红毛'番调戏，是恩公你救了我啊！"

"红毛番……"思齐一时想不起来。

"有七八个，围着我又是摸又是捏，"龚玉娘继续说道，"你一看就冲了过来，三下五除二就把这伙红毛番全打跑了。"

"哦，"思齐想起来了，"你是那个在澎湖海边的小娘子!?"

龚玉娘点头："是啊，是啊。"

思齐把他端详一番，叹道："哇，三年不见已经长成大姑娘啰！"

"多亏恩公你救了我，"龚玉娘应说，"还送我上了一条渔船，叫我回同安家乡。"

"那你怎么跑到北港来了呢？"思齐问。

“我一回到村社，瘟疫还在肆虐，家里人全都染疫身亡，村里还没染病的人全跑光了，”龚玉娘眼含悲泪应道，“我将刚去世的父亲埋葬后，把家里尚存的二十两银子带上，重回澎湖，听说北港生意好做，就跑到这里来了。”

思齐问道：“那你生意做成了吗？”

龚玉娘自豪地说：“做成了，开了一家店铺。”

思齐甚感兴趣：“你在北港开店了?!”

“好啦，恩公，别站在这里，”龚玉娘脸现喜色邀道，“请到我店里去泡茶吧。”

“好，走！”思齐说着，和陈衷纪、郭怀一等人跟在龚玉娘身后，前往她店里去了。

围观的人都认识龚玉娘，听了她这番话，不禁对颜思齐肃然起敬，大家目送这位新到北港的豪杰，久久不愿离去……

颜思齐一行人走了三里多路，就看到几十间房子散落在一处土坡上。

龚玉娘领着他们来到一家屋前，但见那房屋宽约三丈，深有四丈，是木料和板皮搭成的，用一堵板墙隔成两段；前段有几个货架，摆放着当地的特产鹿皮、鹿角、鹿肉干、鱼干，和闽南运来的锄头、镢头、瓷碗、陶瓮、茶叶、布帛等货品，算是店面。店里面一个年轻番女，看到龚玉娘带着客人前来，连忙站起身。

“快泡茶。”龚玉娘吩咐道。

那番女赶紧到门前，给炭炉添炭扇火，烧水烫杯，很快就端来一盘八杯小盅茶。

“这是我们闽南的铁观音，请尝尝看。”龚玉娘热情邀道。

大家相继托起杯子，呷了两口……

“不错，这味道真好。”思齐说着，把杯里的茶水喝光，转而问道，“龚玉娘，这就是你开的店？”

龚玉娘：“是啊。”

思齐：“怎么没有招牌？”

“哪需招牌？”龚玉娘解释道，“这里十几家开店的相互都很熟，附近的汉民、番民，和福建来的渔民、商人，也都知道我们；要买要卖就来，买过卖过就走，方便得很。”

思齐：“他们怎么称呼你这家店呢？”

龚玉娘：“就称‘玉娘的店’嘛。”

思齐哈哈大笑：“玉娘的店，玉娘的店……”

龚玉娘：“恩公，你别笑我。”

“龚玉娘，”思齐刹住笑声，严肃地说，“你以后不要再称我恩公了。”

龚玉娘问道：“那该怎么称呼？”

思齐指着衷纪等人：“就跟他们一样，称我总管，颜总管。”

“不，不，”龚玉娘想了想，“我还是称你大叔，颜大叔，好吗？”

思齐：“也行，也行。”

“哎，颜大叔，”龚玉娘认真问道，“你刚才说要在北港建商馆，做大生意，是真的吗？”

思齐：“当然是真的。”

龚玉娘：“若是这样，大叔你建商馆有什么事，尽管吩咐。”

思齐：“好啊，我这次来不但要建商馆，还要建码头，明日起你就陪我四处走走看看，帮我找合适的地点。”

龚玉娘连连应道：“好，好。”

跟龚玉娘约定后，思齐、衷纪等人回到福船，当晚在船上歇夜。

第二天开始，颜思齐叫龚玉娘带路，走遍周近的海滩和地面，仔细勘测，探明当地的气候、地形、风雨、潮汐、岩石、林木，和各地段的土质、坡度、涨落潮水位等情况，选择筑码头和建商馆的地点；与此同时，命郭怀一、陈衷纪带领卫丁和部分船员，拿着船上的工具，上山伐木、砍竹、割藤、剥棕丝，搭建临时棚屋。

北港的气候比起平户要暖和得多，到了这深秋季节太阳还是热烘烘的，穿着单衣劳作起来还会出汗。

就这样，上下齐心协力，花了七天工夫，搭起了五间棚屋，选定了商馆馆址和码头基址，完成头一步工作。

紧接着，颜思齐派陈衷纪到厦门，将福船和货船上的货物运送给厦门商馆；返程时除装载日本和台湾适销的货品外，特别交代要招募一批工匠，以应工程之需。他自己则带着龚玉娘继续在北港四处巡察。

有一回，颜思齐和龚玉娘来到一处溪边，见对岸有一大片金闪闪的稻田，四五十个汉民正嘻嘻哈哈在稻田里割稻，不禁欣喜地问道：“玉娘，北港什么时候也种起水稻来啦？”

“那是三年前的事啰，”玉娘应说，“先是两户惠安贫苦农民随渔船来到北港，看到这里地土很好，就在这溪对岸搭屋定居，围堰造田，头一年种了两季水稻，就收了将近二十担谷子。消息一传开，又有几拨在家乡没有田地的农民来到北港，住进这溪对岸，造田种稻。现在那里已经有十几家农户，像是一个小村落。”

“好啊！这样一来，北港就不愁没米下锅，我们的商馆就可以做得更大更好。”颜思齐赞道。接着交代说，“玉娘，商馆建成后，你要想办法招来更多在老家没田没地的农户到北港，不但种稻，还可以种茶，种麦，种甘蔗，种花生，还要引进牛、羊、猪等牲畜，把农业也做成我们北港商馆的经营项目。”

“好，好，”玉娘边应着边竖起大拇指，“颜总管真有远见！”

十天后，陈衷纪从厦门回到北港，请来了十几名石匠、木匠、泥水司、砖瓦司和许多工具、用具。

商馆、码头的兴建全面铺开了！

福船则添载台湾的特产，由陈衷纪率领，先行驶回平户。

龚玉娘兴高采烈地当起了管家婆，又是买米买菜，又是招工派工，又是煮茶送水，又是领钱出账，日夜忙个不停。好在银两充裕，颜思齐又信赖她，所以呀，她是愈做愈忙碌，愈忙碌愈劳累，愈劳累兴致愈高……

那时候，台湾尚属荒僻之野，朝廷又鞭长莫及，只要你不侵占番社和番民的土地，谁在那里建屋，那块地就是你的；谁在那里垦殖，那片地也是你的，方便得很。

颜思齐带领工匠、卫丁和临时雇来的番民，砌基建馆，垒石筑堤，在北港滨海地带圈了百余亩地，用半年多时间，建起了一座商馆、一座码头、两间货栈、两排平屋，还修了一条大路，总共花了一万五千两白银。

第二年初夏工程完工后，颜思齐深感龚玉娘既能干又可靠，就把剩余的三万五千两银子作为北港商馆首期营运资金，留给司帐、司库和龚玉娘共管；还留下从平户带来的货船、哨船和十二名卫丁；自己则与郭怀一先到厦门，而后转回平户，向李旦报告创建北港商馆诸情。

李旦听取了颜思齐的报告，十分高兴，两人随即搭乘一艘快船相偕来到北港。

快船一泊定，李旦见那码头堤岸坚实牢固，伸入水中的石板栈桥，坡度适当，便于人员、货物的上下；登岸后，一条直通商馆的大路，宽阔平坦，两旁新种的树木，枝绿叶翠，令人眼清目爽。

到了商馆，龚玉娘、司库、司帐领着卫丁和新招的伙计跪在门前，齐声高呼："恭迎李大人!"

李旦挥了挥手："免礼。"

龚玉娘站起身，李旦走了过来，把她全身上下打量了一番，问："你就是龚玉娘?"

"是，大人。"龚玉娘应说。

"颜总管离开这一个多月来，你们都做了些什么事?"李旦又问。

龚玉娘应道："我们遵照颜总管的吩咐，向番社收购猎得的野鹿，雇用番民摘角、剥皮、取肉，加以洗净、晾晒，制成鹿角、鹿皮和鹿肉干；还到同安请来一位打铁匠，招来一拨没田没地的农户，买来八对水牛、三十头母猪和三头猪哥。"

"做得不错啊，"李旦频频颔首，接着问道，"那野鹿到现在一共收购了多少?"

龚玉娘："已经收购了五百多头。"

李旦："哦，有这么多?!"

龚玉娘："台湾野鹿漫山遍野，一个番社一个月都能猎得六七十头。"

"哎，"李旦忽然想起，"你们这里有没有鹿茸?"

"鹿茸，"龚玉娘不解，"什么鹿茸?"

"来，"李旦说，"你带我去看看那些鹿角。"

"是。"龚玉娘应道，转过身领着李旦和颜思齐绕到商馆后面的大石埕，只见石埕上一边是披晒的鹿皮，一边是挂晾的鹿肉，中间的木架上则摆满了一排排的鹿角。

李旦上前仔细察看，忽然指着其中一对小鹿角："你们看。"

龚玉娘一看，那鹿角又细又短，还没有其他鹿角的一半大，上面还长满细细的茸毛。

"这就是鹿茸，"李旦说，"是雄鹿的嫩角，具有补精髓、助肾阳、壮筋骨的功效，是一种名贵的药材啊！"

"哇！"龚玉娘听后，感到很新奇。

"这鹿茸啊，"李旦继续说道，"在京城里比鹿角要贵上好几倍。"

"大人，这鹿茸我们这里还有呢，"龚玉娘喜笑颜开，指着木架上其他几对小鹿角，"请看……现在就不知道是这样送出去卖呢，还是需要再加工？"

"你问得好，"李旦应说，"这趟回平户，我就托人在朝鲜请一位师傅来给你们指导。"

"多谢大人，多谢大人！"龚玉娘连连鞠躬。

"台湾还盛产硫黄、金砂，"李旦再说，"你们要派人到各地探察，为今后的开采作准备。"

龚玉娘抱拳："遵命！"

视察过大石埕晒场，李旦在思齐和龚玉娘的陪同下，继续到商馆周围巡视，见平屋、栈房、工棚、堆场分布在商馆四周，延伸到一里之外，外围则全部圈上木栅栏，设有栅门和出入口，整体就像一座营寨。

巡视后，李旦对扎营北港的各项建设十分满意，当晚宴毕顾不得歇息，又请颜思齐到他下榻的房间，一坐定便开口赞道："思齐贤弟，你做得实在太好了，我真该感谢你啊！"

"大人过誉了，"思齐谦恭应说，"这都是我分内该做的。"

"你知道吗，思齐？"李旦脸现喜色，"建成这营寨，了却了我两桩心愿。"

"两桩心愿？"思齐有点不解。

"对，"李旦说，"一桩是抢占先机，建商馆于北港；另一桩是……"

思齐问道："是什么，大人？"

李旦一笑，故作神秘："明日我带你上阿里山再告诉你吧。"

第二天透早，李旦和颜思齐用过早餐，换上登山便服，佩上手铳、短剑，备好食物、茶水，既不带随从，也不带卫丁，只向龚玉娘知会一声，便从商馆出发，踏过翠绿的田野，越过清澈的溪流，翻过起伏的丘陵，来到阿里山区。

李旦指着面前一座状如牛角的山岳：问："这叫什么山，知道吗?"

"知道，这叫牛角尖山，"思齐应说，"建造商馆在这里伐取过不少木料。"

"那我们上山吧！"李旦话音未落，便甩开膀子，手脚并用，从西坡攀缘而上……

思齐看他身手还那样矫捷，高兴地喊道："大人，你真猛啊！"边喊着边腾身跃起，紧随在后……

就这样，不到半个时辰，两人同时登上牛角尖山顶，抬头望去，但见前方山峦接着山峦，峻岭连着峻岭，层层叠叠，直耸云霄；一轮红日刚从那山顶爬上碧空，把光辉铺洒在波澜起伏的林海之上……

"哇！"思齐不禁赞叹交加，"真是又壮又美啊！"

李旦展颜一笑："人们说我们福建山多，可谁知道这台湾的山更多。"

思齐连连点头："是啊，是啊。"

李旦颇为自豪："还有，倭人老夸他们的富士山高；我看呀，台湾的最高峰，准定比那富士山更高。"

思齐应道："对，对。"

半晌，李旦道："你转过身再看看。"

"好。"思齐应道，跟着李旦反转过身一看……

但见这山麓连着丘陵，丘陵连着田野，田野连着港湾；从山地里涌出的大小溪流，纵横交错，发出叮叮咚咚的乐音。濒临碧蓝的港湾，商馆的馆舍、栈房、平屋、晒场，清晰可见；其他商民的店铺和居民的房宅，星星点点，散落在四处，就像众星拱月一般。

李旦满怀豪情："这就是我们的营寨，这就是我们的北港！"

"大人真英明啊！"思齐由衷赞道。

李旦转朝南面，指向山腰："思齐兄弟，你再来看。"

思齐顺着他的手指往下一看，山腰南侧连着一片不见草木的丘壑，在四周长满绿树的山体间，显得格外醒目。

“这小山谷怎么尽是些乱石，而且寸草不生？”思齐甚感新奇。

李旦：“乍一看是乱石成堆，但它乱中有序。”

思齐：“乱中有序？”

李旦：“正是，你仔细看看便知。”

思齐瞪起双眼，几番扫视，仔细审察，忽有所悟：“嗯，这些大小石头主要散布在谷地四周，垒成八堆，每堆之间都有间隔……”

李旦赞许道：“对了，你再看，这谷地的中央有两块石板，一白，一黑，是不是？”

颜思齐仔细再一看，果然不错，那两块石板呈弯曲半圆状，黑白分明，首尾紧挨拼成一个圆形的大石盘，一道碧绿的泉水从中间的接缝中蜿蜒流过……

李旦神秘一笑：“这黑白两块拼成圆盘的石板，加上周围八堆相互隔开的石垒，合起来像不像一幅太极图？”

“太极图?!”思齐不禁拍手叫绝，“太像了，太像了！”

“这小山谷就叫太极谷。”李旦说，“二十年前，我就跟着师祖、师父到过这里。”

“哦，到这里做什么？”思齐有点疑惑不解。

李旦笑而不答……

思齐看他那神态，若有所悟：“莫非是到这里来藏……”

“别猜了，”李旦挥手打断他的话，郑重地说，“到时候我会告诉你的。”

思齐听出这句话的分量，心中万分激动，他眼含热泪谢道：“大人对我太顾爱了！”

“好啦，时候不早了，”李旦亲热地拍了拍他的肩膀，“我们回去吧。”

于是，仍由李旦领路，两人沿着盘山小道下到山脚，吃过干粮，喝过茶水，漫步返回……

回到商馆，李旦继续在北港逗留三天，主要向颜思齐和司库、司帐进一步了解龚玉娘的种种表现，对这位女中英才甚感满意，便将北港的商务交托给她，而后与颜思齐相偕乘船返回平户。

第十二章 为圆梦李旦远航

赴北港视察回到平户，李旦没再外出。

一年很快就过去了。

整年留驻平户的李旦，虽有秋花日夜陪侍，但兴趣已经逐渐减弱；而海洋对他的诱惑，却日益增强。

长年在海上追风逐云、踏波戏浪，对大海怎能不迷恋?!

这一天，李旦终于决定再度出航，并邀约颜思齐当晚去见他。

吃过晚饭，思齐如约来到他的主房小厅，秋花满面笑容出迎，说:“李大人正在更衣，请颜总管稍候。”随即冲了一盅茗茶，端给颜思齐，而后退入寝室。

少顷，李旦身穿便服步入小厅。

颜思齐起立鞠躬:“李大人!”

李旦摆摆手:“不必多礼，坐吧。”

两人坐定，秋花再端出一盅茶，捧给李旦。

“大人召我前来，不知有何要事?”思齐先问道。

李旦叹道:“自去年初夏到台湾北港转了一圈，我就没再出门，现在真有点待腻了。”

思齐应道:“哦，大人又想出海了!”

“你猜得没错，”李旦说，“大海上闯荡惯了，在这陆地上住的时间一长，骨头难免要痒啊。”

思齐:“是啊，我的骨头也有点痒了，这回大人想到哪里，在下就跟随你到哪里。”

李旦:“这回我要远航南洋，你还得在平户坐镇。”

“远航南洋?!”思齐感到有点意外，“整趟航程要一整年啊!”

“你是说我老了，撑不住了?”李旦反问。

“不，不，大人身架如此硬朗，怎么会撑不住?”思齐忙解释道，“我是说远航南洋，整年要在海上颠簸，实在太辛苦了。”

“告诉你吧，我的好兄弟，”李旦神情严肃地说，“前天晚上我梦见三宝公了。”

思齐:“梦见了三宝公?!”

李旦:“是的，我正领着福船在航行，空中阴云密布，海上波浪滔天。忽然，那些乌云一下子全散开，三宝公身穿朝廷官袍，从天顶飘落到船上，我连忙下跪参拜;三宝公将我扶起，告诉我说，他在爪哇三宝垄住的房子业已陈旧，多处破漏，问我该怎么办?我说:那该赶紧修葺……”

思齐:“哦，原来三宝公托梦给你。”

“是啊!”李旦接着说，“所以我决定再度远航南洋，好顺路到三宝垄一趟，参拜三宝公，捐款修葺三宝庙;同时探询西欧洋商在南洋的状况，你看怎么样?”

“那是该去，该去。”思齐连声应道。

“为了应对新的情况，”李旦又说，“我出航之前，想提前召开年会，共议今后的商务;同时想提升几个好伙计，来激励大家更好地为金阳出力。”

思齐:“大人考虑周全，不知这年会准备何时举行?”

李旦:“以夏末秋初为宜，会后我即可出航，并和返回各地的掌柜结伴起程。”

思齐:“好啊，届时一定非常热闹。”

李旦:“你明日就把帖子发出去，通知各商馆掌柜，务必在处暑前抵达平户;北港商馆就通知龚玉娘来参加。”

“是。”思齐朗声应道。

颜思齐告辞后，李旦回到寝室，一看秋花正坐在床沿抽泣，颇感诧异，连忙上前问说:“秋花，你怎么啦?”

“小女心里好苦噢!”秋花拿着丝帕擦着脸上的泪珠。

李旦看她满脸伤心色，不禁心生爱怜，便挨着她坐下，轻轻搂住她的腰肢：“有什么好苦的呢，秋花？”

秋花止住抽泣，说：“大人你又要出海啰……”

李旦：“是啊。”

秋花：“为什么不先给小女说呢？”

李旦：“我正要告诉你嘛。”

秋花：“这回要到哪里？”

李旦：“要到南洋。”

秋花：“那很远呢。”

李旦：“是很远，往返好几万里，要整整一年才能回来。”

“这么远啊，”秋花娇声娇气地说，“大人，上一回你到台湾北港，让小女守孤单守了一个多月，你知道人家多苦吗？”

“你有什么好孤单的？”李旦说，“在平户吃得也好，住得也好，商行后落还有不少家眷，你尽可跟颜总管的女儿她们一起说说话，就是出去走走也无妨。”

“哎哟，大人，”秋花嗔怪道，“你不在，我整天和那些家眷在一起，就能不孤单吗？”

李旦：“那没办法，做生意嘛，我总不能不出门。”

秋花：“这样吧，大人，这回你就把我带在身边，好让我一路侍候你。”

李旦：“不行，不行，一出外洋，风狂浪高，你受得了吗？况且，我们出洋是从来不带女眷的。”

“我知道，”秋花撒了个娇，“不论船到哪里，总会有女人来侍候你们，对吗？”

李旦哈哈大笑：“秋花呀秋花，你真是又懂事又不懂事。”说着，一把将她抱进怀里……

翌日，思齐按照李旦的吩咐，将召开年会的帖子全发出去了。

处暑之前，吕宋、杭州、厦门、占城等地商馆的掌柜相继到来；北港商馆则由龚玉娘与会。

年会由李旦主持，由颜思齐经管会务。

各地掌柜分别报告了所在地的商机、商情，相互交换看法，并结合各商馆经营状况，展开热烈讨论……

最后，李旦归纳大家的意见，针对西欧洋商武装侵入的现状，提出“巩固地盘，多方联络，抓准机会，稳步拓展”的对策；并宣布提升名单：

杨陆，掌管厦门商馆多年，业绩卓著，提升为商行二总管，暂留厦门任职；

李魁奇，担任护卫多年，忠心义胆，提升为商行总护卫；

刘奔，多次随船队远航，勤于商务，任命为主船队买办；

陈衷纪，年轻力强，航务娴熟，提升为福船“新洋号”火长（船长）；其水手长一缺，由钟斌补上。

龚玉娘，虽入行不久，但才干过人，任命为北港商馆掌柜。

年会结束后，吕宋、杭州、占城商馆掌柜相继返回；杨陆、龚玉娘则暂时留下，等待和李旦结伴起航。

龚玉娘头一次来到平户，样样感到新鲜。颜思齐带着她从商行到码头，从街市到山野，内内外外，上上下下，走了个遍，让她熟悉平户的情况。

杨陆则由刘奔陪伴，日间在商行办事，夜里外出游逛……

这一天晚上，他们又来到平户内浦的“水花楼”。

女楼主一见贵客到来，深深鞠了个躬，带着他们进入一间华丽的包间。

两人盘腿坐下，侍女献茶，刚品过一轮，门扇又被拉开，女楼主领着一位身材壮实、体魄强健的日本客人来到门前。

刘奔连忙站起身，将这位客人迎进房内；杨陆随即也起立，延请客人入座。

主客坐定，刘奔向杨陆介绍说：“这位就是武德牙行掌柜吉冈君。”

杨陆抱拳颔首：“吉冈君，幸会，幸会。”

刘奔指着杨陆：“这位是金阳商行二总管兼厦门商馆掌柜、我的师兄杨陆。”

吉冈鞠躬，操闽南语应道：“多谢杨总管赏脸，让我前来拜见。”

“哦！”杨陆感到有点意外，“吉冈君懂得闽南话？”

“是的，杨总管，”吉冈答说，“小弟曾经在福建沿海做过买卖。”

杨陆问:“听师弟说，吉冈君很想见我。”

吉冈道:“是啊，小弟去年才到平户开设牙行，想请杨总管多加关照。”

“我才刚被提升，”杨陆谦辞，“而且很快又要回厦门，恐怕难以如命。”

“杨总管在金阳，威望如此之高，”吉冈求道，“只要一句话，下面的伙计就会对我另眼看待。”

杨陆:“这样吧，先说说你们牙行能做些什么。”

吉冈:“我们武德牙行愿竭诚为金阳效劳，凡金阳所需日本各地出产的货品，本行都能协助用较低的价钱调来；凡金阳要销往日本各地的货物，本行都能协助用较高的价钱售出。”

“佣金呢?”杨陆又问。

吉冈:“按九八行规矩，值百抽二。”

杨陆:“好吧，我回去跟李大人商量商量。”

“多谢杨总管!”吉冈谢过之后，紧接说道，“另外，杨总管自己如若有事，小弟也愿意效力。”

杨陆:“哦，看来你的本事还不小。”

“小弟本事不大，”吉冈应说，“只是仰慕大名已久。”

杨陆:“我初到商界，谈何大名?”

吉冈:“小弟说的不是商界的杨陆。”

杨陆:“不是商界的杨陆，是哪里的杨陆?”

吉冈:“是昭胜帮的杨陆。”

“啊?!”坐在一旁的刘奔不禁一凛。

杨陆淡淡一笑:“什么昭胜帮，吉冈君说到哪里去了?”

“唉，”吉冈叹了口气，“昭胜帮不认昭胜帮喽。”

刘奔拍案站起，直指吉冈:“你是何人?”

“我是何人?”吉冈边应道边指着刘奔，“刘奔君，我是你的朋友，对吗?”

“朋友?”刘奔瞪起双眼站起身，右手贴在腰间的剑柄上。

“我要不是你的朋友，”吉冈从容应道，“我能把对时追魂散卖给你吗?你以为我就贪你那一百两银子?”

刘奔语塞:“这……”

“师弟，别站着，”杨陆招呼刘奔坐下，然后转对吉冈，和颜悦色地道，

“刚才我师弟冒犯，请多见谅。不过，我还是要请问吉冈君，怎么会知道昭胜帮？”

吉冈：“杨总管，小弟刚才已经提到，我曾经在福建沿海做过买卖。”

杨陆：“敢问是哪一宗买卖？”

吉冈：“上野师祖旗下的买卖。”

“哦，上野师祖？”杨陆颇感疑惑，“那我怎么没见过你？”

吉冈：“当时我只是个小伙计，而你是昭胜三支堂的少堂主，即便是见过多次面，你也不会认得我。”

“后来上野师祖怎么样啦？”杨陆转而问道。

吉冈满怀悲愤：“海坛岛洋面那场大战，昭胜帮的船只不是被击沉就是被牵走，上野师祖看大势已去，不得不带着所乘战船北撤，想转回日本，不料在七星岛外遇到一支官兵的巡逻船队，在恶战中师祖被乱箭射杀了！……”

杨陆忙问：“那你怎么活下来的？”

“我在战船被打沉时坠海，漂到一个荒岛上，”吉冈强忍着悲泪说，“靠抓来鱼虾充饥，挨过九天九夜。恰好一艘日本商船经过那段海面，我才获救，被带回长崎。”

“唔，”杨陆点了点头，“过后你都在日本？”

“是的，”吉冈应道，“我都在九州、四国一带，做些杂工。前年听一位道上的朋友说，有个唐人急于求购绝灵药粉，猜测此人必定大有来头，就千方百计弄到四钱多，交货时一看，好生面熟，仔细一想，确认与昭胜帮有关，便有意保持联络；但那时还没摸清底细，不敢讲出自己的身份。”

杨陆听后，转问刘奔：“怎么样，师弟？”

刘奔沉吟片刻，明确答说：“是这样，师兄。”

杨陆转对吉冈说：“吉冈君，你既然如此有心，今日相会，恐怕不单是为了武德牙行的生意吧？”

“对，”吉冈应道，“回想当年，一宗大买卖做下来，就是几万、十几万两的银子，连我这么个小伙计都能分到上百两，又神气，又风光，又快活；现在一个月辛辛苦苦也赚不到多少银子。”

杨陆问：“你还想做大买卖，吉冈君？”

“你不想吗，杨总管？”吉冈反问，“当然，现在没有船没有炮，无法出海；但我想这买卖在陆上照样可以做。”

杨陆：“哦，你想在陆上做买卖？”

吉冈：“不错，我现在手下已经有五六十号人马。”

“你真有本事，”杨陆笑道，“不过，我现在已经当上金阳商行二总管，对过去那种买卖已经不感兴趣了。”

吉冈：“我看未必。”

杨陆：“何以见得？”

吉冈：“因为你不是那种端人饭碗的人。”

杨陆：“那我是什么样的人呢？”

吉冈：“杨总管是给手下犒赏的人。”

杨陆哈哈大笑：“不敢当，不敢当！吉冈君，我看今日就说到这里，好吗？”

“好的，”吉冈应说，“我只再说一句，往后你们二位用得上我，小弟一定竭力效劳。”

……

李旦出航的准备工作有条不紊地进行着。要在平户起运的货物，陆续从日本各地和台湾调来；必须在国内港口新装的货物，则适当留出舱位。

临行前一天上午，为检查起航前的准备情况，杨陆和刘奔两人相偕来到码头。

刚被提升为水手长的钟斌，正在福船“新洋号”上忙碌，一见两位上司到来，连忙踩过跳板上岸，抱拳躬身：“杨总管、刘买办，小的有礼了！”

“怎么样，都准备好了吗？”杨陆摆出一副二总管的架子问道。

钟斌应道：“货物已经入舱，舱盖全都封好，现在正抓紧加固船上索具，午前保证全部完成。”

杨陆点头：“好，上船看看。”

钟斌应了声“是”，随即带着杨陆和刘奔到几艘船上察看。

巡察之后回到岸上，钟斌谦恭地讨教：“小的刚任水手长，经验不足，请二位多加教示。”

“很好，样样都做得很周至。”刘奔先夸道。

钟斌恭敬地说："多谢刘买办！"

"钟斌兄弟，"杨陆拍了拍他肩膀，"你刚上任就做得如此之好，实在难得啊。"

钟斌受宠若惊："杨总管过奖了，过奖了。"

"不是过奖，"杨陆说，"你办事干练，堪担重任啊。"

"不敢不敢，小的愧不敢当，"钟斌忙应道，"今后还望杨总管多加栽培。"

"我会留意的。这趟远航南洋，有事要多向刘买办请教，"杨陆接着说，"你该知道吧，我们俩以往都是李大人的师弟。"

钟斌应道："知道，小的一定多向刘买办请教。"

杨陆转对刘奔，问："今天钟斌如此尽职，你看……"

"我看该给奖赏。"刘奔答说。

"你随身带有银票吗？"杨陆再问。

"哦，"刘奔从怀里取出一张银票，"就只带这一张。"

杨陆接过银票，看了一眼，转递给钟斌："这一百两银票你先收下，往后还要看你的表现。"

钟斌眼睛滴溜溜地转，嘴上却谦辞："今天所做的都是该做的事，小的不敢受此赏银。"

"收下吧，"刘奔替杨陆将银票放到钟斌手中，"这是杨总管的一片好意。"

钟斌连连鞠躬："多谢，多谢！"

杨陆："你再上船去忙吧。"

"是。"钟斌躬身应道，转身上船。

钟斌走后，杨陆和刘奔相偕走到码头另一端，面对着宽阔的海港，默然伫立。

秋风送爽，碧空无云；秋阳高照，气候宜人；杨陆和刘奔的心却清爽不起来。

"唉！"杨陆深深叹了口气。

刘奔问道："师兄为什么又叹气了？"

"五年了，整整五年了，"杨陆举目，扫视金阳商行停泊在港口的船队，"难道非得十年不可？"

"何须十年，"刘奔眼睛闪着凶光，"要动手今晚也可以。"

杨陆："不行。"

刘奔："为什么不行，吉冈那里有几十号人马，他本身又是一条好汉。"

杨陆："别忘了，李旦、颜思齐、李魁奇和郭怀一都是高手；商行里还有那么多卫丁，你能跟他们硬拼？"

刘奔："用追魂散。"

杨陆："人那么多，怎么下药？不能莽撞啊，师弟。"

刘奔咬着牙："哎呀，真是……"

"不过，"杨陆说，"这趟远航南洋，应该可以找到机会。"

刘奔："师兄，机会怎么找，你说。"

杨陆："这趟出洋，有一年的时间都在海上，是不是？"

刘奔："是。"

杨陆："海上风云，变幻莫测。你要记住：有风借风，有浪借浪，有人借人，有刀借刀。"

刘奔眼睛一亮："有风借风，有浪借浪，有人借人，有刀借刀。"

杨陆意味深长地说："对。要借的东西，有的要靠老天赏赐，有的则要预作准备。"

"预作准备？"刘奔脑子一转，坚定答说，"明白。"

杨陆："这趟远航，跟班的就你和衷纪、魁奇、钟斌。衷纪要管航行，顾不了其他事；魁奇比较难惹，但钟斌则可用，刚才算是开了个头，起航后在他身上还要多下功夫。"

刘奔："知道了。"

秋季的白昼匆匆而过……

当晚，金阳总管颜思齐在商行客厅设宴，为李旦饯行。

首席李旦的右边是他在平户的同乡好友翁翌皇，左边是他新纳的爱妾杨秋花；依序而下是颜思齐、杨陆、刘奔、陈衷纪、李魁奇、龚玉娘。

这位翁翌皇原籍泉州，少年时到平户一家望族开设的汉药铺里当伙计，因长相俊美且又勤学医术，没几年竟被东家田川太郎看中，招为乘龙快婿，改姓田川，现已成为当地的名医；李旦早年在平户拓展商务，曾得到他不少帮助，因之两人结成好友。

宴席上，欢声笑语，杯来盏去……

宴席后，李旦搂着秋花回到主房，两人缠绵悱恻，难舍难分……

第二天辰时，李旦率领的船队和杨陆、龚玉娘所乘的共七艘大船，同时升起龙骨帆，二十几面大小高低不同的帆片，兜着飒飒秋风，滑出平户海港，驶向大洋……

第十三章 荷兰人澳门招工

回头再说郑芝龙和陈玉桃。

两人婚后的日子，虽然甜甜蜜蜜，但过得并不轻松。

郑芝龙在澳门铸炮厂组装工段，每天都做得很晚，三不五时还要加夜班，难得有个歇工日。陈玉桃为操办婚礼耗尽了所有积蓄，一切只好从头做起，还是要厚着脸皮天天上街市卖早点。

这样的日子过了几个月……

这一天傍晚，玉桃坐在炉灶前的矮凳上正在蒸炊糕粿，屋门忽然被推开，她转过头一看，原来是她心爱的夫君回来了，腋下还夹着一个布包。

“阿龙，你怎么这么早就回家了？”玉桃边添柴火边问道。

“有好消息，阿桃。”芝龙喜冲冲地应说。

玉桃：“什么好消息？”

芝龙：“今日午后，多禄神父把我叫去，要我当他的随从……”

玉桃：“当多禄神父的随从？”

芝龙：“是啊，这铸炮厂大掌柜的随从可不一般。”

玉桃：“有什么不一般的，还不是要去服侍人家。”

芝龙：“服侍是要服侍，但这是服侍大掌柜多禄大人啊，你明白吗？这下子我就比一般工人高了两等。”

玉桃：“我不信。”

芝龙：“来，来，我算给你听：这工人升上去是司傅，司傅升上去是工头，大掌柜的随从和工头是同一等的。”

玉桃：“真的吗？”

芝龙："我还会骗你？从这个月起，神父大人每个月加给我二两银子，半年后他感到满意，我就可以领到和工头一样的薪金，你就不用再去卖早点了。"

玉桃听到这里，高兴得喜笑颜开："要真能这样就太好了。"

"阿桃，你再看看，"芝龙指着夹在腋下的布包，问，"这布包里是什么东西，你知道吗？"

玉桃："我怎么会知道。"

芝龙："你猜猜看，这是神父大人送的。"

玉桃："送给你的吗？"

芝龙："对，送给我的。"

玉桃瞄了瞄那布包，想来想去，摇了摇头："我猜不着。"

芝龙把那布包捧在手上，解开结子，从包里拎出一套深蓝色的洋装。

"哇！"玉桃十分激动，她站起身来盯着那套洋装，前看后看左看右看，边看边啧啧赞道，"这不会比你那套新郎洋服差呀！"

芝龙扬扬得意："是啊，但新郎服就只穿那么一两次，这套洋装明日起我天天都可以穿。"

玉桃有些迫不及待："那你现在就到房间里穿给我看看。"

"好。"芝龙进入房间，快脚快手地脱下做工穿的劳作服，小心翼翼地换上神父送的新洋装……

这套洋装上衣下裤。裤子配有吊带，与通常的西服没什么两样。上衣则是圆领对襟，领口配有白色里衬；前襟镶着红色缎条，从上到下共有七枚纽扣；两边衣袖袖口敞开，各配纽扣三枚，便于在衣服穿好之后将袖口扣紧；这与通常的敞领西服不大一样，乃属于欧洲上流社会的"侍者""仆欧"所穿的服装。

还在院子里的玉桃将一把柴火添进炉灶，舀一瓢清水洗净双手，解下劳作时的围裙，走进房间……

哎哟哟！穿上这套"新装"的阿龙，竟然如此潇洒英俊！玉桃激动得眼泪都快滚出来，她一下子扑进芝龙的怀里，喃喃说道："阿龙，我的阿龙，你就要出头了！"

芝龙紧紧把她抱住："是啊，阿桃，咱们出头的日子就要到了。"

第二天透早，郑芝龙按照多禄神父的吩咐，卯时准点来到铸炮厂，在多禄专用的厢房里换上那套洋装，与印度籍的卫丁一起，站立在厂大门口。前来上工的工人，看到这个昔日的伙伴今日如此神气，当着他的面纷纷点头致礼，进了厂又在他背后指指戳戳……

辰时初刻，一辆马车沿着斜巷嘚嘚来到厂门外，郑芝龙快步趋前，待车子一停稳立即掀起车帘，一看车厢内坐着多禄神父和一位红头发的洋人，那洋人手里还提着一个檀香木匣，他伸出手相继将两人扶下车来。

多禄随即交代说："郑芝龙，你立即到提调司衙通报，说我半个时辰后就前来拜会王猷大人。"

芝龙挺起胸："是，大人。"

多禄又交代说："通报后你就在提调司衙门前等我，不得离开。"

芝龙再次挺起胸："是，大人。"

多禄挥了挥手："现在你可以走了。"

"是。"芝龙应道，转身迈步，朝着斜巷口外走去……

随着多禄前来的红头发洋人，就是上一回率领商船队访问澳门的荷兰东印度公司职员雷克，他先站在一旁，将郑芝龙打量了一番，脸上露出一种不同寻常的神情，待芝龙离开后，用荷兰语问道："这年轻人是？……"

"是我的随从，雷克先生。"多禄用流利的荷兰语答说。

"你的随从？"雷克用荷兰语再问，"神父阁下，你从哪里找来这么一个宝贝？"

"他本来就是我铸炮厂的工人。"多禄继续和他交谈，"你看这年轻人如何？"

雷克跷起大拇指，赞道："长得实在俊秀！"

多禄："你对他很感兴趣？"

雷克："是的，不知多禄神父愿不愿意割爱？"

"这……以后再谈吧，"多禄微微一笑，"现在我们还是先办正事。"

雷克赶紧说："当然，当然。"

"请！"多禄说着，让雷克先进门，两人相率来到厢房，坐定后继续用荷兰语交谈。

雷克："这回多蒙阁下帮忙，十分感谢！"

多禄："朋友嘛，这是应该的。"

雷克："今日上午我们准定能见到王知县？"

多禄："上星期接到雷克先生来信，我就派专人到香山县衙报告，王知县昨日已经来到澳门。"

雷克："这样很好。不过，此次我因行程匆促未带华人通事，还望阁下帮助沟通。"

多禄："我愿意效劳。"

雷克右掌扪心，躬身致礼："多谢阁下热心相助！"

"不必客气，"多禄应说，随即提出另一桩事，"先生来信中提到贵公司考虑向我厂购买火炮，不知定下来了没有？"

雷克："这件事公司董事局已经同意，准备向贵厂购买十门火炮，价格就沿用中国政府与贵厂的成交价。"

多禄："这价钱可以接受，但要求付现金。"

雷克："很抱歉，神父阁下，公司的意见是用易货方式进行。我方将提供东印度群岛的特产，负责运送到澳门，折价偿还炮款。"

"哦?!"多禄搓了搓手掌，"如果是这样，贵我双方还须再磋商。"

雷克："当然，当然。"

"好啦，"多禄站起身，"我们现在可以去拜访王猷大人了。"

在提调司衙门前等候神父的郑芝龙一看到那辆马车，立即请守门的兵弁向内通报，一名县衙的主簿很快就走出门来。

车子停稳后，雷克手提檀香木匣和多禄相继下车，县公署主簿躬身相迎，领着两位贵客来到客厅。香山知县王猷身穿七品官服，随即步入厅来。

多禄拉着雷克迎上前，单膝下跪，由多禄用中国官话禀道："我俩参见知县大人！"

王猷将他们扶起："两位不必多礼，快请坐！"

多禄与雷克站起身，相偕将那檀香木匣献上："一点薄礼，请大人笑纳！"

站在一旁的主簿连忙上前，接过木匣，放在桌上。

主客坐定后，王猷先问道："多禄神父，你这位朋友是？……"

"他是荷兰东印度公司派来的特使雷克先生。"多禄应说。

王猷："他是不是像你那样，既懂得洋话，又懂得中国话？"

多禄："他只懂荷兰语，不懂中国话，所以今天请我来帮他通译。"

王猷："很好，现在你就叫他说说来此的目的。"

雷克听过多禄的翻译，用荷兰语恭谨答说："王猷大人，本公司人员和士兵进驻爪哇后，设总部于岛上的巴达维亚。最近，公司董事局决定投入巨资大事垦殖，并着力建设巴达维亚城，需用大量劳工。贵国的劳工素以勤劳闻名于世，此次公司特地派我前来澳门招募，万望大人支持。"

"哦，招募华人劳工?!"王猷听过多禄翻译后反问。

多禄："是的，大人，就像我们铸炮厂当初在澳门招募劳工那样。"

王猷摇了摇头："我看这情况跟贵厂当初在澳门招工不大一样。"

多禄："有何不同？请大人明示。"

王猷："贵厂设在澳门，招募的工人都在本地做工。这荷兰公司前来招募的劳工，恐怕是要运送到爪哇去的吧。"

多禄："是要运送到爪哇，不过……"

王猷打断他的话，说："这就不是在我大明帝国的国土上做工啰。"

听王猷那口气，多禄有些焦急，他与雷克用荷兰语商讨后，用官话回应道："王大人所言极是。现雷克先生表示，他们对所招募的华人劳工，一定按照大明帝国的律法，好生款待；劳工离开澳门之前给予丰厚的安家费，抵达爪哇后提供住所、膳食、衣服，并按照每个工人的表现每月发给优厚的工钱。"

王猷听后，未即表态……

多禄当即抓紧再禀道："贵国百姓，勇敢勤劳，富有开拓精神。现在出洋的华人越来越多，不少人在国外创业获得成功，像李旦这样大名鼎鼎的巨商富豪不止一人。可以预料，这回应募到爪哇的劳工当中，也将涌现出成功人物。"

听了多禄这一番话，王猷感到讲得有理，当即答应："好吧，多禄神父，只要荷兰公司保证按照我大明律法，好生对待劳工，本官就准许他们在澳门招募。"

多禄赶紧拉着雷克再次单膝下跪："感谢王大人！"

王猷将他们扶起后，说："在招募中遇到什么困难，尽管来找本官好了。"

多禄连连鞠躬："多谢，多谢！那我们就告辞了。"

王猷应道："请走好。"

香山县主簿随即将两位客人送到提调司衙大门外……

王猷在客厅里打开那檀香木匣，见匣内装有一盒珍珠、一盒燕窝、一块宝玉、一瓶洋酒，微微一笑，关上匣盖……

在王猷的支持下，雷克借用了提调司衙的"护厝"作为"招募处"，并由多禄出面向相关商会借到两名略通荷兰语的职员充当书记生，加上郑芝龙共三人，负责填单登记。

四天后，荷兰东印度公司招募劳工的告示，贴遍了澳门的大街小巷，内称：

经香山县公署核准，本公司即日起在澳门招募劳工，到爪哇从事农垦、建筑等业，自愿前往并考察合格者享有十两安家银，并由本公司免费送达爪哇，免费提供住宿、膳食、衣服及日常用品，半年后按各人的技能和表现，每月发给相应的工钱。条件优厚，机会难逢，望男性青壮年踊跃前来报名。此布！

这告示一贴出，澳门全城顿时闹得锵锵滚……

有的说："爪哇在那几千里之外，这一去恐怕回不来啰。"

有的说："这才是真正的出洋呢！澳门虽说是洋人开设的商埠，毕竟还是大明国土，到澳门来只能算是半出洋。"

这个说："我前年从老家到澳门，单单船资就花了二两银子。这回若是跟荷夷到爪哇还不用花船钱。"

那个说："这回真能去爪哇，安家银就有十两，这可不是个小数啊！"

有人接着说："到那地方又马上有工做，吃、住不用愁，半年后就可领到工钱，比内地到澳门来还更稳当呢。"

有人则说："荷夷一身尽是红毛，看那样子鬼得很，咱们可别上当。"

有人则反驳说："人家也是欧洲来的，跟葡萄牙人还不都一样；况且这回招募劳工是县太爷核准的，我看不会错。……"

尽管看法不尽相同，前来应募者却犹如潮涌，其中有香山本县各乡社的村民，有江门、惠州、佛山、肇庆等邻近州县的百姓，也有原来在澳门本地做工的打工仔。

作为招募处的提调司衙护厝，大门都快被挤破了……

多禄神父只得请来衙门的兵弁维持秩序，将应募者排成单列长队，好让站在门前的雷克挨个进行体格检查……

那些年纪较大者、身材矮小者、脸黄肌瘦者、五官不正者，首先被淘汰出局……

那些初选通过者则被允许进入护厝的院子里，由郑芝龙等三名书记生查问姓名、籍贯、年龄，填单登记，发给号牌；然后再由雷克进行复选……

这样经过五天忙碌，终于挑选出一百二十八名身强力壮的合格者。

招募劳工告一段落，两名借来的书记生领到赏银就被打发回去，只有郑芝龙被留下。

第二天早晨，雷克和多禄神父一起乘着马车来到招募处，留在那里看守的芝龙当即迎上前去……多禄一下车就拍了拍他的肩膀，用葡萄牙语亲热地唤道："郑芝龙。"

机灵的郑芝龙立即操葡语应说："神父大人有何吩咐？"

多禄："你的好运来啦！"

芝龙一愣："什么好运啊，神父大人？"

多禄："雷克先生看上你啦。"

芝龙瞥了雷克一眼："看上我！看上我什么？"

多禄笑道："他说你相貌英俊，办事利落，这回招募劳工做得很好；还听我讲起你熟悉火炮的构造、精于瞄准技术，更是十分高兴……"正说着，雷克从怀里取出一锭五两的银子，递给芝龙。

郑芝龙甚感意外……那两名书记生的赏银每人才二两啊……他心中犹豫，不敢伸手去接。

多禄道："收下呀，芝龙，这是雷克先生特地赏给你的。"

郑芝龙眼含热泪，伸手接过那锭赏银，向雷克深深鞠了个躬，继续操葡语谢道："多谢雷克大人！"

“不用谢啦。”雷克也操起不太纯正的葡语应说。

多禄:“现在这一百二十八个合格的劳工，后天就得起程前往爪哇，需要一名既懂中国话又懂洋话的工头带领，你说是不?”

芝龙听那话意，已经猜中三分，他想了想，明确答说:“是的。”

多禄:“这名工头，雷克先生要我推荐，我认为你来担任最为合适。”

“我?”芝龙真是喜忧参半。

雷克:“是啊，我也认为你很合适。”

“那我后天就得离开澳门?”芝龙问道。

“你很明白，工头是必须和工人一起走的。”多禄答说。

芝龙:“这……这还得跟我的妻子商量商量。”

雷克:“我知道你新婚不久，为了使你能安排好家事，我准备给你八十两安家银，比其他劳工多八倍。”

“八十两!?”郑芝龙真是惊喜交集……

多禄点头:“是的，安家银给八十两，你愿不愿意担任这工头?”

自从进入铸炮厂，郑芝龙就领教过工头的权势，梦想着有一天能当上工头，现在机会来了，而且待遇如此优厚;只是一想到心爱的新婚妻子阿桃姐，不禁又犹豫起来……

多禄看他那样相，劝道:“这八十两银子足够玉桃用上三四年，况且你走了以后，我还会继续照看她。”

“这……”郑芝龙依然犹豫不决。

多禄貌似不悦:“芝龙，你常说自己是男子汉大丈夫，难道这事你自己决定不了吗?”说着，向雷克递了个眼色。

雷克即刻板起脸:“郑芝龙，如果你不愿担任这工头，那我就另找别人，你可不要后悔啊。”

“好，我去，我去。”生怕失去机会的郑芝龙一口答应，再也顾不得其他……

多禄满面笑容握起郑芝龙的手:“祝贺你当上雷克先生手下的工头!”

雷克:“你现在可以回家，跟妻子告别，安排好家里的事，午饭后带着随身衣物用品到这里，下午和晚上还有几桩事情要你去办，不得耽误。”

“爪哇气候比澳门暖和得多，衣服不必多带。”多禄补充道。

芝龙应道："我记住了。"

雷克随即打开手提袋，亮出五锭十两重的纹银，连同袋子一起交给郑芝龙："这是五十两安家银，你先带回去……"

"余下的三十两待起程后我会直接交给玉桃，你尽可放心。"多禄紧接着说。

芝龙接过五十两银子，激动得频频鞠躬："多谢雷克先生！多谢神父大人！"

自郑芝龙当上多禄神父的随从，陈玉桃虽然十分高兴，却也有些不安；特别是替荷兰人招募劳工，使她深感不妥，几番跑到提调司衙窥探，见芝龙工作忙碌，一切都还正常，便没有进去打搅，只是回到家里无心做事，整日抚着自己的腹肚呆想。

这一天上午，玉桃正闷头闷脑坐在床沿，忽听到有人推开屋门，她连忙走出房间，看到芝龙脸带喜色，手里提着一只布袋子进门来。

"阿龙，你回来了！"玉桃一下子扑进芝龙的怀抱。

芝龙抚着她的背，亲着她的脸："阿桃，阿桃，我们的好运真的来了。"

"什么好运？"玉桃仰起头问道。

芝龙将那布袋子放到圆桌上，缓缓地解开……

"哇，这么多银子！"玉桃不禁欢叫起来，她仔细点了点，"一共五十五两啊！"

"对，五十五两，"芝龙指着那个小银锭，说，"这五两是几天来招募劳工的赏银，是雷克先生赏给我的……"

玉桃眼睛瞪得大大的："还有那五十两呢？"

"那五十两……"芝龙犹豫片刻，终于实说，"是我的安家银。"

玉桃吃了一惊："什么，什么安家银？"

"阿桃，你好好听我讲，"芝龙定了定心，如实说道，"这回雷克先生选定一百二十八个身强力壮的劳工，准备明天晚上起航前往爪哇，需要一名既懂洋话又懂中国话的工头帮助他管束。多禄神父推荐我来担任，雷克先生也很满意，决定给我八十两安家银……"

"那你也要去爪哇？"玉桃整个心揪了起来。

芝龙叹了一口气："是啊，这些劳工听不懂雷克先生的话，一路上都要由我来管束，我当然要跟着去爪哇。"

玉桃一听着了慌，她紧紧把芝龙抱住："不行，不行，你不能去，你不能去，你不能离开我。"

芝龙温存地抚慰她："阿桃，你说过我们很快就会出头，现在出头的日子真的到了。"

玉桃急道："我不要这样的出头，我不让你走。"

芝龙有些为难："阿桃，我已经答应了雷克先生……"

玉桃不依不饶："这不算数，你没跟我商量就答应人家，不能算数。"

"怎能不算数呢？"芝龙耐心劝道，"大丈夫一言既出，驷马难追，我大小也是个男子汉，承诺了就得去做；况且这机会实在太难得了。"

玉桃有些不死心："你真的决心要去爪哇，阿龙？"

"阿桃，"芝龙捧起她的脸，满怀挚爱地说，"你想想看，我今天就带回五十五两银子，还有三十两神父大人会亲手交给你。这八十五两银子够你用上三四年；我到了爪哇会经常写信回家，在爪哇打拼他两三年准能赚到一大笔钱，那时候回到澳门来开一家店铺，我们的日子就好过啰。"

玉桃眼含泪水："阿龙，你真的要离开我了？"

芝龙："这只是暂时的。"

玉桃："照你所说，至少也得两三年。"

芝龙："是啊。"

玉桃的泪水在眼眶里滚动："阿龙，你知道不？……"

芝龙有点疑惑："知道什么？"

"我，我……"玉桃欲言又止。

芝龙："你怎么啦？"

"我，我已经有了身孕……"玉桃的泪水涌出眼眶，滚落在芝龙的衣衫上。

"啊!？"芝龙大出意外，又惊又喜，"你，你怀孕了？"

"阿龙，"玉桃应说，"我月红连续三个月没来，最近又直想呕吐，这分明是……"

芝龙："你为什么不早说呀，阿桃!"

玉桃冷静下来："我看你整天那么忙……"

"我不去了，"芝龙打断她的话，"我不去爪哇了。"

"怎么啦，阿龙，"玉桃问说，"你又要孩子脾气了？"

芝龙："不，我要和你在一起。"

玉桃："你刚才自己说，大丈夫一言既出，驷马难追，承诺的事一定要去做，现在反悔了？"

"我……"芝龙不好回答，反过来问道，"那你一个人怎么办？"

"唉！我一个人也过惯了，"玉桃叹了口气应说，"现在又有这笔安家银，还有什么好担心的？阿龙，男子汉理应出外闯荡打拼，你就放心去吧！"

听玉桃这么一说，芝龙莫名其妙地哭了起来："哇，哇……"

"不要哭，不要哭，我的小弟，"玉桃把他搂在怀里，边劝着边拭去他脸上的泪珠，待芝龙心绪平缓下来才问道，"你说明天晚上要起航，今天准定还有很多事要做，对吗？"

芝龙道："雷克先生叫我带好随身的衣物和用品，午饭后一定要回到提调司衙，不得耽误。"

玉桃赶紧说："时候不早了，你快收拾东西，我来给你煮一碗平安面。"说着，到锅灶前忙碌起来。

芝龙回房间取出几件衣服、一双鞋子和针线、小刀、杯子等，用布巾包好……陈玉桃已经煮好一碗面条，上面放着两个荷包蛋……芝龙吃完平安面，拎起那只布包……玉桃送他到门外，含着泪说："阿龙，你好好去做事，一些话今晚回来我们再谈……"

第十四章 郑芝龙再闯爪哇

当郑芝龙从家里来到招募处时，门前有两名持刀的兵士在把守，门外则站着几十个乡民，看样子是劳工们的亲属和家人；那百多号合格劳工则全都在大厝内。他匆匆进门，向雷克和多禄报到。

雷克操着葡萄牙语："郑芝龙，你准时来报到，很好。"说着，从手提箱子里取出一大叠用活字版印刷的荷兰文书，放到摆好笔、墨、砚的桌面上："这是合格劳工的应募契约，你赶紧在每一份契约的三个空格里，用中国字分别填上姓名、籍贯、年龄。"

"啊?!"郑芝龙有点惊愕。

多禄接着递给那份原先他登录的名单，说："你就按照这名单，每人填写一份，第一空格填姓名，第二空格填籍贯，第三空格填年龄。"

郑芝龙无法推辞，他放下手上的布包，坐到桌前，研墨提笔，按照名单的顺序，端端正正地填写起来……

雷克和多禄站在桌旁监视片刻，看他很认真地在填写，两人相视一笑，雷克随即厉声交代："郑芝龙，天黑之前，你务必将所有契约文书填写完毕。"

"是。"芝龙朗声应道。

太阳落入西边的海面，天暗下来了，招募处上下处处挂起灯笼。

大门外，劳工们的亲属和家人越聚越多；大厝内，则增添了十几个士兵。

雷克领着多禄在四周巡视一番之后，回到那摆满契约文书的桌旁，操着葡语问道："郑芝龙，填写好了吗?"

"只剩三四份了。"郑芝龙仰起头用葡语应说。

雷克令道："赶快写完它。"

"是。"郑芝龙又埋头执笔，抓紧将剩下的那几份填好。

多禄拿起那些填写过的契约文书，仔细翻阅，见每一份都写得很工整，便朝着雷克点了点头。

雷克命令："好，郑芝龙，你先把这张桌子搬到大门边。"

"是。"郑芝龙双手抱起那桌子，移到门边，正面朝外，打横摆稳。

雷克接着说："抽屉里有一盒你们中国人用的红色染膏，把它取出来。"

郑芝龙拉开抽屉，原来是一盒印泥，当即取出，放在桌面上。

雷克："现在你把劳工们召集起来，叫他们站好，我有话要说。"

郑芝龙立即来到劳工群中，看他们有的坐着，有的蹲着，三五成堆，交头接耳，便高声喊道："起来，起来，全都给我站好。"

那些劳工最关心的是那十两安家银，听到郑芝龙招呼，赶紧站起身，聚拢过来。

雷克威风凛凛走到他们面前，用荷兰语高声宣布："劳工们，你们非常幸运，即将成为我荷兰东印度公司的工人。此时，我公司将兑现招募告示上的承诺，发给每人十两安家银……"

多禄将这段话翻译成当地方言一讲，劳工们个个笑逐颜开……

接着，两名护卫的士兵从屋内扛出一个大木箱，雷克掏出钥匙打开铜锁，掀开箱盖，现出满箱白花花的银锭，随即宣布："这就是安家银，每人一锭十两……"

没等多禄翻译，劳工们已经"哦嗬，哦嗬"地欢叫起来。

雷克继续宣布说："我公司是守信用的。现在，你们的家属都已经在门外等候，你们拿到安家银可以当场交给他们。不过，为了表示你们也守信用，每人在领取安家银之前，必须在契约收条上按下手印……"说着，亮出一张契约文书。

多禄将这段话翻译之后，劳工们顿时议论纷纷……

雷克一看场面有点喧嚣，即刻举起双手高喊："安静，安静！"

多禄也用方言跟着他喊叫。

劳工们渐渐平静下来……

雷克板起脸，威胁道："如果不愿在收条上按手印，就表示不愿守信用，那就不能领取安家银。”

多禄翻译成方言宣布后，有几个劳工率先站了出来，说：“我们愿意按手印。”

一些劳工随即举手响应：“我也愿意按手印。”

接着，一批又一批劳工举起手来，纷纷表示：“我按手印，我按手印！”

眼看大局已定，雷克当即宣布：“领取安家银，现在开始。”

十几个手持大刀的士兵即刻严把着大门。

站在一旁的郑芝龙看这情势，知道自己该做些什么，他走到那张摆在大门边的桌子旁，拿起第一份契约文书，唱道：“方阿贵！”

姓方名阿贵的那个劳工赶紧跑了过来。

郑芝龙教他用大拇指沾上印泥，然后在契约上按下手印。

多禄随即从大箱里取出一枚银锭，朝着门外唱道：“方阿贵家属接银！”

他的老父亲连忙挤到门前，当着阿贵的面收下银锭，完成领取安家银的手续。

接着，郑芝龙和多禄依样画葫芦，叫来一个个劳工按下手印，喊来一个个家属领安家银，直忙到三更天才全部办完。

雷克随即将所有按过手印的契约文书，装进手提的皮包里。

夜已深了，劳工们的家属全都回去了。十几个持刀的士兵却还留着……

雷克和多禄走出门外，四下探视，确认四周都没有人，便返回屋内，把郑芝龙找来，操葡语交代说：“传我的命令，全体劳工即刻上船。”

郑芝龙惊讶：“即刻上船？”

雷克正色道：“对，你是工头，应当管束好这些劳工，不许他们逃跑。这十二名士兵将协助你押送。”

“是。”郑芝龙无路可退，当即将劳工们召集起来，宣布说，“雷克先生命令，全体劳工即刻上船。”

劳工们一听，顿时哗然……

郑芝龙厉声喝道：“不许吵闹！你们都已经在契约上按下手印，都已经领到安家银，现在就必须服从雷克先生的命令。”

劳工们被他这一喝，面面相觑，无话可说。

郑芝龙随即叫他们排成两行并列的队伍，并将十二名士兵分成六组，在劳工队两旁看押；然后跑步到雷克跟前，操葡语报告："雷克先生，劳工队集合完毕。"

雷克挥手："走！"

由郑芝龙带领，劳工队在士兵的押送下，沿着街道一路走去……

到达码头时，洋船上的舷门已经打开，水手们很快就把跳板从舷门搭上码头。劳工们一个跟着一个踩过跳板，进入中舱……

劳工们和郑芝龙全都上船了，雷克紧握着多禄的手，万分激动："多禄神父，你如此热情帮助，我将一直记在心里！"

多禄答道："不必客气，雷克先生，时候不早了，请上船吧。"

雷克从怀里掏出一颗亮闪闪的珍珠，递给多禄："这是爪哇特产的珍珠，请留作纪念吧。"

多禄摊开双手："你已经尽礼了，雷克先生。"

雷克道："多禄神父，你的辛劳远远超过酬劳，请不要再推辞。"说着，硬把那颗珍珠塞进多禄的手中；然后转过身，踩过跳板，登上大船。

桅杆上的十几面帆片相继张开，兜着仲秋时节初临的东北季风，带着大洋船缓缓离开码头，朝着外海驶去……

郑芝龙在招募处招呼劳工们按手印时，陈玉桃却在家里焦灼地等待着。

太阳落入海面都已经半个多时辰了，心爱的夫婿还没回家吃晚饭，也没叫人前来知会一声。她倚在门边站着，痴痴地望着巷口，只见过往行人来去匆匆，却看不到那熟悉的身影。……阿龙啊阿龙，咱俩不是已经约定好了吗，有许多话语要在枕席间细细倾谈，你为何还不回来呢？……

忽然肚子里一阵反胃，绞得她直打酸嗳，玉桃连忙转身回屋，吐了几口酸水之后，移步来到房间，坐在床沿，微闭双眼，轻轻抚摩着自己稍稍隆起的肚子，渐渐感到困乏难支，便和衣躺卧到床上，昏昏地睡了过去……

"铛……铛……"一阵有节奏的钟声将玉桃从睡梦中唤醒，她缓缓地张开眼睛，四周一片黑摸摸……

"哦，对了，刚才忘了点上油灯……"

"铛……铛……"那钟声按着原来的节奏不急不忙地继续从门外传来……

"啊?！这分明是教堂里晚祈祷结束的钟声，那，那现在该是深夜啰。"玉桃蓦然一惊，赶紧翻身站起，在柜子上摸到火石，擦燃火绒，点亮油灯，四下张望……

“是，没错，是深夜了，可阿龙还没回来，他到底怎么啦？”陈玉桃一阵惊惶，拔起腿冲出屋门，一路跌跌撞撞跑到提调司衙。

设在护厝里的招募处还挂着灯笼，两个兵士手执大刀在门前把守。

陈玉桃急匆匆跑了过来，不顾一切地闯进门内：“啊？怎么都没人了？”

正当她感到惊愕之时，两片大刀已经横在她面前，耳旁响起一声猛喝：“你这妇女人家，竟敢如此大胆？”

玉桃不予理会，侧过身紧抓着一个兵士的手，急切地问道：“那些劳工呢？”

那兵士冷不防被她抓住，本想发火，但一看到她那焦灼的神情，心就软了下来，开口反问说：“你找哪个劳工啊？”

玉桃：“我找那荷夷的工头，名叫郑芝龙。”

兵士：“你是他的什么人啊？”

玉桃：“我是他的妻子。”

兵士：“哦，你是他的妻子啊，失敬，失敬！”

另一兵士插了进来：“大嫂，他押着劳工们上大洋船去了。”

玉桃惊讶：“不是说明晚才起航，怎么今晚就上船？”

“我们也不知道，”两个兵士齐声答说，“反正现在人都走光了。”

玉桃一听，甩开那两个兵士，扭过头跑出大门……

她跑着，跑着，忽然看到一串火光伴着人影迎面而来，很快就到了她跟前。

玉桃仔细一看，来者是提着灯笼的衙门士兵，走在他们前面的竟然是多禄神父。她急匆匆问道：“神父大人，阿龙他呢？”

多禄被玉桃撞见，甚感惊愕，但却从容应说：“他上船了。”

“糟了，他上船了！”玉桃一愣，随即朝着码头方向，急奔而去……

多禄看她那神情，于心不忍，犹豫片刻之后，交代士兵们说：“你们先回去吧！”

士兵们有点奇怪，问道：“那你呢，神父大人？”

多禄：“我想再到码头上看看。”

士兵们:“到码头，那我们跟大人一起去吧。”

多禄:“不用了，我自已去就可以了。”

为首的兵弁道:“大人，这样恐怕不好，出了事我们担待不起。”

多禄板起脸:“怎么会出事呢？我叫你们回去你们就回去，别管那么多。”

“是，大人。”士兵们躬身应道。

“你们走吧。”多禄说着，从身旁那士兵的手里接过一盏灯笼，独自一人朝着码头走去……

仲秋时节的凉风习习吹来，躲在浮云里的下弦月不时露出半边笑脸……

陈玉桃一路奔跑来到码头，那停泊荷兰大船的泊位已经空空如也……她连忙举目凝望，只见依稀的月光下，一艘张满横帆的洋船正驶向外海……

“阿龙……阿龙……”玉桃朝着那远远离去的洋船高声呼喊……

喊声在夜空里回荡，玉桃越喊心头越慌，忽然一脚踩空，上身随即倒向海面……

就在危急的刹那间，一双壮实的手将她拦腰抱起……她转过头一看，竟然又是那个多禄神父……

“阿桃，你怎么啦？”多禄关切地问道。

“你别管我。”玉桃用力挣开多禄的揽抱。

“我怎能不管你呢？”多禄待她站稳后松开手。

“你管我，你管我，你把我的阿龙骗走……”玉桃满肚子愤怨涌上心头。

“我哪里有骗他，是他自己要走的。”多禄辩道。

“他自己要走?! 我问你，你为何无端端将阿龙提升为随从？为何又叫他去为荷夷招募劳工？为何还要他押送劳工们去爪哇？……”玉桃连珠炮似的轰了过去。

多禄辩解道:“我这是为他好，为了他的前程啊。”

“哼，为了他的前程?!”玉桃给顶了回去，“你以为我不知道你肚子里打的是什么主意?”

“好了，别说了，”多禄劝道，“船都开了，人都走了，一时也回不来……”

“这都是你作的孽。”玉桃余愤未消。

"你全误会了，阿桃，明天我再好好跟你解释解释，"多禄继续劝说，"现在天都快亮了，你还是回家歇一歇吧。"

玉桃瞪了他一眼："回不回家是我的事，你管不着。"说着，扭头便走。

多禄连忙跟上："我送你。"

玉桃头也不回："不用你送。"

尽管玉桃不让送，多禄还是紧紧地跟在她后面……

这样一前一后走了一段路，多禄越是就此表示关切，玉桃越是因此感到心烦，她突然转过身，急得直跺脚："别再跟了，大人，你这样在背后跟着，给人家看到成何体统？"

多禄叹了口气，摇了摇头："好啦，好啦，我不送你了，你自己走好。"说着，站在原地，看着玉桃身影渐渐远去，才迈步走开……

雷克告别多禄上船后，两名水手立即用绞盘绞起厚重的舷门板，将舷门闭紧；与此同时，顶层甲板上的水手们操起索具，将所有帆片相继打开。大洋船掉转船头，离开泊位，朝向西南，扬帆而去……

劳工们和郑芝龙经过这几天的折腾，全都疲惫不堪，他们挤在中层大舱里歇夜，有的躺着，有的坐着，在船体轻轻摇摆中，很快就进入睡乡，去寻找那出洋发财之梦……

第二天午前巳时，郑芝龙先醒过来，他用双手抹了抹脸，抖起精神站起身。举目扫视，哎！怎么这洋船的大舱跟李旦那福船的船舱很不一样？

生性好奇的芝龙禁不住抽出脚来，一步一步蹑到昨晚上船的舷门边，仔细一看，那舷门高七八尺，宽五六尺，顶部左右两端各有一个铁圈，铁圈上扎着一条瓶口粗的绳缆，用滑轮和绞盘掌控厚重门板的开、闭、升、降；大船上设置这活动的舷门，货物的装卸和人员的进出显然要方便得多啊！

郑芝龙察看过活动舷门，转过身环视船舱：那舱面长约六丈，宽约三丈；正中央被粗大的主桅穿透；左右两边舱壁上，各有四孔一尺见方的窗口；前后则架有竖梯通向上甲板。他看着，想着，感到这大舱的结构很是奇特，有些地方自己还看不大懂呢……

这时，劳工们陆续醒过来了，大家舒展过腰肢，看到他站在那里，纷纷围拢过来，问道："工头，荷夷说管吃管住，现在我们吃什么呀？"

是啊，大家肚子都饿了！芝龙当即应道：“我这就去找他们。”说着，整了整身上那套洋服，挺起胸膛，沿着舱后的竖梯，攀上甲板。

甲板上阳光耀眼，刚从昏暗大舱里出来的郑芝龙，眼睛一时睁不大开，忽听到有人在喝问，那话音似乎和葡萄牙语相差不大，他脑筋一转，就明白其话意是：“你上来做什么？”

芝龙侧过身一看，原来是个把住舱口的水手，只见他上穿蓝白相间的紧身衣，下着蓝色的布长裤，头戴一顶圆盖帽，腰扎一条黑皮带，显得十分神气，当即操葡萄牙语应道：“我要找雷克先生。”

那水手再问：“你找雷克先生有什么事？”

哎，看来这水手还能听懂葡语，他于是大胆答说：“劳工们要吃饭。”

那水手道：“哦，吃饭，雷克先生已经交代好啦。”说着，走进船后舵楼，不多久便带领几个水手，扛来几大篓面包和几大桶茶水，送进大舱。

这可是给“工头”好大的面子啊！

郑芝龙喜不自胜，他挥手招呼劳工们：“吃啊，吃啊，大家吃啊！”

虽然这食物再粗简不过，劳工们还是十分高兴，一个个抓起那洋面包啃着嚼着；嘴巴渴了才拿起竹筒勺，从桶里舀起茶水喝上几口，喝过了就把勺子让给其他工友。

芝龙也跟着大家边吃边喝边说说笑笑，刚刚啃完两个面包，一个荷兰水手来到他跟前，说：“雷克船长叫你上去。”

“船长？”郑芝龙操葡语反问道，“雷克先生是这艘大洋船的‘船长’？”

荷兰水手道：“是的，雷克先生是我们的船长，同时是我们的长官。”

“好！”芝龙应着，用手指清扫嘴边和手上的面包屑，就跟着那水手上到甲板，穿过舵楼走廊，来到船长舱房门口。

荷兰水手站定，将右手举到帽檐，敬礼：“报告船长，郑芝龙带到。”

雷克挥手，命水手退下，然后开口唤道：“郑芝龙，进来。”

芝龙应声入内，模仿那水手敬了个礼，操葡语说：“船长大人，有什么吩咐？”

雷克看他那副滑稽相，忍俊不禁，笑了笑说：“你过来。”

芝龙走到那红木办公桌前，站定。

“早餐吃过了吗？”雷克问道。

芝龙："吃过了。"

雷克："劳工们感觉怎么样？"

芝龙："大家都很满意。"

雷克："我再问你，郑芝龙，我和水手们说的话，你能听懂吗？"

芝龙："听是听不大懂，但能猜出它的意思。"

雷克："为什么？"

芝龙："因为你们的话和葡萄牙语似乎有些相像。"

雷克："看来你葡萄牙语学得很不错啊。"

芝龙："那都是多禄神父和洋司傅们教的，不过，你们的荷兰语我还得从头学起。"

雷克："你很聪明，相信很快就能学会。"

芝龙："希望长官好好教我。"

雷克："可以的，你学会荷兰语才能更好地为我们公司服务。"

芝龙："多谢长官！"

雷克："好啦，现在你就来补办为公司服务的手续吧。"

芝龙："补办服务手续？"

"对，"雷克从抽屉里取出一份契约文书和一盒中国印泥，放在桌面上，"你应该在这契约上按下手印。"

芝龙有点惊愕："按手印？"

雷克点头："对。"

芝龙不解："我是工头……"

"工头也是劳工，"雷克板起脸，"我们付给你八十两安家银，等于一般劳工的八倍；虽然价钱高，但手续同样要办，同样要在这契约文书上按下你的手印。"

芝龙有些迟疑："这……"

雷克站起身，露出一脸凶相，喝问："郑芝龙，你不想按手印，是不是？"

芝龙一看情势不对，只好屈从："我按，我按。"说着，用右手拇指沾上印泥，在那份契约文书上按下手印。

"这就对了，"雷克收起契约文书，走到芝龙身旁，拍了拍他的肩膀，"现在你跟我来吧。"

郑芝龙闷着气低着头跟在雷克身后，两人穿过舵楼走廊来到上甲板。

秋阳高挂在中天，海面波光在闪耀，四周全都望不到边，只有几只海鸟在桅杆顶盘旋……思亲之情猛然涌上芝龙的心头，“阿桃，你好吗？阿桃，你这时在做什么？”他喃喃地叨念着……

“怎么啦，郑芝龙？”雷克看他站在那里发呆，开口问道。

芝龙清醒过来，连忙应说：“没什么，没什么。”

雷克再道：“是不是思念你的家乡和你的妻子啊？”

芝龙闷声说：“哎，哎……”

雷克正色道：“男子汉不能迷恋家乡迷恋家庭，明白吗？郑芝龙，你知道我们荷兰人是怎么样到你们东方来的吗？我们要在海上连续航行六个月啊，你知道吗？”

芝龙有点惊讶：“连续六个月都在海上？”

雷克道：“对啊，我们荷兰王国可以说是在另一个世界，是在那很远很远的西方。船队从我们家乡出发，先要沿着欧罗巴大陆海岸，一直朝南驶去；然后进入阿非利加大陆的西部海洋，继续在茫茫大海中朝前行驶，直到那大陆的最南端；然后绕过那镇在狂涛中的风暴岬，拐向朝北，沿着阿非利加大陆的东海岸，驶入印度洋；再朝东越过那波涛汹涌的洋面，才能来到爪哇；走完这趟海路要整整半年啊！”

芝龙惊叹：“有这么远啊?!”

“不但路途遥远，郑芝龙，”雷克继续说，“你知道在这一路上我们要遭遇多少困苦艰险吗？狂风暴雨和惊涛骇浪就不多讲了，单说船上的食物和淡水，起航时装载量都很有限，虽然有时可以上岸补充，但船员们还是经常要忍饥受渴。二十五年前我国第一支远征船队到达爪哇再返回，经历了一年多的时间，全队二百四十九名船员，只有八十九名回到荷兰，一百人当中就有六十五人死在途中，你知道吗？”

“那你们为什么要这样做，雷克长官？”芝龙反问道。

“为了发现新的地方，发现新的物产，开创新的事业，以获取更多的财富，所以我们愿意冒险，我们敢于冒险。”雷克答说。

“冒险？‘冒险’是什么，长官？”芝龙不大明白。

雷克：“冒险就是明知前面有危险，还是要大胆往前冲，就像勇敢的士兵不顾一切地杀向敌人。只有这样才能战胜困难，战胜艰险，实现我们的目标。”

芝龙：“哦，原来是这样。”

雷克：“所以参加我们远征队的人，都不能迷恋家乡，迷恋家庭，都必须具有敢于冒险的精神。”

“你们‘冒险’的目标实现了没有，雷克大人？”芝龙再问。

雷克自豪地说：“当然实现了。这二十多年来我们不但占领了巴达维亚，还跟周围几个小国建立了良好的关系。现在，那连绵数千里的东印度群岛都是我们的势力范围，到处都有我们荷兰人，所有的香料贸易和其他特产的贸易，几乎全都掌握在我们东印度公司手上，每年利润都有三到四倍。你只要看看这艘大船，就知道我们的强大和富有。”

郑芝龙不由抬起头，从船首看到船尾，从桅杆看到甲板……

“看到了吧，郑芝龙，”雷克满怀傲气开讲道，“这艘大船长一百二十英尺，宽三十五英尺；船尾有舵楼，船首有舱房；船体前后两根大桅各有三根横桅、四片横帆，船体中央的主桅则有四根横桅、六片横帆；索具经过改进，即使是逆风也可行驶；甲板共有两层，这上甲板装置着掌控航行的各种机具，中甲板上平时可载人载货，战时可架设八门火炮；货舱则设在中甲板下面……”

芝龙听他这一说，大感兴趣，联想起劳工们所住中舱舷壁上有八个舷窗，不禁问道：“雷克大人，那中舱里的舷窗是不是火炮的发射口？”

“正是，”雷克答说，“这艘大船既是商船，也是战舰；这种商战两用的大船，我们东印度公司就有一百多艘。”

“哇！……”芝龙听后，惊叹不已。

“郑芝龙，只要你顺从我们，努力为公司服务，你的前程将是远大的。”雷克叮嘱道。

“是。”郑芝龙郑重应说。

大洋船兜着东北季风，继续朝向西南破浪前进，越过交趾洋和明朝的属国安南（今越南），第九日傍晚进入占腊国（今柬埔寨）外海……

天空中朵朵红霞，桅杆上片片白帆，连接着碧蓝的海面，组成一幅美丽的图画，就像飘扬在舵楼顶那红、白、蓝三色的荷兰国旗……

十多天来，生性好奇的郑芝龙，整日与那帮荷兰水手搅混在一起，咿咿呀呀地学着用荷兰语和他们交谈，跟着他们从船头到船尾、从甲板到底舱窜来窜去，把整艘船都探了个遍，还粗略学会用索具操控横帆。

十多天来，一百多名劳工每天都能吃到面包或者米饭，喝到适量的茶水；每天都有一段时间可以到甲板上晒太阳。苦只苦了那些晕船的人，吃了就吐，喝了就呕，有的甚至连青黄色的胆汁都吐了出来。

洋船在占腊的港口停泊，补充了淡水和食品，然后转向正南，直插而下……

北风一日比一日减弱，天气则由凉转热，再过十来天，那海空上的太阳就像熊熊的火炉一般，晒得人们皮肤发烫。郑芝龙问过雷克，才知道大船正穿越世界上最炎热的地带；这样再经过两天的航程，就可抵达巴达维亚。

这巴达维亚位于爪哇岛的西北端，原名雅加达，地处热带，濒临大海，早在 14 世纪就是东方著名的胡椒和香料的出口港，1598 年荷兰远征队在此设立商馆，陆续建造了一些房舍；1619 年则用强大的武装加以占领，改名“巴达维亚”，作为进一步侵占东印度群岛的大本营。

劳工们所乘大船在午后时分入港，但见港内帆樯如织，其中多数是大型的洋船，也有十几艘中国商船。

大船泊定，雷克先命郑芝龙将劳工们召集起来，带着随身衣物跟在他后面上岸，排好队伍；然后将一本册子交给在岸上接船的一名荷兰军官：“麦丁少尉，这是劳工名册。”

“是。”麦丁举手行了个军礼，接过名册，转交给身旁一名华人通事，吩咐道，“点名。”

华人通事当即用粤语宣布：“现在点名，点到者必须立即站出来，否则将受处罚。”

原先心神不定的劳工们赶紧竖起耳朵注意听。

“方阿贵。”华人通事高声呼道。

“是我。”方阿贵立即站了出来。

麦丁上前仔细端详，看他体格强壮，只是身上散发出一股酸臭味，挥了挥手，命他站到一旁。

华人通事接着点名，麦丁照样挨个察看，这样持续了半个多时辰，才点完一百二十八名劳工。

雷克随之将郑芝龙介绍给麦丁：“这个人是工头，他会帮助你们安顿好劳工。”

郑芝龙连忙趋前，学着洋人向麦丁敬礼：“我名叫郑芝龙，麦丁长官有事，请尽管吩咐。”

麦丁看了他两眼，点了点头。

“好了，麦丁少尉，”雷克接着说，“这一百二十八名劳工和他们的工头，我全交给你了。”

麦丁再次行了个军礼：“是，雷克上尉。”

交接手续完成后，雷克便乘上马车，离开码头。

送走了雷克，麦丁转身回到劳工们跟前，挥手下令：“走！”

于是，由麦丁领头、华人通事押后，这支劳工队伍不慌不忙地沿着码头边上的小路走去……

一路上，郑芝龙有意放慢脚步，落到队伍后面，悄悄地端详起那位华人通事，但见他面容俊秀，眉目却隐含忧愁；身材匀净，却略显清瘦；年纪有二十来岁，面相很像是闽南人；禁不住靠到他身旁，大胆试用闽南语问道：“请问先生尊姓大名？”

那少年家一听到家乡话，冷漠的脸上现出了笑容，当即用闽南语答说：“敝姓何，名斌。”

果然是个同乡，芝龙赶紧求道：“何斌大人，往后请多关照！”

“别称呼我大人。”那名叫何斌的少年家突然又板起面孔，冷冷地应说。

郑芝龙讨了个没趣，只得低头走开，忽听到前头传来麦丁的喊声：“到了，到了！”他连忙跑了过去，原来队伍已经来到一处绿树成荫的小河边，把一群在河边嬉闹的猴子吓得直往树上蹿。

“都给我下河洗澡！”麦丁挥手下令。

郑芝龙连忙用粤语高喊：“大家快下河洗澡啰！”边喊边脱掉那紧身的洋服……

劳工们听他这一喊，个个喜出望外，赶紧脱掉衫裤，全身赤裸，跟着郑芝龙跳进河里……

头顶绿荫浓浓，河里流水潺潺，闷在船舱里一个多月，如今能泡在这清凉的河水中，真叫人爽入心肺……

郑芝龙和劳工们浸泡在水里，从头到脚擦擦搓搓，把身上积下的污垢清除干净，才陆续爬上岸来。

那群猴子看这一大帮人并无恶意，纷纷从树上跳下，围在他们身旁叽叽啾啾，窜来窜去。

太阳已经偏西，经何斌一再催促，劳工们才穿上裤子，赤着上身，跟着麦丁前往他们住宿的地方……

郑芝龙边走边举目张望，只见四周尽是五六丈高的大树，挺直的树干上没有枝杈，那叶子全在树顶，却又稀稀拉拉，叶柄和树干连接处，长满圆球形的果实，颇感奇特。他忍不住去问了何斌，才知道这种像桅杆一般的高树叫椰子树。

大家走了有两三里路，来到一个村落，但见几十间民居聚集在平展的田野中，村后的坡地下堆放着许多石料，村前则有十几间新搭的茅屋。

这茅屋整座由木桩架高，离地面约五尺，屋体用木料搭成，屋墙糊上泥巴，门前有三尺来宽的五级台阶，地板铺有草席，屋顶覆以棕毛。

劳工们来到茅屋前，麦丁安排每十二人同住一间，大家住进后，并不感到太挤。

接着，何斌命当地土人送来几篓棕叶饭包，教劳工们揭开外包的叶子，用左手捏起包内的米饭，放进嘴里吃。大家虽然很不习惯，但因肚子已经饿了，只好依样照做。

饭吃饱了，郑芝龙和劳工们都感到困倦不堪，纷纷躺在草席上休息，天刚暗下来就通通进入梦乡。

第二天早晨开始上工了。

郑芝龙和劳工们被麦丁和四个荷兰士兵带到村后的坡地上，那里正在建造一座城堡，四周二十丈长、五尺来宽的地基有的已露出地面，但因缺乏有组织的良好劳力而暂停下来。

劳工们一进场，就被分成三四十个小组，各组配有麻索和竹杠，在麦丁的指导监督下，将粗大的石条、石块从坡下扛上来，在城堡原有的地基上继续垒基砌墙。

天气是炎热的，石料是沉重的，每扛一趟就叫人气喘吁吁，汗流满面；但中间不准歇脚，不准休息。垒砌石墙要求更是严格，朝外的墙面必须上下平整，容不得丝毫偏差。整个上午无休止地搬呀、扛呀、垒呀、砌呀，直到中午才停下来吃饭喝水，下午则做到太阳西沉才收工。

这样连续五天，扛运石料的近百号劳工开始感到受不了；就连参加垒砌墙体的郑芝龙都感到有点吃不住。但既然已经远离家乡来到爪哇，不拼出个前程谁能甘心？

第十五章 猎男荷兰酋出手

第六天一上工，郑芝龙经与麦丁商量，调整了部分劳力，自己操起竹杠拿起麻索，带着几个最强壮的工友到坡下，专拣最粗大的石料往坡上扛，希望这样做能够鼓舞劳工们的士气。

到了傍晚时分，当他在坡下用麻索将一根大石条扎好时，一辆沿着村道而来的马车停到他的身后。郑芝龙并不在意，他和三个工友共四人分成前后两组，各自将竹杠套进绳索，喊了一声："起！"四个人同时上肩，把大石条抬离地面，齐步上坡……

忽看到正在监督砌墙的麦丁急匆匆自坡上跑下来；接着，听到身后传来雷克的声音："停下，停下。"

芝龙感到奇怪，回头一看，雷克身穿军服，正领着一位身材高大的荷兰长官从马车旁走过来。

"停下，郑芝龙。"雷克边走边招呼道。

"停下吧，芝龙大哥。"三个工友齐声说。

"好吧。"芝龙应着，和工友一起卸肩将大石条放到地面。

这时，麦丁少尉已经跑到坡下，迎着那位荷兰军官，立正，敬礼，操着荷兰语恭称："普特曼长官！"

那被称为普特曼的长官脸上长满胡须，身穿白色军服，肩披红色绶带，腰间左佩长剑右插手铳，军帽顶上还有一球丝穗，看来官位甚高。他给麦丁回了个军礼，问："这几天工程进展如何？"

"进展比较顺利，有一段墙体已经垒出地面。"麦丁毕恭毕敬答说。

普特曼举目扫视，点了点头，转而问道："这帮华工表现如何？"

麦丁答道："这帮华工很勤劳，掌握技能也相当快，可以说是优等的劳力。"

站在一旁的雷克满面笑容插话说："这也是麦丁少尉管理有方。"

麦丁向雷克鞠躬："雷克长官过奖了。"

普特曼挥手："麦丁少尉，你可以走了。"

"是。"麦丁再次立正敬礼，转身上坡，回到砌墙现场。

普特曼转对雷克："你说的那个美男子郑芝龙在哪里？"

雷克当即招呼芝龙："过来，过来。"

他们操荷兰语的对话，郑芝龙全都听懂了，他赶紧走到普特曼跟前，学着麦丁立正敬礼，操起刚学来的荷兰语，说："普特曼长官，我是郑芝龙。"

普特曼一听，十分高兴："哦，你会讲荷兰语?!"

"是的，是雷克船长教我的。"郑芝龙恭谨回答。

"看来你学得也很快。"普特曼说着，端详起面前这个华人青年，看他眉清目秀，满脸灵气，身材伟岸，肌肤光润，特别那胸脯和臀部富有弹性，确实是个迷人的美男子，便吩咐道："郑芝龙，明天你不必上工了。"

"不必上工，那我……"芝龙有点疑惑。

普特曼亲切地说："雷克上尉会带你来见我。"

"是，大人。"芝龙答说。

普特曼转对雷克："我们上工地看看吧。"

"是。"雷克边应着边跟在普特曼身后，迈步上坡……

走了一小段路，沾沾自喜的雷克忍不住开口问道："普特曼长官，这郑芝龙美不美啊？"

普特曼赞道："确实很美。"

雷克讨好地问："大人满不满意啊？"

普特曼笑道："当然满意。"

雷克得意道："我可是花了八十两银子买来的，普特曼长官。"

普特曼再笑："我可以给你一百两。"

雷克眨着眼睛："什么时候给我，长官？"

普特曼似乎有些着急："明天你把人送到，我就给你。"

雷克鞠了个躬："谢长官！"

再说两位荷兰人一走，同一小组的三个工友就围着郑芝龙，这个说："哎哟，芝龙大哥，那荷兰大官看上你啦！"那个说："这下子芝龙大哥可要高升了！"再一个抱拳作揖："你高升后可别忘了我们这帮兄弟啊！……"

这消息很快就传遍整个工地，工友们有的惊喜交集，有的则全然不信……

到了晚上，当这"喜讯"被证实之后，一百多名工友把郑芝龙拥到茅屋前的土坪上，又是说，又是笑，又是蹦，又是跳……

心里甜滋滋的郑芝龙被他们闹得满脸通红，可就是说不出半句话……

第二天早晨，身穿军服的雷克乘着马车过来，把郑芝龙接走。

这是郑芝龙有生以来第二回乘上马车。

马蹄在林间大道上敲出嘚嘚嘚的响声，车子两旁树木青翠，鸟雀争鸣。

郑芝龙一边观赏着沿路的风光，一边思念着在澳门的妻子。结婚典礼头回乘上马车的情景，又在他脑际显现……如今被荷兰的大官看中，不出三五年准定会赚到一笔大钱，到那时回澳门呀，阿桃她该会多高兴啊!？……

就在芝龙憧憬着锦绣前程之时，马车来到一处高墙院落的门楼前，正面两扇大铁门闭着，左右两侧的小门开着。守卫在门前的一名荷兰士兵见到雷克，举手敬礼："雷克上尉，请！"

雷克回了个礼，就领着郑芝龙进入院内，沿着一条林荫道走了二三十步，见到一幢上下两层的大洋楼。这洋楼是用细琢过的石材建成的，墙面光净平滑。其底层低矮，主要用作囚室及杂物间；上一层则有两丈来高，四周走廊环绕，正面有一道丈来宽的十级台阶，连接着走廊和底层地面。

他们来到洋楼前，已经在那里等候的何斌向雷克鞠了个躬："雷克上尉，普特曼长官让你先上去。"说着，和雷克一起踏上石砌的台阶，穿过走廊，进入一间大客厅；少顷，普特曼口衔一支洋烟斗，走进厅来。

雷克趋前鞠躬："早安，普特曼长官！"

普特曼指着客厅里的藤沙发："请坐。"

雷克待普特曼坐定后才入座。

在一旁的何斌随即悄悄退下。

"普特曼长官，郑芝龙已经带来。"说着，从衣袋里取出一份文书，呈给普特曼，“这是他的卖身契约。”

普特曼接过那份契约，阅后点头：“好。”当即将一张银票递给雷克。

雷克接过银票，阅后喜形于色：“谢长官！”

普特曼道：“现在可以叫郑芝龙上来。”

“是。”雷克应着，走出客厅，从走廊上朝下招呼，“郑芝龙，上来。”

呆立在台阶下的郑芝龙猛听到招呼，慌忙三级当两级奔跃而上。

“别慌，”雷克一把将他拉住，叮嘱道，“见到普特曼大人要谦卑顺从，他叫做什么你就做什么，懂吗？”

“我懂，我懂。”芝龙心中依然很激动。

雷克似笑非笑地说：“好啦，跟我进去吧。”

郑芝龙跟着雷克走进厅里，但见那厅堂又宽又深，门窗又高又大，四面墙壁洁白，装有蜡烛灯台，不但通风透亮，而且十分气派……

雷克将他带到普特曼跟前，郑芝龙立即举手敬礼：“普特曼长官！”

普特曼把他从头到脚看了两三遍，脸带喜色，唤道：“郑芝龙。”

郑芝龙应道：“在，长官有什么吩咐？”

普特曼正色道：“从现在起，你就是我的仆欧，知道吗？”

“仆欧？……”郑芝龙一时没听懂。

“这仆欧，”普特曼解释道，“也可以说是随从。”

“随从……”给多禄神父当随从的神气情景即刻在芝龙的脑际闪现，他惊喜交集地应说，“知道了，我是普特曼长官的随从。”

“从今天起，”普特曼显得十分高兴，“你就住在这楼房里。”

“住在这楼房里?!”郑芝龙不敢相信自己的耳朵。

“对，”普特曼说，“住在这里服侍我。”

听明白后，郑芝龙即刻单膝下跪，右拳触地，朗声应道：“芝龙愿为长官效命。”

普特曼挥手：“起来吧！”

郑芝龙站起身，恭立一旁。

雷克看一切进行得都很顺利，当即告辞：“普特曼长官，我这就告辞了。”

普特曼点了点头：“你走好，雷克上尉。”

雷克走后，时已近午，郑芝龙侍候普特曼用过午餐，自己也得到一份食物，其中有牛肉、鱼汤、面包、青菜，还喝到新鲜的椰子果汁，比起洋船上和工地上所吃的不知要好上多少倍。

这位普特曼原是东印度公司主舰队里一名中校舰长，一向英勇善战，屡立战功，近期因在攻取巴达维亚的战斗中表现出色而被提升为上校，接着被任命为巴达维亚海岸防御工程的主管官员，住进这幢早些年间公司建造的洋楼。

当天下午，普特曼在通事何斌的陪侍下外出巡视。

郑芝龙则按照他临走时的吩咐，将客厅、餐厅、寝室、办公室打扫得干干净净。

傍晚普特曼回来时，站在楼前恭候的郑芝龙把他迎进厅堂，先捧来一铜盆温水，让他洗脸擦手；接着端来丰盛的晚餐，侍候他吃饱喝足；然后收拾杯盘回厨房，草草吃过晚饭，又赶紧来到寝室。

普特曼饭后正躺在摇椅上闭目休憩，听到郑芝龙进门的声音也不张开眼睛，只将两脚伸直，在地板上敲了两下。

郑芝龙会意，当即蹲下身，帮他脱下皮鞋。

皮鞋脱下后，普特曼脸带笑容睁开眼，然后坐直上身，向郑芝龙招了招手。

郑芝龙会意，趋前把他从摇椅上扶起。

“我要洗澡了。”普特曼边说边脱下身上的军服。

郑芝龙连忙到沐浴间，将备好的温水倒进浴池，让他洗澡，然后站在门边等候召唤。

普特曼洗完澡后，下身扎着一条浴巾从沐浴间走了出来，郑芝龙乍一看，不禁愣住。

原来这个长官从胸前到腹部、从上臂到下腿，全都长满半寸来长的棕红色的体毛，浑身青筋暴涨，使人感到狰狞可怕。

普特曼看郑芝龙愣在那里，哈哈大笑：“没见过吧，郑芝龙，你看我……”说着，双脚撑开站稳，深深吸了口气，同时握拳曲肘，挺胸收腹，用力把胸肌、腹肌和肩膀、手臂的肌肉凸显出来，装成雕像一般。

“看到了吧，这就是英雄普特曼！”他朗声自夸，然后将憋住的气呼出，恢复到原先的状态。

郑芝龙目瞪口呆地看着他表演，想说的奉承话半句也说不出来。

普特曼经一番表演，豪兴更加勃发，他跨前两步，拍了拍郑芝龙的肩膀，亲热地说："你也快洗澡吧！"

芝龙巴不得赶紧离开，他嘴上应着："好，好。"转身就要走。

普特曼一把将他拉住："别走，你就在这里洗。"

芝龙惊讶："我在这里洗澡？"

普特曼似乎有所指："对，就在我的浴盆里。"

芝龙摇手："不，不，那是长官专用的浴盆。"

普特曼笑道："没关系，郑芝龙，你把我洗过的水放掉，舀起水桶里的清水冲一冲澡就可以了。"

郑芝龙诚惶诚恐："我不敢，大人，小民实在不敢。"

普特曼气恼，出手扒开他的上衣，喝道："这是我的命令！"

郑芝龙光着上身进入浴室，刚放尽浴盆里的水，普特曼又推开门交代说："冲完澡用我的浴巾擦干就出来。"

郑芝龙有点受宠若惊，又感到狐疑难解，他思来想去想不出个道理，只得舀起清水冲起澡来，然后擦干，穿起衣服……

在寝室里听到浴室里冲澡的声音，普特曼脸上顿时绽开笑容，他坐到靠窗的那张紫檀书桌前，打开桌下暗屉，取出一个窄口小瓶，像宝贝似的放在手上把玩着，神情忽然变得焦躁不安……

浴室里冲澡的声音停了，普特曼定了定神，缓缓站起身，把那小瓶子捏在左手手心，装出一副笑脸，走了过去，一把将那扇小门推开。

刚穿好衣服的郑芝龙被他吓了一跳。

"出来，出来。"普特曼伸出右手招呼道。

郑芝龙赶紧走出浴室。

"过来。"普特曼拉着郑芝龙到寝室里那张六尺宽的藤绷床前，说，"坐下，坐下。"

郑芝龙顺从地坐在床沿。

普特曼将左手伸到郑芝龙面前，张开手掌，露出那窄口小瓶，问道："这是什么东西，你知道吗？"

郑芝龙看了两眼，摇了摇头："不知道。"

普特曼解释道："这是东印度群岛最名贵的香药，闻一闻就能使人全身充满力量。"

郑芝龙感到惊讶："真的吗？"

普特曼点头："当然是真的，不信你闻闻看。"说着，将小瓶子摇动后拔开瓶塞，凑到郑芝龙鼻子下……

一股雾气从瓶口冒了出来，郑芝龙闻了一下，果然其香无比，连忙把瓶子推开。

"很香，对吗？来，再闻一次。"普特曼又将瓶口凑到他鼻子下。

"多谢长官。"郑芝龙谦辞道。

普特曼拉住他，把瓶子在他鼻子下晃来晃去，说："来，来，再闻一闻。"

从瓶口冒出的香雾渐渐弥漫开来，郑芝龙感到很可惜，连忙抱拳拜道："普特曼长官，这香药太贵了，我不必再闻了，长官快把它收起来吧。"

普特曼也开始闻到一点香味，"好啦，那我就把它收起来了。"说着，用瓶塞将小瓶子塞紧，放进办公桌的暗屉里。

这时，坐在床沿的郑芝龙开始感到双腿无力，怎么使劲也站不起身。

正当他晕晕乎乎之际，普特曼回到了大床边，先把郑芝龙的上衣脱下，色迷迷地抚摩他那俊美的脸庞和那滑韧的肌肤，接着便出手要脱他的裤子……

郑芝龙顿时明白过来，他拼尽全力，一招鲤鱼翻身将普特曼踢倒，自己溜下藤绷床……

也闻了点香药的普特曼被踢倒在床上，费了好大力气才坐起身来，睁大双眼，上下左右一看："哎?! 这人呢？"他拍了一下自己的头壳，不禁大声喊叫："跑了，跑了！"边喊着边冲出寝室……

第十六章 绞架前坚不屈从

光着上身、赤着双脚逃出寝室的郑芝龙，飞快穿过客厅，沿着厅门前的石阶，跑进院子，朝着大铁门奔去，忽听到左前侧花丛中似有微微的“沙沙”声，他刚一刹住脚，一只守夜的大狼狗就不声不响地扑了过来。

他侧身一闪，回手出掌，劈向狼狗的狗头。

郑芝龙原以为这一掌必叫那畜生瘫倒在地，不料这狼狗乃经过特别训练，反应极为迅捷，只见它屈体下蹲，躲过劈掌，趁势跃起，张开大嘴，直向郑芝龙的下体咬去。

“哇，这么厉害！”郑芝龙不敢大意，开始认真跟这狼狗过招。

一边是一丝不挂、手无寸铁的武士；一边是一身棕毛、四只利爪的狼狗。郑芝龙几次想打翻它都未打着，几番想脱开身也脱不开，双方正斗得难分难解，普特曼已经冲出客厅，跑下石阶，在院落里高声喊叫：“人跑了，抓住他；人跑了，抓住他！”

那条狼狗听到主人的喊叫声，稍一迟疑，郑芝龙即刻甩开它，几个箭步插到洋楼的右侧，攀住底层上端的石檐，往上一翻，滚进客厅外的廊道，站起身举目四顾，选定方位，快步跃上走廊的石栏杆，双脚一磴，借势飞身而起，落到距楼房丈多宽的高墙墙头。

凶猛的狼狗紧追过来，可惜那墙头太高，任它怎么跳也跳不上去，只能在墙下张牙舞爪朝上狂吠。

站在墙头的郑芝龙装出个鬼脸，向它招了招手，然后轻轻一飘，落到墙外的地面上……

住在主楼后面平屋里的何斌、厨师、马夫、杂工及卫兵们，全都尚未入睡，听到普特曼的喊叫声和守夜狼狗的狂吠声，赶紧从房间里出来。

"谁跑了，普特曼长官？"大家纷纷问道。

普特曼咬牙切齿："那个郑芝龙，今天刚来的那个仆欧郑芝龙。"

"啊!?"大家都感到惊讶。

普特曼大叫："快给我搜。"

"是。"大家齐声应道，连忙点燃火把，分头到院落里四处搜索……

那条精灵的狼狗看到人们在院子里瞎忙，急得嗷嗷直叫，低着头跑到普特曼身边，咬住他下身的浴巾，两只狗眼直盯着主人。

"怎么啦，豹子？"普特曼感到有点奇怪。

"豹子"是这狼狗的名字，它一看到自己的行动已经引起主人的注意，便用嘴巴叼着那浴巾的下摆，拉着普特曼来到院落右侧那段墙下，然后松开嘴，前脚扑墙，后脚站立，仰起头朝着墙顶狂吠。

"这小子从这里逃出去？"普特曼指着墙顶问道。

那狼狗听他这一问，不再吠叫，只是继续用前脚抓住墙面，极力想爬上去。

普特曼顿时领悟，连忙转过身，朝着正在搜索的卫兵们高声喊道："不要搜了，不要搜了，都给我过来！"

听到喊声，何斌、厨师、马夫、杂工和卫兵们相继围拢过来。

普特曼指着墙头："郑芝龙那小子翻墙跑了。"

"不可能吧？这围墙这么高。"大家都很惊愕。

普特曼拍了拍那狼狗的狗头："豹子叼着我的浴巾，把我领到这里来，一直朝着墙顶吠叫，它一定是看到那小子从这墙头跳到墙外。"

那狼狗真是善解人意，听普特曼这一说，再次朝着墙顶狂吠起来。

这下大家信了。

"备马！"普特曼下令。

"备几匹，长官？"马夫问。

普特曼喝道："三匹。"

马夫应道："是，长官。"

普特曼指着两个卫兵："你们两人跟我去追，其他人看好房子。"说着，自已跑上楼，穿上衣服和皮鞋，带上佩剑和手铳。

马夫很快牵出三匹备好鞍子的骏马。

两名卫兵很快都穿好军服、带好武器，手举火把待命。

普特曼领着他们骑上马背。

杂工一打开大铁门，那条狼狗即刻冲出门外，绕到郑芝龙跳墙的墙下，拱起鼻子在地面上一嗅再嗅，捕捉到那气味之后，便循着那足迹朝前搜去……

普特曼和两个卫兵骑在马上，紧紧地跟在那狼狗后面……

跳出高墙的郑芝龙人一站定，才发现自己赤裸着上身和双脚，在这夜间的旷野里很不安全；现在唯一的去处是筑堡工地上的茅屋，那里有百多号一起从澳门来的工友，可以向他们借到衣服，还可以躲它一躲，然后再设法逃出这荷兰人占据的巴达维亚。

郑芝龙定下心来，便沿着上午乘马车走过的那条林间大道，光着脚板朝着筑堡工地奔去。

一钩弯月挂在天边，缕缕薄雾散在林间；路上不时有大蛇、小蛇爬来窜去，林木后面偶尔传来几声虎啸。他边跑边留意着地面，避免被蛇虫咬伤，很快就来到工友们住宿的那排茅屋前，用树上的落叶擦去脚下的泥土，悄悄溜进方阿贵所住的房间。

经过一天的劳累，工友们全都沉沉地睡着了。

郑芝龙借着窗外透进来的依稀月光，从阿贵枕头边的包袱里取出一套对襟汉服，穿在身上，再套上那双乡下老式的新布鞋，然后轻轻地坐到木料铺成的地板上，寻思如何躲过这一劫难，想着想着，不禁打起盹来。

正当他即将入睡之际，忽听到屋门外响起狼狗的狂吠声。郑芝龙一惊，猛站起身，那狼狗已经冲进屋里，直扑过来……

看到狼狗已经找到目标，普特曼即刻翻身下马，命令随行的一个卫兵："快，快把麦丁少尉叫来。"

"是，长官。"那卫兵即刻向监守工地的营房奔去。

普特曼再命另一卫兵："你在门前把守，不许逃出一人。"说着，左手接过卫兵的火把，右手拔出腰间的佩剑，踩上台阶，踏进郑芝龙藏身的房间。

房内沉睡的华工被狗吠声吵醒了。

当他们睁开眼一看，全都惊愕不已，大家纷纷站起身来，躲到屋角。

这时，郑芝龙和那狼狗已经打将起来。

普特曼既怕凶猛的狼狗伤了他花钱买来的“仆欧”，也怕勇猛的芝龙伤了他的爱犬，赶紧连声唤道：“豹子，豹子，别咬了，快过来。”

那狼狗极不情愿地放下郑芝龙，返回主人的身旁。

普特曼摸了一下狼狗的狗头，跨前两步，将手中的火把在郑芝龙面前晃了晃，轻蔑地说：“怎么样，还跑吗？”

郑芝龙气得七窍生烟，本想冲过去拼个死活，忽又强忍下来。

“还是乖乖跟我回去吧！”普特曼换了另一种口气。

郑芝龙不予回应，只是两眼紧盯着普特曼手中那把利剑和身旁那条恶狗，寻思脱身之计。

“还想逃吗？”普特曼显然看出他的心思，继续劝道，“别瞎想了，逃是逃不了的，我待你不错嘛。只要你顺从我，其他事都好说，还是乖乖跟我回去吧。”

躲在屋角不知就里的方阿贵，看到郑芝龙身处险境，忽然灵机一动，从土墙上抠出一块土疙瘩，暗地里朝着那狼狗猛掷过去，恰巧击中它的鼻尖。

这狗鼻子在狗身上算是最灵、可也是最弱的部位。那狼狗被打中鼻头，痛得嗷嗷直叫。就在这一刹那间，郑芝龙双手一展，双脚一顿，一招白鹤亮翅，飞身跳出后墙的窗户……

一切发生得那样突然，普特曼不禁一愣，待他定下神来，郑芝龙已不见踪影。

“抓住他，抓住他！”普特曼高声狂呼。

随着这呼喊，那狼狗奋力一跃，像箭一般也从后墙的窗户穿了出去……

逃出茅屋的郑芝龙，借着跳窗的余力，脚一着地便快步如飞，奔向屋后不远处的树林，跑着跑着，很快就听到身后的狗吠声。他边跑边咬着牙，心想如不将这畜生做掉，自己就无法脱身，于是便渐渐放慢脚步，待到那急追的狼狗扑上来，才猛一转身，迅捷出掌，把那狼狗打翻在地。

岂料这狼狗身架壮实，禀性刚烈，它身子一着地便乘势翻滚，瞬时滚出老远，最终竟四脚站立起来，一边后退一边仰起头狂吠。

郑芝龙正要再次出手，四周忽然响起嘈杂的喊声："抓住他，抓住他！"紧接着，普特曼和麦丁领着两个手持火把的卫兵和四个监守工地的士兵，已经围拢过来。

"我不是说过了吗，你是逃不掉的。"普特曼强压住心中的怒火，继续劝道，"还是乖乖听话，跟我回去。"

"哼！"郑芝龙鼻子一翘，举目扫视，只见这八个荷兰人全都亮出利剑，麦丁带来的四名士兵每人肩上还挂着一捆绳索，不知作何用场。

"就这样束手就擒？"

"不行，绝对不行。"

现在上有衣服遮身，下有布鞋护脚；四周尽是树林，况且又在夜间……

这时所缺的就是那……那……

郑芝龙决心一下，便装出一副可怜相，走到普特曼跟前，深深鞠了个躬，哀求道："长官，我求求你了，求你放了我吧！"

"你说什么，放了你?!"普特曼板起脸孔质问。

郑芝龙继续道："是啊，我不敢跟长官回去，求求长官让我继续在工地上做工。"

普特曼问道："为什么？"

郑芝龙低下头，眼睛却盯着普特曼持剑的手："我害怕。"

普特曼不解："害怕什么？"

郑芝龙嗫嚅地说："我害怕，我害怕回去大人又要污辱我。"

"污辱，什么污辱呀?!"普特曼哈哈大笑，"我那是疼爱你啊！"

随着那笑声，郑芝龙突然一招"浪子蹴球"，踢飞普特曼手中的利剑，纵身接住。

看到长官的兵器被抢，训练有素的荷兰官兵个个怒气冲天，挥剑紧围过来，七把剑的剑锋，直指郑芝龙。

郑芝龙则紧握抢来的利剑，摆开架势，准备突围。

一场溅血的拼杀一触即发。

迅捷退到一旁的普特曼见状，紧急下令："快用套索，务必活捉。"

"套索？"刚学会荷兰语的郑芝龙没听懂这套索指的是什么。

他这一迟疑，两名监守工地的士兵已经把利剑传给了普特曼和麦丁，腾出手卸下肩上的绳索，一头紧套在左手腕上；一头用右手顺势甩开，那绳头的索圈即刻飞向郑芝龙。

“哦，原来这就是套索。”郑芝龙不慌不忙，待那索圈飞到面前才快速出剑，心想这一剑准定会将那套索切断。

不料那套索一接触到剑刃就弹开，分毫未损。

郑芝龙正想再劈它一剑，另一条套索的索圈已经从他的背后飞到他的头顶。

“哇，这么厉害。”郑芝龙急转过身，躲过索圈；原先的一条套索又迎面打来。

自小习练武艺的郑芝龙，从未遇到过这种不是兵器的兵器。他使尽浑身解数，上遮下挡，左冲右突，想尽办法要脱开它们的纠缠。

那两条套索却像游蛇一般，在他的头上脚下、身前背后，飘摇不定，窜来窜去，时不时蜇他一下，咬他一口，连那把抢来的利剑都被打掉。

“中！”随着普特曼一声猛喝，一道圆圆的索圈从郑芝龙的头顶落下，抛索的士兵发力一收，把他拦腰套住；其他士兵冲上前去，用那条套索将他捆绑起来。

“怎么样？”普特曼走到他跟前，“我早就说过，你逃不掉的，你偏不听话，现在怎么样，你还能逃吗？”

从吸闻那特配香药开始，整整一夜，郑芝龙已经被折磨得精疲力竭，他闭起双眼，一句话都说不出来。

“别闭着眼睛，”普特曼用手拍了拍他的脸颊，“睁开眼看一看。”

郑芝龙无奈，勉强地撑开眼皮。

“你知道这是什么？”普特曼用剑锋指着捆在他身上的那条绳索，“这是我们仿照大船泊岸时所用的飞钩绳特制出来的。”

“飞钩绳？！”郑芝龙有点不明白。

“对，”普特曼说，“就是把飞钩绳绳头的铁钩去掉，换上套人的索圈，专门用来捉拿逃跑的劳工。”

“捉拿劳工！”疲惫不堪的郑芝龙听到这里，不禁又怒火中烧。

普特曼看他注意在听讲，继续说道：“告诉你吧，这套索可厉害呢，你并不是头一个被它撂倒的。”

“哼！”郑芝龙横下一条心，“我跟你死拼到底。”

“明白了吧，”普特曼笑了笑，随即下令，“来一辆平板车。”

监守工地的士兵即刻跑到兵营边上的栈房里，拉出一辆运载石料用的四轮平板车。

普特曼剑指芝龙：“把他给扔上车。”

两个士兵一个托肩、一个抱腿，将浑身被套索捆牢的郑芝龙抬上平板车，再用另一条绳索绑住车头的拉杆，挂在一匹卫兵骑用的马鞍上。

“带走。”普特曼再次下令。

两名卫兵随即上马。手举火把的卫兵在前，拉车的卫兵在后，沿着林间大道，朝着普特曼的官邸走去。

普特曼自己也跨上马背，接受麦丁和工地上四名士兵的敬礼后，勒转马身，带着他的爱犬“豹子”，紧跟在那辆平板车后面。

回到官邸，漆黑的暗夜已经现出鱼肚色。

郑芝龙先被扣上手铐、脚镣，才被解开身上的绳索，而后被锁进楼房底层的囚室。

折腾了一夜的普特曼也已疲惫不堪，在浴室冲了个澡，便上床睡觉去了。

第二天，普特曼直睡到中午才起床，午餐后，命何斌带两名卫兵将郑芝龙押到厅堂。

戴着手铐、脚镣的郑芝龙一见到普特曼，满腔怒火又熊熊燃起。

“你知罪吗？”普特曼坐在交椅上，猛拍案桌喝问道。

“我有什么罪？”郑芝龙给顶了回去。

普特曼：“依据我东印度公司的律法，逃跑的劳工要受鞭刑，知道吗？”

郑芝龙：“你要鞭就鞭。”

普特曼：“好，那我再告诉你，叛逆的劳工要受绞刑。”

郑芝龙：“我没叛逆。”

普特曼：“哼，你没叛逆？”

郑芝龙：“我只是要求回工地做工。”

普特曼：“你不可以回工地做工，你只能在这里服侍我。”

郑芝龙："为什么？"

普特曼轻蔑地说："因为你是我花钱买来的男仆。"

郑芝龙顿感惊讶："什么男仆？"

普特曼有些轻佻地说："男性的奴仆。"

"不，不，"郑芝龙气得差点把手铐挣断，"我不是你的男仆，我是工头，雷克先生讲明聘我来当工头的。"

普特曼冷冷一笑："雷克，不错，雷克上尉买下你当工头，但他已经把你转卖给我了。"说着，顺手从桌下的抽屉里取出一份契约文书："这是你的卖身契，上面写明，你自愿以八十两银的价钱卖身给荷兰东印度公司。"

"啊?!"郑芝龙大惊失色，双腿发软。

看到郑芝龙即将瘫倒，站在一旁的何斌想要上前去扶他但又不敢，只能埋下自己的头，深深地叹了口气。

怒气冲心陷入半昏迷状态的郑芝龙，终于缓转过来，他摔着手铐指着普特曼："这契约我不认。"

"你能不认吗？"普特曼站起身走到他跟前，拿着那份文书在他面前晃了晃，郑重地说，"这契约上有你亲自按下的手印。"

郑芝龙双脚戴着脚镣直跳："你们骗人，你们骗人！"

"别这样，郑芝龙，"普特曼见火候差不多了，口气转缓劝道，"你还是顺从我吧，只要你好好服侍我，我是不会亏待你的。"

郑芝龙怒道："不，你们骗人。"

"不是我们骗人，是你自己上钩，"普特曼笑了笑，"八十两白银在你们家乡不是一个小数目啊！"

"你……"郑芝龙气得咬牙切齿。

"我怎么啦？我对你很好嘛！"普特曼继续劝道，"昨天我还特别交代厨师为你准备好午餐和晚餐。我是讲求信誉的，只要作出承诺，都会照办，你还是好好服侍我吧。"

"不，我是一个男子汉，"郑芝龙坚决应说，"我绝不那样服侍你。"

"你敢？"普特曼威吓道，"你的人身属于我，我要你活，你就能活；我要你死，你就得死。"

郑芝龙冷冷道："你愿意怎么样就怎么样。"

普特曼有点不信："你不怕死？"

"不怕。"郑芝龙斩钉截铁。

"来人，"普特曼发火了，"把他给我拖到刑场。"

"是。"两个卫兵架起郑芝龙，将他拖出厅堂。

站在一旁的何斌浑身发颤，把自己的头埋得更低……

刑场在城堡工地后面的土坪上，设有鞭笞台和绞刑台，专门用来刑罚劳工。

凡是"偷懒者""抗命者""逃跑者"，都被捉到这里，剥光衣服，脸朝下地绑在鞭笞台的粗重木凳上，裸露臀部和背部，按照"罪行"轻重，处以五至五十鞭笞。

在逃跑中敢于反抗、打死打伤荷兰士兵者，则被视为"叛逆"，抓到后立即押到这里，拖上绞刑台，处以绞刑。

郑芝龙被押到这刑场，抬头一看，一台绞架就在面前。

那穿过滑轮的绞索，一头垂在横梁下，一头扎在木柱上；那套绞人头的索圈，在微风中轻轻摇荡。

"我就这样去死……"郑芝龙心中一惊，玉桃和父亲、母亲、继母、芝虎、芝凤、芝豹的身影，接连在脑际闪现……

跨下马鞍的普特曼看他那神态，挥起马鞭指着那绞架："这绞架绞过不止十个罪犯，你也愿意上去吗？"

郑芝龙咬着牙，不予应答。

普特曼转颜劝道："只要你顺从我，我就可以免除你的绞刑。"

"不。"郑芝龙一口回绝。

"你……"普特曼被激怒了，"来人，把他送上绞架。"

两个卫兵即刻架起郑芝龙，拖上绞刑台，松开扎在木柱上的绞索，拉下索圈，套到他的脖子上。

第十七章 设巧计何斌相助

突然，从绞刑台后爬出一个人来……

普特曼和卫兵一愣，那个人已经穿过台面，跳到土坪上，跪在普特曼跟前，连连磕头求道："大人，普特曼大人，且慢用刑，且慢用刑！"

普特曼仔细一看，甚感惊讶，责问道："何斌，我没叫你，你怎么跑到这里来了？"

何斌："请长官恕罪，我是远远跟在长官后面来的。"

普特曼："这是违反律令的，你知道吗？"

何斌："知道，知道。"

普特曼："那你为什么要这样做？"

何斌："我是来为郑芝龙求情的。"

普特曼暴怒："为这叛逆罪犯求情，你竟敢如此大胆。"

何斌："我也是替长官着想。"

普特曼："你为他求情，还能是替我着想？"

何斌："长官，你花了钱把他买来，还没享用就给他上刑，你那些金钱和心神岂不白费？"

普特曼："他死不顺从，我能不给他上刑吗？"

何斌："如果他顺从呢？"

普特曼："不可能，你看他上了绞刑台都还不肯顺从。"

何斌："我能劝说他顺从长官。"

普特曼乍一听，不敢相信，"你说什么，何斌？"他瞪起那湛蓝的眼睛问道。

何斌郑重地说："我能劝说他顺从长官。"

"噢?!"普特曼依然信疑参半，把手一抬，"站起来，好好说说。"

何斌站起身，俯在普特曼耳旁，一阵叽里咕噜……又一阵叽里咕噜……

普特曼先是摇头咂嘴，继而默然倾听，最后点了点头，随即下令："把郑芝龙给我押回去。"

囚室设在楼房底层的后部，隔着一段丈来宽的草坪，就是卫兵们所住的平屋。

天还没暗，何斌就抱来一大捆稻草和棕毛，铺在囚室的地面上；还带来两套自己用过的汉装旧衣，既可换穿又可当被；紧接着又送来几团竹叶包着的米饭、一只削去壳顶的椰果，和一小盘牛肉。

郑芝龙手铐已被卸掉，脚镣却仍被扣在脚上。刚从鬼门关里被拉出来的他，像是变了个人，神情木然地紧盯着何斌。

"来吧，芝龙兄弟。"何斌用闽南语招呼道。

郑芝龙站在屋角，毫无反应。

"吃吧，"何斌继续用闽南语亲热地劝说，"你饿了大半天，该吃饭了。"

郑芝龙依然站在屋角，一动也不动。

何斌看他不肯过来，先捧起那只椰果走了过去，送到他面前："你受惊了，芝龙兄弟，先喝口椰汁安安神。"

郑芝龙双手直摇，往后直躲。

何斌的眼眶全湿透了，他上齿咬着下唇忍住泪，满怀怜恤地拉起郑芝龙的手，恳切地说："芝龙兄弟，你别怕，我不会害你的。"

郑芝龙用疑惑的眼神盯视着何斌。

"来，这椰子刚削开，还很新鲜，你先喝它一口吧！"何斌说着，将那椰果放进他手中。

郑芝龙畏怯地接过椰果，凑到嘴上喝了一口椰汁，感到无比甘甜清凉，咂了咂嘴又接连喝上三四口，心中的恐惧不觉减去了几分。

何斌看他已经回过神，转身把饭团和牛肉也送到他跟前。

郑芝龙确实饿了，他踌躇片刻，最后还是壮着胆子坐到棕毛上，拿起饭团，解开竹叶，大吃起来……

何斌站在一旁，看着他狼吞虎咽，悄悄拭去自己眼角的泪珠，脸上现出了欣慰的笑容。

郑芝龙把饭团和牛肉吃得一点不剩，将椰果里的椰汁喝个精光，整个人又精神起来了，他站起身疑惑地问："何斌大人，你为什么要对我这样？"

何斌即刻板起脸："芝龙兄弟，你以后不要再称呼我'大人'了。"

郑芝龙感到奇怪："为什么？"

何斌摇头："因为我不是什么'大人'。"

郑芝龙追问："你在这官邸里担任通事，为什么不是大人？"

"因为……"何斌的眼眶又全湿了。

郑芝龙看他那样子，感到奇怪："那你是？……"

何斌噙在眼里的泪珠在眼眶里打转……

"你，你，你怎么啦？"郑芝龙慌了。

"我，我，"何斌颤抖抖地拉起芝龙的手，"我跟你是一样的啊！"

芝龙紧握着何斌发颤的手："你怎么会跟我一样呢？"

"我，我也是被卖到巴达维亚来的呀！"何斌两串泪珠猛然夺眶而出，滴落在棕毛和稻草上。

"啊?!"芝龙大感惊讶，"你怎么会被卖到这里？"

"你听我说，芝龙兄弟，"何斌强忍住泪，"我祖家在南安水头……"

"你是南安人?!"芝龙先是一愣，接着手指自己的鼻子，说，"我是南安石井的，你知道吗？"

"前天头回见面听你讲闽南话，我就听出你是南安人，当时不敢相认。"何斌应道。

"真想不到，真想不到。"芝龙叹了口气，再问，"那么，你是自己一个人跑到这里来的？"

何斌百感交集地说："不是的，是父亲先来这里。当年因家乡穷困，父亲一心想出洋闯荡，十七岁就跟着安平一个大头家，万里迢迢到了苏门答剌的旧港，本想几年后能赚到一笔钱，却不料那头家对伙计十分苛刻，父亲熬到二十二岁还没钱回乡成亲，不得不娶了当地的番婆，第二年生下我。"

"哦，还是番婆生的呢！"芝龙甚感新奇，仔细端详着何斌，见他细眉大眼，唇厚齿白，黑发浓浓，鼻梁高高，两颗眼珠乌乌亮亮，面容十分姣好。

何斌擦去脸上的泪痕，继续说："父亲在家乡读过几年私塾，从小就教我读书写字，一家人日子虽不宽裕，也还过得和和洽洽。万想不到我十三岁那年，他的头家生意失败，欠了人家好多债，丢下店铺和伙计，不知逃到哪里去了，店里的存货和铺面，被几个债主全卖光。父亲丢了饭碗，抑郁成病，接着又害起寒热症，有时冷得浑身颤抖，有时热得全身冒汗，吃了许多药，还是好不了，最后瘦成皮包骨，死在病床上……"说到这里，不禁又呜咽起来。

芝龙被何斌的苦命触动，禁不住伸出手抚摩他的肩背，深深叹了口气："唉！"

何斌接着说："母亲在城里待不下去，只得带我到乡下，靠种地维持生活，整整熬了三年，到十六岁才让我回旧港做工。"

"做什么工？"芝龙问道。

"在码头上当苦力。"何斌应说。

芝龙问："年纪那么小，就去当苦力？"

何斌叹气："没办法呀，别的事找不到。苦力实在苦啊，我天天搬呀、扛呀，腰脊骨都快给压断了，一年下来，也只积攒了三块洋银。第二年我忍不住，下工后顾不得休息，四处打听，想另外找个事做，可就是没找着。有一天上午我去上工，码头上围着很多人在看热闹，我禁不住钻到前头，原来是一艘荷兰的大战船刚刚泊岸，从船上下来一个长官，身后跟着八个卫兵和一个当地通事。那时，荷兰船常来旧港，但像这样气派的我还是头回见到。正当我感到新奇之时，那荷兰长官竟一直走到我面前，我正想躲开，跟在他身旁的通事一把将我拉住，用当地土话问我的姓名和来历；我也用当地土话一一作答……"

"那长官准定是看中你了。"芝龙插嘴说。

何斌嗫嚅着："我就这样被他用六十块洋银买下……"

正要再说下去，这官邸里的杂工手拿一支蜡烛来到囚室门前，操荷兰语问："何斌通事，我们都吃过晚饭了，你呢？"

"我就来，我就来。"何斌连忙用荷兰语应道，顺手捡起椰壳和盘子，向郑芝龙使了个眼色，转身走出门外。

一个卫兵紧接着过来，将铁栅门锁上。

第二天，普特曼照常带着何斌，乘着马车前往各工地巡察。

那马车一上路，普特曼便开口问道："昨晚你和郑芝龙谈得怎么样啊?"

何斌："已经遵照长官的吩咐，一再劝说他。"

普特曼："他呢?"

何斌："这个人性子刚烈，一时还没说动。"

普特曼："我只答应你三天。"

何斌："我记住了，三天之内，我一定使郑芝龙顺从长官。"

普特曼："如果他再不顺从，我将毫不留情绞死他，明白吗?"

何斌："明白，不过长官也不要过于着急。"

"不是我着急，"普特曼又发火了，"是你作的保证。"

"是的，大人。"何斌连忙应说。

普特曼："你要是违反了自己的保证，三天后也要同时受到刑罚。"

何斌："我知道，长官，我绝不会让你失望。"

普特曼："好，那我就等他三天。"

傍晚巡视完毕回到官邸，何斌先服侍普特曼盥洗、用餐，然后自己吃过晚饭，回房间拿上烛台，点亮蜡烛，来到囚室门前。把门的卫兵当即打开铁锁，推开铁门。

何斌将烛台放在门边的地面上，走进室内。

坐在稻草上的郑芝龙立即站起身，鞠了个躬，操闽南语："何斌……大人!"

"我不是跟你讲过了吗?"何斌很不高兴地应说，"不要称呼我'大人'。"

芝龙："那……"

何斌："你就称我兄弟好了。"

芝龙："这怎么行?"

何斌："我说行就行。不过，如果在他们面前讲洋话，你自己看着办。"

芝龙："遵命，遵命，我现在就称你何斌兄弟好啦。"

何斌："这就对了。坐吧，坐吧，我们坐下来谈。"

芝龙："好。"

两个人于是盘起腿，坐在地面的稻草上。

“何斌兄弟，”芝龙没等何斌开口便问道，“你被那荷兰长官买下来，过得怎么样?”

“怎么说呢……”何斌沉吟片刻，“这长官名叫查理士，是一支小舰队的司令，他把我带到这巴达维亚，第二天晚上就用迷魂香将我迷倒，占了我的身子。”

“啊?!”芝龙咬牙切齿，“原来他们都是妖魔。”

“为了使我服服帖帖地侍候他，”何斌继续说道，“查理士给我吃好穿好，让我寄钱给我母亲；可就是硬把我缚在他身旁，不给我丝毫自由，还经常整夜整夜地折磨我……”

“你不会逃出去?”郑芝龙问。

“怎么逃呢?”何斌反问道，“他们管得这么严，而且逃跑被抓回来是要受刑罚的。我从小胆子就不大，又没有学过武艺，几番谋划好了，最终还是放弃。”

芝龙捏拳击掌:“哎呀，你真是……”

何斌叹道:“没办法呀，芝龙兄弟。后来我经不住查理士的折磨，去年大病了一场，病后身体虚弱。查理士看我无法再满足他的兽欲，就把我转送给普特曼当通事。”

芝龙眼珠转了转:“那你现在还想不想逃出去?”

何斌:“当然很想。但我人单势弱，不敢贸然行动。前天晚上你竟然能逃出这官邸，虽然最后再被抓回来，我心中却已重新燃起了希望。”

芝龙:“真的?”

何斌:“真的，芝龙兄弟，那天我已经看出你胆量很大，武艺很高；不足之处是缺乏周密谋划，对周围的环境又不熟悉；我一直在想，只要我们两人通力合作，准定能逃出这魔窟。”

芝龙:“你想出办法了?”

何斌:“对，办法我已经想出来了，并且开始着手准备。”

芝龙:“好，你说说看。”

何斌:“这官邸人多眼杂，白天无论如何是逃不掉的；晚上又有狼狗守夜，翻墙出去也很容易被发现。”

芝龙:“没错。”

何斌:“现在最好的办法是……”说着，凑在芝龙耳旁一阵耳语……

芝龙听后，频频点头:“好办法，好办法。”

何斌:“不过，你如果还被关在这囚室里，这事就做不成了。”

芝龙:“当然。”

“该怎么做你才能被放出去，芝龙兄弟?”何斌问说。

芝龙一凛，板起脸孔反问:“你的意思是……我应该先顺从普特曼?”

何斌:“对。”

芝龙一巴掌甩了过去，愤愤骂道:“原来你是普特曼派来的走狗!”

何斌捂着脸颊:“不是的，不是的，芝龙兄弟，你千万不要误会，你听我说……”

“你们在干什么?”囚室门外传来普特曼的喝声。

何斌急忙站起身，到普特曼跟前鞠了个躬:“长官，我们正在交谈呢。”

“谈好了吗?”普特曼再问。

何斌回答:“快谈好了，长官。”

普特曼道:“时候不早了，明天再谈吧。”

“是，长官。”何斌边应着边拿起地面上的烛台，走出囚室，卫兵随即关门加锁。

郑芝龙一直坐在原来那地方，怒目以对。

回到自己的房间，何斌搁下烛台，摸着被扇肿了的脸颊，呆呆地坐到小床上。

“想不到郑芝龙会这样出手打人……

“算了，算了，别管他了，自己走吧……

“不，不，我一逃走，芝龙他就死定了，这岂不是想帮他反而害了他，在这生死关头我可以这样做吗?

“不这样做又怎么办呢?他性子如此暴烈，不愿屈身顺从；普特曼更是杀人不眨眼，说杀就杀……

“难道芝龙这条命就这样白白送掉?他没有父母?没有家眷?没有任何牵挂?就这样为赌口气情愿死在这异国他乡?

“不可能!不可能!!……”

何斌时而躺在床上，时而下床徘徊；时而拍拍头壳，时而摸摸后墙……一整夜都没睡着……

第二天上午，普特曼要参加一个会议，临行时再次叮嘱何斌，必须在这一天内叫郑芝龙顺从，逾时绝不宽容。

何斌思来想去，还是硬着头皮，来到囚室。

郑芝龙吃过早饭，正半躺在稻草和棕毛铺成的“地毡”上沉思，一看到何斌出现在门前，猛地站起来，喊道：“你不要进来。”

何斌一愣，刹住脚……一想，又迈开步子……

“你不要过来，”郑芝龙挥舞起双拳嚷道，“你再过来，我就打死你。”

“你要打，你就打吧。”何斌全然不顾他的警告，仍然向前走去。

看着何斌一脸铁青，步步逼近，郑芝龙反而有点害怕。他捏着拳头，步步后退，直到屁股撞上墙壁才站定。

“打吧，”何斌将脸颊凑到他跟前，“你再打吧。”

芝龙扬起手，却打不下去。

何斌问道：“怎么啦，不敢打了？”

芝龙发火：“你有话快说，有屁快放。”

何斌板起脸孔：“好，我先问你。你说我是普特曼的狗，对吗？”

芝龙一时语塞：“这，这……”

何斌冷笑：“答不出来了？那我再问你，我是你的什么东西？”

芝龙喃喃道：“你，你……”

何斌叹了口气：“芝龙兄弟，你还是答不出来，对吗？那我就告诉你，我是你的南——安——同——乡！是不是？”

芝龙勉强承认：“是。”

“在这远离家乡的异国，我会陷害你吗？”何斌问道。

“你替那妖魔说话，要我顺从他。”芝龙给顶回去。

何斌正色道：“不错，我是劝你先顺从普特曼，然后我们再一起逃出这魔窟。”

芝龙斩钉截铁：“顺从普特曼，我做不到。”

何斌忙问：“为什么？”

芝龙慷慨激昂："男子汉可杀不可辱。"

"有这气节，我很钦佩。"何斌恳切地说，"不过，还有一句古话，不知你听人家说过没有？"

芝龙问道："哪一句古话？"

何斌语重心长："大丈夫能屈能伸。"

芝龙不觉跟着细声念道："大丈夫能屈能伸……"

"对，能屈能伸才是大丈夫。"何斌继续劝道，"芝龙兄弟，你年纪还轻，来日方长啊！我昨晚想了一夜，只要你能走出这囚室，就能逃出这魔窟，将来必定会大有作为。"

"大丈夫要能屈能伸!？要能屈能伸……"郑芝龙在心里反复琢磨着……

何斌看他已经有所领悟，便靠前一步，在他耳旁轻声细语叽里咕噜一番……

郑芝龙听后，频频颔首……

第十八章 小飞龙再拜恩公

当天下午普特曼回到官邸，何斌即刻迎上前去，将他扶下马车。

“那个郑芝龙怎么样啦?”普特曼问道。

何斌恭谨地说:“他愿意顺从大人了。”

普特曼急切地问:“当真?”

何斌说道:“这年轻人刚到爪哇，不晓得我们荷兰东印度公司的风尚，其实能得到长官的宠爱是很幸运的。这几天我一再劝他，终于使他明白过来。”

“这就好，”普特曼点了点头，“现在他人呢?”

何斌说:“还在囚室里。”

“走，看看去。”普特曼说着，与何斌一起来到囚室。

卫兵打开铁门，一股酸臭味迎面扑来……普特曼赶紧掩起鼻子，后退了两步。

“长官你别进去了，”何斌说着，走进囚室内，喊道，“郑芝龙，过来!”

郑芝龙站起身，拖着脚镣，一步步挪到铁门旁，朝着普特曼深深鞠了个躬:“普特曼长官!”

普特曼一听那话音里饱含悔愧之情，再一看他面容憔悴满身污垢，禁不住心生怜意，却依然板起脸孔，粗声粗气地问道:“怎么样，郑芝龙，你还想继续住在这囚室里吗?”

“不，不。”郑芝龙连忙应说。

“为什么你会被关进这囚室?”普特曼再问。

郑芝龙哈着腰:“都是我的错，都是我的错，长官。”

普特曼:“知错就好。”

郑芝龙："我知道错了，请长官多多原谅。"

普特曼："那你愿意顺从我啦？"

郑芝龙："愿意，愿意，我愿意顺从长官。"

普特曼感到满意："这就对了！"说着，转身交代何斌与守门的卫兵，"你们带他到澡棚里好好洗个澡，换上干净的衣裳。"

"遵命，"何斌应道，随即将郑芝龙带出囚室，指着他脚上的铁镣，叩问，"这脚镣是不是把它卸掉？"

"且慢，"普特曼摆了摆手，"等洗过澡了再说。"

"是。"何斌应着，和卫兵一起将郑芝龙押往大楼后面的澡棚。

回到寝室，普特曼自己解下佩剑，卸下军装，在浴室里洗了个澡，穿上便服，躺在摇椅上，点燃一支雪茄，深深吸上一口，然后吐出一圈圈白烟……

正当他悠悠陶醉之时，门外响起了敲门声。

普特曼叫道："进来。"

何斌应声进房，禀道："郑芝龙已经洗过澡，换上了干净衣裳。"

普特曼道："你和卫兵把他带到我这里。"说着，继续吸着雪茄，吞云吐雾。

郑芝龙很快就被带来了。他一到寝室门前，便躬身谢道："感谢普特曼长官！"

普特曼坐起身一看，郑芝龙身穿一件彩色的连衣纱笼，把那姣好的容貌和肌肤映衬得十分迷人……四天前被迷倒在床上的那个美男儿，霎时在脑际闪现。他喜滋滋地朝着郑芝龙招手，连声唤道："进来，快进来！"

郑芝龙随声跨步进房，不料脚下的铁镣钩上门槛，一个趔趄，重重地摔倒在门内的地板上。

普特曼连忙上前要把他扶起，郑芝龙却连连摆手："不要紧，不要紧，长官，我自己来。"边说边用双手撑着地板，勉力欲站起身，却又被脚镣缠住，再次跌坐到地上。

"快，快把那脚镣解开。"普特曼对那卫兵下令。

卫兵从腰间掏出钥匙，打开镣锁，把铁镣收起。

被解开脚镣的郑芝龙屈身下跪，向普特曼连磕三个响头。

普特曼这才将他扶起："好啦，好啦！"随即交代何斌，"今晚的晚餐就送到我这里。"

天开始暗下来了。

何斌领着厨师将一席双人份的丰盛晚餐连同一瓶洋酒，摆到普特曼寝室的小餐桌上，顺手将烛台的蜡烛点亮，然后退下。

普特曼在餐桌旁坐下，招呼郑芝龙："来，坐，坐！"

郑芝龙畏怯地说："小的不敢。"

普特曼问道："有什么不敢？"

郑芝龙继续装："小的是犯错之人。"

普特曼显得很大度："犯了错改了就好嘛，来，来，坐下。"

郑芝龙扭捏地说："长官肯原谅我，我已经很感激了，怎么敢……"

"怎么啦？"普特曼故意板起脸孔，"你不是说愿意顺从我吗？"

"是啊，是啊，"郑芝龙赶紧应道，"我是很愿意顺从长官的。"

"你如果真的愿意顺从我，"普特曼亲热地说，"就要坐到我身旁，陪我喝喝酒。"

"那么，小的只好遵命啰。"郑芝龙娇声应着，羞怯怯地坐到普特曼身旁的椅子上。

"这就对了！"普特曼边说边拔开酒瓶塞子……

郑芝龙连忙接过酒瓶，先给普特曼斟上一杯酒，然后给自己斟上半杯。

普特曼盯着他那俊美的面容，频频颔首。

郑芝龙举起杯子，亲昵地说："多谢长官顾爱，小的先敬长官一杯！"

普特曼呵呵直笑，跟着举起杯来："好，好！"

郑芝龙一饮而尽。

普特曼随之干杯。

这样杯来盏去，很快一瓶酒就喝光了。

带着三分酒意的普特曼兴致勃勃："再来一瓶酒。"

郑芝龙应了声"是"，站起身走出房门，从走廊上朝下喊道："再送酒来！"

“酒来啰!”随着下面的应声，何斌端着一个盘子，上面放着两瓶洋酒，送进厅堂，悄悄给芝龙使了个眼色，躬身退下。

郑芝龙打开一瓶新酒，给普特曼和自己都斟上一杯。

普特曼举杯，呷上一口，赞道:“好！这酒好。”

郑芝龙随之尝了尝，问:“长官，这酒和刚才那瓶酒比，味道不同啊!?”

“没错，”普特曼应说，“刚才喝的是白兰地，现在喝的是威士忌。”

郑芝龙听得不太明白:“威士忌?”

普特曼重复道:“对，威士忌，这酒才够劲呢。”

郑芝龙瞟了他一眼:“哦，原来是这样，那长官该多喝他几杯呀!”

“我喝，”普特曼一手举起杯子，一手搂起郑芝龙的腰，“来，亲爱的，你也喝。”

“好啊，”郑芝龙扭了一下腰肢，也举起杯来，亲昵地说，“请长官先喝。”

普特曼将杯口凑到嘴边，仰起头喝下大半杯。

郑芝龙陪着呷了一口，顺手叉起一片牛排，送到普特曼嘴边。

普特曼张嘴一咬，嚼了嚼就往肚里吞，随之将杯里剩下的威士忌喝光。

“长官真是海量啊!”郑芝龙夸赞道，再给普特曼斟满一杯酒。

普特曼被郑芝龙逗得心花怒放，他酒兴一发，每次都是大半杯大半杯地喝，结果两瓶威士忌还没喝完，就已经醉眼蒙眬……

“不喝了，我不喝了，亲爱的……”普特曼满脸通红，摇晃着脑袋喃喃而语。

“只剩这么一点，”郑芝龙把酒瓶送到他面前，“把它喝光嘛!”

普特曼摇晃着脑袋:“不喝了，再喝我就要醉倒了。”

“怎么会呢?”郑芝龙娇声劝道，“听说长官在海上，一次能喝三四瓶。”

“那是，那是，”普特曼色迷迷地伸出手，摸了一下郑芝龙的脸颊，“你怎么知道呢?”

“我当然知道啰。”郑芝龙说着，又给普特曼斟满一杯……

两瓶威士忌就这样全喝完了。

“亲爱的，我们上床吧!”醉醺醺的普特曼唠道。

“好咧!”郑芝龙边应着边扶起普特曼，一步步挪到床边，帮他脱下衣服，只剩一条内短裤，然后将他放倒在床上……

醉倒在床上的普特曼先感到郑芝龙在抚摩他的脸庞；接着解开他的上衣，抚摩他的胸膛……他心中阵阵陶醉，嘴里迷糊地唠道：“我心爱的……我心爱的……”渐渐进入半睡眠状态……

郑芝龙赶紧到靠窗的那张紫檀书桌前，上下探摸，很快就找到桌下的暗屉，扳开暗扣，拉出屉匣，那瓶迷魂香果然在里面。

他右手捏着那只小瓶子，回到床前，猛摇几摇，拔开瓶塞，凑到普特曼的鼻子下，用左手食指盖住瓶口，在普特曼吸气时放开，让香雾充分被他吸进，不致外溢；这样持续了六七次，料定普特曼在两三个时辰内醒不过来，芝龙才放胆溜出寝室，悄悄来到何斌的房间……

何斌已经暗中作好了一切准备。

郑芝龙一进入他的房间，立即解下连衣纱笼，换上何斌为他备好的对襟汉装，顺手将纱笼塞进备好的小包袱里。

何斌待他换好衣服，招呼道：“来。”

芝龙连忙上前。两人一起挪开那张小床，床后的墙壁下部有一片刚被刮光的墙面，一方砌在墙上的石块现了出来。

何斌低语：“这石块四周接缝的黏土，我已经把它铲掉了。”

芝龙大喜：“好，何斌兄弟，你干得真好！”

“这石块才开始松动，还要用力推。”何斌说。

“我来！”郑芝龙蹲下身，两只手紧贴在那石块上，使出劲，缓缓地将它推到高墙外，墙上即刻露出一个尺多宽的墙洞。

何斌唤道：“你先钻出去，芝龙兄弟。”

芝龙推辞：“不，还是你先。”

何斌忙道：“我还要整理房间，你知道吗？”

“好，那我就先来啰。”芝龙边说边伏下身子，双肩先穿过洞口，一个滚身翻出墙洞。

何斌拿起两只备好的包袱，递给洞外的郑芝龙，转过身将小床挪回原位，吹灭蜡烛；然后钻到床底下，一步步爬出墙外。

两人站定后，便一人一头把那石块托起，将墙洞重新堵上。

一轮圆月高挂在天空，椰林里荡着阵阵微风……

何斌在前领路，芝龙紧随其后，两个少年家身披皎洁月光，脚踏婆娑树影，朝向东方，急奔而去……

第二天早晨，普特曼官邸里，卫兵们和厨师、马夫、杂工都已经吃过早饭，还没见到何斌，大家都感到奇怪。

那位当杂工的爪哇人平时与何斌比较接近，便去敲他的房门，可一敲再敲，里面毫无反应；打开房门一看，不禁吃了一惊："人呢？"

杂工急忙向卫兵报告。

四个卫兵跟着来到那房间，果然不见人影；到院落里四处寻找，也没找到何斌。

大家开始紧张起来，赶紧到楼上要向普特曼长官报告，却不料任你怎么敲门，寝室里都没有应声。

砸门进去，谁都不敢；不砸进去，该怎么办？

有个卫兵想出了主意，自告奋勇从窗户爬了进去，仔细一瞧，长官还躺在床上呼噜酣睡，却没看到那个新来的仆欧。他大胆走到床前，轻轻摇动普特曼那硕大的身躯。

渐渐醒过来的普特曼还有点迷醉，他嘴里唠着"亲爱的"，一手就搭了过去。

"长官，长官！"那卫兵焦急地唤道。

普特曼艰难地睁开眼睛，一看，床前竟然是他的卫兵。

"你怎么擅自到我寝室里来？"普特曼厉声责问。

"长官，不好了。"那卫兵紧张地报告说。

普特曼喝道："什么不好？"

那卫兵急忙应道："何斌通事不见了，新来的仆欧也不知跑哪里去了。"

普特曼猛坐起身，左顾右盼，他的"新宠"既不在床上，也不在寝室里。

"啊！？"普特曼跳了起来，赶紧穿好衣服，在房间里搜索一番之后，急匆匆地跑下楼，卫兵、厨师、马夫、杂工和狼狗都在院子里等着他。

"搜，再给我搜。"普特曼下令。

从楼房到平屋，从前院到后院，上上下下，里里外外，搜过一遍又一遍，结果还是一无所获；卫兵牵着狼狗四处闻嗅寻踪，也没有寻出什么踪迹……

“他们是怎样逃出去的呢？”普特曼大感疑惑。

这官邸四面高墙，守夜狼狗又经过特殊训练，夜间不论是谁爬墙翻墙，狼狗一定会撕咬吠叫，卫兵们睡得再熟，也一定会醒过来……还有，郑芝龙昨晚和我一起喝酒，一起上床，相拥而睡，他什么时候溜走，我怎么毫无察觉……

“奇怪，他们是怎样逃出去的呢？”普特曼转问卫兵。

“我们也不知道，长官。”卫兵们应说。

普特曼寻思：“难道他们是飞出去的？”

卫兵们道：“不可能吧，长官。”

那爪哇杂工忽然想起，用手比比画画说：“对了，长官，清早天还没亮，我到厕所撒过尿，正要回房间，看到走廊里有两条人影，忽然又不见了；接着栏杆上出现两条小龙，张开翅膀，飞向天空……”

普特曼一听，拉下脸斥道：“你瞎说。人怎么会变成龙？龙怎么会飞上天空？”

爪哇杂工回道：“真的，长官，他们两人好像化成小龙，从走廊里飞出去……”

普特曼一巴掌甩过去：“你再乱讲，我打死你。”

爪哇杂工捂着脸，低下头，退到一旁，咬着牙轻声叨念着：“他们分明是化成小龙飞上天的……飞上天的……”

普特曼在官邸里遍寻不到这两人之时，何斌和郑芝龙正爬上一座小山岗。

红日刚从东边的海面上升起，光芒四射，山岗上一块大木牌显得格外耀眼。

何斌走到木牌前仔细一看，惊呼：“啊，马打兰!?”

芝龙不解：“什么马打兰？”

何斌激动地指着木牌上的文字：“你知道上面写的是什么？”

芝龙看那文字既不是中文，也不是洋文，摇了摇头：“不知道。”

何斌道：“这上面写的是当地土人的文字：马打兰。”

芝龙："马打兰是什么？"

何斌："马打兰是爪哇岛上最大的一个当地土著人王国。"

芝龙："爪哇不是被荷夷全给占了吗？"

何斌："不。现在爪哇岛中部和东部是这马打兰，西部还有一个万丹王国；荷夷只占领巴达维亚，但他们的势力已经控制了全爪哇。"

芝龙："那我们要赶紧离开爪哇才好。"

何斌："对，现在要先去三宝垄。"

芝龙："什么三宝垄？"

何斌："三宝垄是马打兰王国中部的一座府城。当年三宝公郑和下西洋曾到过那里，城内有一座三宝庙，港口常有中国船只来往。"

芝龙满怀感激："何斌兄弟，你想得真周到啊。"

何斌道："好啦，时候不早了，快走吧！"

于是，两个少年家迎着朝阳，继续沿着爪哇岛北岸前进……

日照四时暖，月出溪河清；田野草木翠，林间鸟雀鸣；海港樯如织，深山虎成群；挥汗不辞苦，勤作百业兴！

爪哇地土很好，当时已有不少来自中国南方的移民，投身于艰辛的垦殖和开发，当地通称他们为"唐人"。

何斌随身带有几块洋银和十几枚银角，费用不愁。他们两人昼行夜宿，一路上尽量借宿在唐人家屋，偶尔也到过爪哇人的阿答屋里歇脚……

第九天上午，他们进入三宝垄地界，街市里就传来阵阵锣鼓声。

"快，快去看看。"郑芝龙的好奇心又被勾发起来，拉着何斌往前直跑，很快就看到一支浩荡的队伍，朝向南边走去。

队伍最前头是敲锣的、打鼓的、吹唢呐的，紧接着是一乘四人抬的红顶大轿，再下来是四个骑马的大汉和十几个持刀的男丁，后面跟着一大群当地的唐人。

芝龙与何斌赶了过去，在街旁找了一位唐人模样的老者，叩问道："请问阿伯，这群人在做什么闹热？"

那老者把他们端详了一番，反问："两位该是从外地来的吧？"

“是啊，是啊。”芝龙应说。

“那我告诉你们，”老者指着那红顶大轿，夸道，“这是我们天朝来的大官，要捐银子给三宝庙，重塑三宝公的金身。”

“啊，三宝庙！”郑芝龙一听，喜出望外，向老者连声道谢之后，赶紧与何斌跟在那队伍后面，随着穿出市街，朝南直走，来到一处土坪。

土坪后面是一座庙宇，庙门上挂着一串丈来长的鞭炮；庙前临时设置的香案上，已经摆好香炉、烛台和供品；四名身穿道袍的庙祝正在那里恭候。

队伍一进入土坪就停步，四个骑马的大汉先下马，来到轿前，掀起轿帘，护着一位天朝官员出轿；跟在后面的人群随之围拢过去。

那官员健步走到香案前，从庙祝手中接过点燃了的三炷香，屈身下跪在蒲团上，举香默祷，三磕头，而后站起身，把三炷香插进香炉里……

“啊?!”在人群圈外观看的郑芝龙一声惊呼。

“你喊什么呀?”何斌埋怨道。

“他，他，”芝龙指着那官员，万分激动，“他是李旦大人!”

何斌问道:“什么李旦大人?”

芝龙应都不应，埋着头钻进人群，一直钻到圈子的最前面。

那官员转过身，抱拳宣布:“本人李旦，乃天朝子民，今日有幸来到三宝垄，瞻仰率领天朝船队七下西洋的三宝公圣庙。为表示对我中华天朝这位海上大帅的敬意，特献上白银四百两，作为重塑金身、重修庙宇之用。”

他的话音刚落，那四个汉子每人手捧一盘银子，来到香案前。

四名庙祝跪在蒲团上，举起双手，恭接四盘银锭。

庙门前顿时鞭炮震响，鼓乐齐鸣……

鼓乐声中，郑芝龙像箭一般地蹿到李旦跟前，扑通下跪，连连磕头:“李旦大人，李旦大人!”

李旦一愣:“你是什么人?”

芝龙仰起头，热泪滚滚:“小的是郑芝龙。”

“郑芝龙?!”李旦和那四个汉子同时惊呼。

“是啊，”芝龙拭去脸上的泪水，“小的是郑芝龙。”

李旦伸出手将他扶起，仔细辨认，惊喜交集:“芝龙，你怎么跑到三宝垄来呢?”

四个汉子纷纷围拢过来，拍着郑芝龙的肩膀，似骂非骂：“你这小子怎么到处乱窜。”

芝龙连忙下跪拜道：“四位大爷，请受小的一拜！”说着，又磕了个响头。

原来，紧随在李旦身旁的这四个人，就是三年前奉李旦之命在厦门大担海域救起郑芝龙的陈衷纪和李魁奇、刘奔、钟斌。

陈衷纪一把将芝龙拉起来，双手抱着他的双肩，端详一番之后，赞道：“三年多不见，变成一条男子汉了！”

这时，郑芝龙才想起，转过身四下张望寻视。

“芝龙兄弟，”已经来到他身旁的何斌唤道，“我在这里呢。”

芝龙拉着何斌到李旦和陈衷纪他们跟前，介绍道：“李大人，这位是我的好兄弟，名叫何斌。”

何斌当即跪下，向李旦磕头。

李旦把何斌扶将起来，满面笑容招呼道：“好啦，你们就跟着大家一起回大船去吧！”

第十九章 荷兰人占据澎湖

不知是何缘故，经历万事、统御千人的李旦，对无名小卒郑芝龙却记挂在心，这趟远航途中竟然萌发思念之情。船队经过厦门大担口，他就向陈衷纪反复提起当年救人的情景；船队泊靠澳门时，他又特意派钟斌上岸探寻，查问无果则颇感失望；如今却在这三宝垄意外重逢，使得他欣喜难名。

回到“新洋号”，李旦当即把郑芝龙带到他在舵楼底层里的舱房，坐定后上上下下、仔仔细细将这少年家端详了一番，无限感慨地叹道：“唉，三年多了……”

“是啊，三年多了，大人！”郑芝龙恭谨地应说。

李旦：“当时你跟我的船到澳门，不是说要找你的舅父吗？”

芝龙：“是的。”

李旦：“找到没有？”

芝龙：“没有。”

李旦：“为什么？”

芝龙：“他可能离开澳门到南洋去了。”

“哦！”李旦问，“那你呢，没回家乡？”

“没回去，”芝龙答说，“小的就留在澳门做工。”

李旦：“做什么工？”

芝龙：“在洋人办的铸炮厂里组装火炮。”

“在澳门那铸炮厂，”李旦大感兴趣，“做了多久？”

芝龙应道：“做了三年，大人。”

“三年！”李旦急切地再问，“那你懂不懂铸炮、装炮？”

“铸炮不熟，装炮很熟，还学会发炮，大人。”芝龙答道。

“好啊!”李旦极感振奋，拍案站起，继而又感疑惑，不禁问说，“既然是这样，你为何不留在铸炮厂却跑到爪哇来?”

“大人，”芝龙上齿咬着下唇，强忍悲愤，“小的在澳门受骗被卖到爪哇，这回是从巴达维亚逃出来的。”

“唉!”李旦叹了口气，“记得当初我曾经劝过你：在家日日好，出外朝朝难。你却说男儿志在四方，如今吃到苦头了吧。”

“是吃了苦头，不过，大人，”芝龙执拗地应说，“小的认为不应该遇难而退。”

李旦笑问:“不该遇难而退，那该如何?”

芝龙笃定地说:“男子汉应该知难而进。”

李旦眯眼看着他:“噢，为什么?”

郑芝龙明亮的眼睛闪射出坚毅的光芒:“因为知难而进才有希望成为一个强者，而遇难而退则永远是个弱者。”

李旦被这句答语深深触动，他盯着芝龙那张尚存一丝稚气的俊俏脸庞，问:“你凭什么这样说?”

芝龙应道:“我看荷夷就是这样。他们不畏艰险，历尽千辛万苦，从数万里外的欧洲来到东方，结果发了大财，成为强者。单单爪哇一地，就不知有多少我们唐人和当地土人在他们手下做工，有的甚至成了他们的奴隶。”

“芝龙，”李旦笑了笑，“看来，你很羡慕荷夷啊!”

“小的不是羡慕荷夷，”郑芝龙答说，“他们的欺诈和残暴是极其可恨的，但他们那种不怕牺牲、迎难而上的精神很值得我学。”

李旦微微颔首，继续问道:“不过，现在你正落难，连澳门铸炮厂恐怕都回不去，你想要怎么样呢?”

郑芝龙眼珠转了转，恳切地应道:“小的想跟随大人去经受磨炼。”

李旦瞥了他一眼:“你一心想当强者，跟随我就能达到你的目的?”

芝龙嗫嚅地说:“是。”

李旦连连摇头:“不，不，天下事很难预料，你别看我现在是个有钱人，你可不知道我这一路走来都是战战兢兢、如履薄冰啊!”

郑芝龙一愣，疑惑地问:“大人的意思是不愿收留我?”

“如果是这样，你怎么办？”李旦故意反问。

芝龙低下头，沉吟片刻，答：“大人如果不愿收留，我这就上岸，走自己的路。”

“好啊，你这小子，”李旦哈哈大笑，出手点着芝龙的鼻子，“那我就不让你上岸。”

郑芝龙一听，顿时明白，连忙下跪拜道：“多谢大人宏恩！”

李旦挥了挥手：“起来吧。”

“小的尚有一事相求。”芝龙仍然跪着。

李旦问道：“有什么事，站起来说。”

芝龙站起身，抱拳：“和我一起来的那个少年家，恳求大人也收留他。”

李旦问：“他是什么人？”

芝龙道：“他是我的好兄弟、好同乡，名叫何斌，这回是他用巧计帮我从荷夷的魔窟里逃出来的。”

李旦略感惊讶：“噢，他会用巧计？！”

芝龙应道：“是的，他原是荷夷的通事，会讲一口流利的荷兰语和爪哇的当地土话，可算是个人才。”

“好，叫他也留下。”李旦满口答应，随即带着芝龙走出舵楼，来到甲板上……

何斌正被水手们围住问七问八……

郑芝龙走过去把他拉到李旦跟前，激动地说：“我们都可以留下啰，快拜谢李大人收留之恩。”

何斌一听，喜出望外，扑通跪下，连声拜谢：“感谢李大人，感谢李大人！”

李旦道：“不必多礼，不必多礼。”

“是。”何斌应着，恭谨地站起身。

李旦随即将火长陈衷纪召来，交代说：“这两个少年家就交给你了，好好教他们学学航海本领。”

“遵命。”陈衷纪高兴地应道。

当晚，郑芝龙与何斌被安排在船首的水手舱里，和水手长钟斌住在一起。

翌日早晨，“新洋号”和船队的其他四艘海船相继升帆拔锚，兜起习习海风，缓缓离开三宝垄港码头，朝着东北方向，驶入大洋……

就在李旦离开三宝垄的前三天，一支负有特殊任务的荷兰船队，已经从东印度公司总部所在地巴达维亚起航。

自明万历三十年（1602年）荷兰联合东印度公司成立，荷兰人就把侵略魔爪伸向中国东南沿海，并于万历三十二年八月间入侵澎湖；当时福建巡抚闻讯，立即派遣都司沈有容进兵剿之，逼退了荷将韦麻郎。

但荷兰侵略者并不死心，在事隔十八年之后，现任的总督柯恩又派出一支舰队，联合英国人，远征中国，于今年六月初进攻澳门，不料却遇到葡萄牙军队和中国民众的顽强抵抗而告失败。舰队司令罗尔森乃率余部转占澎湖，并向总部求援。

柯恩一接到报告，十分恼怒。他深知中国特别是东部和南部沿海地区，不但物产丰富，劳力优秀，而且人口众多，市场广阔；葡萄牙人仅仅租借到华南一个小小的澳门，建立了和中国的直接贸易关系，就获取到巨额的利润，这叫人怎能不心热眼红?

这回，他派罗尔森上校率舰队与初到东方的英国人联合出征，原以为可轻而易举攻占澳门，进而扩大战果，占领更多的据点，以垄断对中国的贸易，万万想不到会败在葡萄牙人手下。

现在，罗尔森已经按照第二套方案，转到中国东南，并重新占领了澎湖，这算是对澳门战役失败的一个补偿。为了把这新的据点澎湖建成入侵中国的桥头堡，柯恩总督经慎重考虑，决定委派刚提升为少校的得力部属雷克前往支援，并进一步查清此次澳门战役失败的情况和原因。

雷克年轻时曾在柯恩的旗舰上服役，战斗勇敢，航务熟悉，而且善于谋划，曾多次到过中国沿海，前不久又在澳门探得不少情报，并招募到百多名华人劳工，深得公司上层的赏识，因而雄心勃勃。他一接到委派令，就意识到这项任务非同一般，执行得好，有望再次升迁，当即全力以赴，遵照柯恩的指示，抽调了两艘战舰和两只快船，挑选了麦丁少尉等一批精干的官兵和船员，组成支援船队，满载武器弹药、修船木料，和各种工具、用具，备足食物和淡水，携带当年韦麻郎绘制的台、澎海域地图副本，赶赴澎湖。

船队越过赤道，乘着强劲的西南季风，一个月风雨兼程，这一天傍晚绕过风柜角，进入澎湖湾，但见港内波平浪静，帆樯稀稀疏疏，一轮斜阳即将落入西海，把光辉铺洒在碧蓝的海面和金黄的沙滩上……

当船队的船员们陶醉在眼前这美景时，岸上已经响起了阵阵欢呼声。

正在督管当地劳工筑建城堡的荷兰士兵见到高挂着荷兰国旗的船队到来，当然是欢欣雀跃。

消息很快就传到远征军司令的耳中，多日来愁眉不展的罗尔森立即赶到码头，将雷克少校接上岸，相偕来到他的临时行营。

这行营是用土墙、木梁和陶瓦片筑成的平屋，设前后两个大门，四周窗户则开得小而密，屋内显得有点阴森。

两人在小厅里坐定后，罗尔森先热情开言道："雷克少校，这一路你多辛苦了！"

"我只是尽到自己的职责，司令长官。"雷克应说。

罗尔森道："真没想到支援船队这么快就来到澎湖，你该是日夜兼程吧？"

"我都是遵照柯恩总督的吩咐，"雷克说着，将随带的一份文书呈给罗尔森，"这是船队运来的器物清单，请长官先过目。"

罗尔森接过清单，仔细阅过，神情激动地说："太好了，太感谢总督大人了！"

雷克道："柯恩总督接到长官您的报告，极为关切，立即按照您的请求调集各项器物，并命令我务必安全送达。"

罗尔森满面笑容："总督大人对我的厚爱，我将永志不忘。"

雷克语气一转，弦外有音："总督大人还十分关切此次澳门战役，吩咐我前来了解详细的、全面的战况。"

"噢，"罗尔森听出话意，忙说，"我已经在报告中禀报过了嘛。"

"是的，长官您已经呈上报告，"雷克应道，"不过，柯恩总督一时还弄不清楚为何会受到如此重大的损失。"

"都是因为和英国军队联合作战，"罗尔森坦然解释说，"英国人只想占便宜，不想出力气。我军登陆后，他们竟然按兵不动，致使我登陆的精锐部队陷于孤立，最后招致失败。"

雷克说道："总督大人的看法是，澳门乃弹丸之地，葡萄牙人势单力薄，即便是我方单独作战，也完全可以将其攻占。”

“情况是这样，”罗尔森进一步解释道，“我军登陆后，不但遇到葡萄牙军队的顽抗，还有澳门的市民、修道士、传教士，更严重的是还遇到中国士兵，满山遍野都是向我们反击的敌人。为了保存实力，我下令撤离澳门，转到台湾海峡，一战就夺取了澎湖，为我东印度公司在远东赢得一处绝佳的据点。”

雷克听罗尔森这么一说，感到不宜再追问，当即转了个弯，赞道：“长官英明！”

第二天，遵从罗尔森的命令，雷克带领手下人马，投入到修复船舰的紧张劳作中。

很快过了一个月，这一天上午，身着上校军服的罗尔森，来到澎湖本岛南端的一处宽阔的海滩上，找到雷克，一见面就和颜悦色地招呼道：“雷克少校，辛苦啦！”

雷克立正敬礼：“谢长官！”

罗尔森回礼后走进架设在海滩上的临时船坞前，举目扫视，但见放置在船坞上破损的船舰即将全部修复。士兵和劳工们正在为装置好的新船板涂上油漆……

雷克鞠了个躬：“请长官检查指导！”

罗尔森走到一艘原本破损较严重的战舰旁，见舰体下损毁的部位都已经修补；接着踩上跳板登上甲板，那残损的左右船舷已经全部修复，新装上的舷栏在阳光下闪闪发亮；一支折断的前桅杆也已经换上新桅杆；桅杆上都换上了新帆片；士兵们正在船后部整修船舵……不禁点了点头，问：“这修复破损船舰的工作什么时候可以全面完工？”

雷克应道：“大约十天内可以全面完工。”

罗尔森点头：“这样很好。”随即唤道：“你过来。”

“是。”跟在后面的雷克趋前一步，站到罗尔森身旁，一起面对着大海。

罗尔森转过脸，满面笑容：“雷克少校，这一个月来，你做得很好啊！”

“长官过奖了。”雷克恭谨地应道。

“确实做得很好，”罗尔森强调说，“我已经将你的业绩，写入呈送给总督大人的报告中，为你请功。”

雷克行军礼道谢："谢长官！"

"你手下那位麦丁少尉表现也很不错啊，"罗尔森继续说，"据我观察，他和那些当地的华人劳工都能直接交谈。"

雷克应道："是的，他在巴达维亚管理劳工已有三四年了，接触的人很多，虽然中国话讲得不大流利，但和华人劳工交谈并不困难。"

罗尔森语气突然一转，厉声道："听说，当地劳工曾告诉他，本司令抵达澎湖时，并没有中国军队，也没有发生战斗……这全是胡说八道。"

"啊?!"雷克暗自一愣。

原来麦丁确实听当地人说过，中国驻军因饷银无着，半年前已撤出澎湖，荷兰军队只是捡到便宜，跟罗尔森所吹嘘的"战绩"完全是两码事；雷克正想找个机会密报给总督……

罗尔森看他不敢应声，冷冷一笑："雷克少校，我再次告诉你，驻澎湖的中国军队是本司令用计吓跑的，你明白吗?"

雷克坦然应道："明白，长官。"

"你明白就好，"罗尔森声色俱厉，"今后谁再敢传播这种谣言，本司令将以军法处置，绝不宽容。"

"是。"雷克低头边答边想，查明罗尔森在澳门吃了败仗转到澎湖的实情乃柯恩总督的密令，我能不报吗?

罗尔森看他已低下头，又转回原先的语气，问："雷克少校，这回从巴达维亚起航，你有没有携带韦麻郎司令当年绘制的台澎地区海图?"

雷克应道："有，长官，我携带的是副本。"

罗尔森又问："仔细读过了吗?"

雷克应道："仔细读过了。"

"这样很好，"罗尔森说，"我们远征中国的舰队，既然已经占据澎湖，就应该把台湾和东南沿海划入我们的势力范围；首先要在台湾西海岸设立据点，以便和澎湖相互呼应。"

雷克应道："长官所言极是。"

罗尔森继续道："因此我决定，派你带领一艘军舰、一艘快船，前往台湾探察。"

听到这里，雷克已明白罗尔森的用意，他坦然应道："遵命！"

罗尔森沉思片刻，再道：“你可以就近先到北港。据说中国大海商李旦已经在那里创设了一座商馆，你探明情况后转到台湾南部的大员。据韦麻郎的海图标注，这大员是一处值得开发的地方。”

雷克：“是。”

罗尔森：“我给你两天时间准备，后天你就带队出发。”

雷克：“遵命。”

罗尔森：“还有，麦丁少尉既然懂得中国话，为方便工作，你就带他一起去。”

雷克举手敬礼：“谢长官！”

第二十章 狡雷克初探北港

在雷克少校从巴达维亚出发的前一天，以福船“新洋号”为首的金阳商行主船队，正越过吕宋和台湾之间的巴士海峡，进入澎湖列岛南部海域。

该船队离开三宝垄后，相继经停望加锡、万鸦老、三宝颜、岷里拉等港口，一路卸货装货，通贩贸易，在岷里拉还做成一笔大生意……

旭日冉冉升起，洋面波涛汹涌，前方海天连接处出现了一串断断续续的黛色斑点。

大帆兜满劲风，福船破浪前进，那串斑点渐渐化成一簇苍翠的小岛小屿。

对此行深感满意的李旦，正站在舵楼顶的露台上，时而观赏壮美的海景，时而遥望远处的海面，时而仰观头上的天色，时而俯视脚下的波涛……忽然，一个矫捷的身影映入他的眼帘，仔细一看，原来是郑芝龙独自一人在甲板上整理绳缆。

“这小子还挺勤快的。”李旦自言自语道，随即吩咐火长陈衷纪把郑芝龙带上来。

“大人找我有什么事？”郑芝龙一上舵楼顶就躬身问道。

李旦说道：“你先站到我身旁。”

“是。”芝龙跨前一步，站到李旦左侧。

李旦抬起手指着前方的岛屿，问：“你知不知道那是什么地方？”

芝龙眼珠转了转：“那，那是澎湖列岛。”

“啊?!”李旦颇感意外，“你走过这条航路？”

芝龙摇头：“没走过。”

李旦:“那你怎么知道是澎湖列岛?”

芝龙:“我是推测的。”

李旦:“你凭什么推测得出来?”

芝龙:“我凭海图。”

李旦:“哦,你懂得看海图?”

芝龙:“衷纪火长教我的。”

李旦:“衷纪这个师父当得不错啊!”

芝龙:“他昨天还告诉我,船队今日上午将进入澎湖列岛南部海面,傍晚就会抵达台湾北港。现在正是上午时分,所以我想那些岛屿应该是澎湖。”

“哦,原来是这样,”李旦高兴地点了点头,说,“这澎湖列岛位于福建、台湾之间的广阔海面上,一共有五六十个岛屿,相扣相连,实乃我国东南海疆的屏障。”

“噢,”芝龙惊叹道,“澎湖如此之重要啊!”

“正是,”李旦继续说,“由是之故,自元朝以来,朝廷就在澎湖设立巡检司,屯驻军队,加以管辖;今后有机会我再带你上去见识见识。”

芝龙恭谨应道:“谢大人!”

他们两人说着说着,“新洋号”已经进入澎湖本岛和台湾北港之间的水道;陈衷纪下令推舵,转朝东偏北,紧接着升起号旗,带领船队驶向北港……

北港金阳商馆掌柜龚玉娘昨天就接到岷里拉发来的快帖,知道李旦的船队今日傍晚将抵达北港,真是又高兴又紧张。

自去年初夏在平户总部喜获正式任命,她对李旦的知遇之恩便铭刻在心,一年来倾注了自己全副精力,日夜操劳,四处奔波,使北港商馆的经营规模拓展一倍,纯利提高五成,这回李旦到来,正是展示业绩的极好机会;当即抓紧时间,作好一切迎接准备。

午饭后,龚玉娘先派两名哨丁上码头瞭望台,注意观察海面;然后自己换上礼袍,带领锣鼓队、管弦队、凉伞队和卫丁队,开到码头近旁的小树林里恭候……

未时已过,申时初临,几堆乌云滚滚而来,遮住了西斜的太阳。

瞭望台顶上的哨丁忽望到两艘洋式横帆的船只，拐过岬角，进入内港，连忙沿着竹梯下到地面，跑到龚玉娘跟前报信："龚掌柜，发现两艘洋船。"

龚玉娘顺着他手指的方向仔细一看，果然有两艘洋船张满帆片，快速驶入港内。

"啊?!"龚玉娘即刻警觉起来。

两个月前，荷兰军队占据了澎湖，她就深感不安，当即向平户总部报告，得到颜思齐总管的支持，从厦门商馆调给八门火炮，分别架设在临海岸边和商馆门口；并在码头旁隐蔽处架起一座六丈高的瞭望台，以加强防范。

现在来的这两艘洋船，无疑是荷兰人的船舰，难道他们想要攻打北港?

龚玉娘不敢大意，立即命令岸边四门火炮的炮手，作好应敌准备；并将带来的所有人马，部署在四周埋伏。

龚玉娘的判断没错，来者正是荷兰战船。

三日前，雷克少校接受罗尔森司令的指派，立即交代麦丁少尉向澎湖当地劳工探问，得知华人富商李旦在北港设立一座商馆，生意做得很大，几乎垄断了台湾特产的贸易；接着，又探知这商馆有百多号伙计，其中二十几个卫丁装备有各式武器，不可小觑。

雷克经再三考虑，决定先以通商为名，进行探察，确有把握时再行动武。于是船上除备足武器弹药外，还随带一些货品和银子；一百多名官兵则分别换穿商人、海员和工役的服装，身上暗藏武器。

今天早晨，麦丁带领的快船在前，雷克坐镇的战舰在后，一起从澎湖出发，午后进入北港内湾，在码头外的港面上同时落下半帆。

战舰随即逆潮下碇，船体打横，右舷朝向岸上，左舷朝向海面。中舱里的三十六名炮手在雷克指挥下，每三人一组，迅捷进入炮位，先将两舷各六门共十二门火炮的炮衣褪下；紧接着装好炮弹，填好弹药，点燃火绳，作好开炮准备。部署停当，雷克随带两名卫兵攀上舰楼顶，拿出单筒望远镜，调好焦距，注视着码头上的动静。

快船则按事先的安排，由划桨手划到码头旁，抛缆挂泊。停稳后，装扮成商人的麦丁先登岸，四下张望，不见有人，便命船上的八个"工役"抬出四个木箱，沿着大路、朝着商馆，大摇大摆地往前走去……

忽然，大路两旁涌出一大帮人，有的手持刀枪，有的手执竹杠，把麦丁等人团团围住。

麦丁大吃一惊，随即镇定下来，模仿华人礼节，抱拳鞠躬，用半通不通的闽南话问道："你们是李旦先生的伙计吗？"

龚玉娘一听这"红毛"竟然会讲闽南话，便跨前两步，指着他的鼻子："你怎么知道李旦大人？"

"李旦大人的名声很大很大噢，"麦丁答说，"我们在澎湖听说他在北港造了一座大商馆，想来跟他做生意。"

龚玉娘气愤地质问："你们是澎湖来的'红毛'？"

麦丁耸了耸肩膀："你这个朋友，不要叫人家'红毛'嘛，我们是荷兰的生意人……"

"不，"龚玉娘的怒气涌上心头，"你们是强盗，你们强占了我们的澎湖。"

"我们没有强占，"麦丁辩道，"我们在澎湖上岸时，当地的老百姓都很欢迎。我们的船走了一个多月来到这里，要跟中国做生意，总要找个地方住下来，生意才好做，你说对不对啊？"

"别狡辩，"龚玉娘斥道，转身下令，"把这帮'红毛'全扣起来。"

卫丁们正要动手，麦丁忙说："且慢，且慢。"说着，命工役掀开那四只大木箱的箱盖，恭请龚玉娘："朋友，请你先看一看。"

龚玉娘探下头一看，木箱里分别装着洋酒、洋布、香料，还有一箱装的是椰干、海参等爪哇特产。

麦丁指着木箱："这四箱是样品，我们是诚心诚意要跟你们做生意的。"

他们正说着，两名哨丁急匆匆地从瞭望哨顶溜下，拨开人群，跑到龚玉娘跟前，上气不接下气："龚、龚、龚掌柜，李旦大人的船队来啦！"

龚玉娘朝着海面望去，但见大福船领着四艘中式商船正驶进内港，忙说："是，是李大人的船队。"

"哦嗬，哦嗬！李大人来啰！"在场的卫丁和工人齐声欢呼。

龚玉娘接着挥动双手，朝着四周呼喊："都出来噢，都出来噢，迎接李大人啰！"

埋伏在各处的商馆伙计听到龚玉娘呼喊，纷纷钻了出来，会同现场的人们蹦蹦跳跳地跑进树林里，拿起藏在草丛中的家伙，按照原先的分工，再次组成锣鼓队、管弦队、凉伞队和卫丁队。

被晾在一旁的麦丁，看着这群华人因李旦的到来而如此兴高采烈，心想这也许是个难得的良机，连忙趋前，向龚玉娘鞠了个躬，问道："龚掌柜，李旦大人来啦？"

"是啊。"龚玉娘应说，语气比刚才缓和了许多。

麦丁试探地问："李大人来了，我们能不能留下？"

"你们，"龚玉娘忽然想起，"你们赶紧把船撤离码头，留出泊位给李大人的船队。"

麦丁问道："我们的人呢？"

龚玉娘喝道："退到一边去，别挡了李大人的路。"

麦丁请求："我想见一见李大人，可以吗？"

"哼，"龚玉娘又板起脸，"想见李大人，有那么容易吗？快滚到一边去。"

麦丁无奈地说："好，好……"

在舰楼顶用单筒望远镜盯着码头的雷克少校，先看到的是码头上空无一人，再是麦丁顺利登岸，接着是麦丁突然被围，而后是麦丁和那个头人在周旋……

正当他思索如何应对之时，围住麦丁的人群忽然散去，随后从树林里走出一支奇离古怪的队伍；与此同时，那快船竟离开码头，退到港面上。

雷克大感惊诧："这是怎么回事？到底是怎么回事？"

"报告。"从他身后传来卫兵的声音。

"什么事？"注视着岸上的雷克头也不回。

卫兵应道："五艘中国大船朝着我舰驶来。"

"啊?!"雷克急忙转过身，举起望远镜仔细观察，那五艘中式大船的甲板上都架有火炮，现正兜着强劲的西南风，全速逼近我舰……

"准备战斗。"雷克紧急下令。

他的话音刚落，码头上却响起震天的中国鼓乐声："哒哒嘀，咚咚锵……哒哒嘀，咚咚锵……"

雷克回过头一看，岸上正闹哄哄热滚滚，像在过节似的，全然没有一丝想要打仗的迹象。

正当他被这一切弄得莫名其妙的时候，那支中国船队已经越过他的战舰，稳稳地靠上码头。

大福船泊定后，李旦身穿朝廷五品官服，在衷纪、刘奔、魁奇、钟斌和芝龙、何斌的簇拥下，走上岸来。码头上顿时鼓乐喧天，鞭炮轰响。

龚玉娘趋前，单膝下跪，抱拳拜道："恭迎李旦大人！"

分列在两旁的卫丁们一起下跪，齐声应和："恭迎李旦大人！"

李旦挥手回礼："请起。"

龚玉娘和卫丁们起立后，由当地番女组成的凉伞队，随着富有节奏感的鼓乐声，手举凉伞翩翩起舞，夹道欢迎李大人一行。

退到一旁的麦丁被眼前这欢腾的景象所吸引，感到十分新奇。他瞪大眼睛看着、看着，忽然看到跟在李旦身后的六个人当中，有两个面孔很熟，仔细再一辨认，不禁大吃一惊……那分明是何斌通事和那华人工头郑芝龙……他们怎么会出现在这里？

受到强烈好奇心的驱使，麦丁再也顾不上别的了，他混在欢迎队伍中，两眼紧盯着何斌与郑芝龙，而且越靠越近……

眼尖目锐的郑芝龙走着走着，忽有一种被人盯梢的感觉，他转动眼珠，四下扫视，发现欢迎队伍中竟有一个红毛碧眼的荷兰人，正紧紧地盯住他与何斌。

"何斌兄弟，你留点神，看看左侧的人群中，是不是有个'红毛'。"郑芝龙悄悄地说。

何斌经他提醒，眯着眼仔细搜寻，果然有个荷兰人混在欢迎的人群中，而且非常面熟，不禁一凛："啊?!"

芝龙："你看这'红毛'，像不像巴达维亚管理劳工的那个麦丁？"

何斌："正是他。"

芝龙："他怎么会到这里来？"

何斌："不知道。"

芝龙："我想把他抓起来，你看怎么样？"

何斌："慢点，等李大人被迎进商馆后再说。"

芝龙："好。"

麦丁对芝龙与何斌的密谋毫无察觉。

他在巴达维亚时，对这两个“飞出普特曼官邸的奇人”已极感兴趣，现在更是想问个究竟，加上本来就想见一见李旦，这就使得他忘掉了可能出现的危险，继续紧跟着这帮人朝前走去。

芝龙与何斌眼看麦丁紧跟过来，故意放慢脚步，逐渐缩短和他的距离。

就这样，两人在前，一人在后，走着走着，不觉来到商馆门口。

李旦一下子就被拥入馆内，其他闲杂人员则被挡在馆外。

芝龙与何斌本应随李旦进馆，不知为何却逗留在门前。

跟在他们后面的麦丁一看机会难得，赶紧跑上前去，伸手拉住何斌，用荷兰语唤道：“何斌通事！”

“啊?！竟然自己送上门！”何斌心中暗喜，表面上却像是大感诧异，操起闽南话问，“你这个‘红毛’，你说什么?”

麦丁与何斌多年同事，一听那腔调，更加确认无疑，便跟着操起闽南话：“何斌通事，你怎么不认得我了?”

“你是什么人?”何斌仍然装着不相识。

“我是麦丁啊，”麦丁焦急地答说，“在巴达维亚管理劳工的麦丁啊。”

“在巴达维亚管理劳工的麦丁，”何斌质问道，“怎么会跑到数千里外的北港来?”

麦丁应道：“我是三个月前被派到澎湖，今天刚来到北港。”

“好一个麦丁，”站在一旁的郑芝龙猛然出手，一招“罗汉伏虎”把他捉住，反剪其双手，喝道，“走！”

“哎，哎，”麦丁突然被捉，疑惑不解，“你该是郑芝龙吧，你，你为什么要抓我?”

“哼。”郑芝龙不屑置答，与何斌一起紧押着他往商馆里推，一直押到李旦跟前。

李旦已经盥洗完毕，坐在大厅里的太师椅上，正准备向龚玉娘查问港面停泊洋船之事，见郑芝龙押着一个洋人过来，感到有点奇怪：“怎么啦，芝龙?”

芝龙应道：“李大人，我们抓到一个红毛贼。”

一听郑芝龙说他是贼，麦丁赶紧用带着洋腔的闽南话辩道：“我不是贼，李大人，我不是贼。”

洋人会讲闽南话，使得李旦大感兴趣，当即命芝龙：“放开他。”

麦丁被反剪的双手一松开，舒了口大气，向李旦鞠躬：“多谢李大人！”

李旦问道：“你名叫什么？”

麦丁答说：“我名叫麦丁。”

李旦好奇地再问：“你怎么会说闽南话？”

麦丁指着何斌：“我是向何斌通事学的。”

“啊！”李旦惊奇地转问何斌，“你们早就认识了？”

何斌应道：“是的，大人，我担任荷夷通事的时候，他是荷兰军队的少尉；这两年他在巴达维亚的工地上管理劳工，向我学过闽南话。”

麦丁讨好地说：“李大人，我跟何斌通事在巴达维亚是好朋友呢。”

“那你是怎么到我们北港来的呢？”李旦问。

麦丁回答：“我跟随雷克少校，上个月从巴达维亚抵达澎湖，今天从澎湖来到北港。”

“他们就是最近侵占澎湖的荷夷。”龚玉娘气愤地插嘴说。

“哦?！”李旦惊讶，“澎湖被荷夷占了？”

“这事我正要向大人报告，”龚玉娘应道，“三个月前，一支荷兰舰队悄悄进入澎湖湾，突然向岸上开炮，当地的百姓手无寸铁，纷纷躲开，他们就顺顺当当地登陆，占据了澎湖……”

“朝廷的驻军呢？”李旦问。

龚玉娘叹了一口气：“朝廷的驻军因断了饷银，半年前就解散了。”

“啊?！”李旦拍案站起，斥道，“昏庸啊，昏庸，断送了我澎湖！”

在场的刘奔、龚玉娘等十多人看李旦如此愤怒，都不知该如何才好，场上顿时一片寂静。

突然，郑芝龙从身旁一名卫丁的手中抢过朴刀，朝着麦丁嚷道：“我杀了你这红毛贼。”

“对，把这‘红毛’给杀了！”龚玉娘等人齐声应和。

郑芝龙挥起朴刀正要砍下，忽听到李旦一声猛喝：“不准杀他。”

郑芝龙咬着牙：“为什么，大人？”

李旦拔高声调：“因为他是个俘虏，而且罪不在他。”说着，走了过来，从芝龙手中卸下朴刀，交还给卫丁。

握紧双拳准备死拼的麦丁大出意外，他愣了一下，随即扑通跪到李旦跟前，学着华人磕了个响头："感谢李旦大人，感谢李旦大人！"

李旦将他扶起："起来吧。"

麦丁站起身，感动得热泪盈眶："谢大人！"

李旦转过身回坐到太师椅上，问："那港面上停泊的两艘洋船，是你们的？"

麦丁："是。"

李旦："你们到北港来，想做什么？"

麦丁："想跟李旦大人的商馆做生意。"

李旦："你怎么知道北港有我的商馆？"

麦丁："我们在澎湖听当地人说的。"

李旦："你们真的是想来做生意？"

"真的，大人。"麦丁恳切地应说，"我们带来的货物样品，都给龚掌柜看过了。"

"你都看过了？"李旦转问龚玉娘。

龚玉娘回道："是的，大人。"

"这回有没有长官带你们来？"李旦继续问麦丁。

麦丁应说："有，就是雷克少校，是他带领我们到北港来的。"

"雷克！？"芝龙与何斌都感到意外。

"哦，少校，"李旦对这军衔甚感兴趣，"他没上岸来？"

麦丁摇头："没有，他留在那大船上。"

"好吧，麦丁，"李旦郑重地说，"如果你们真心实意要跟我们做生意，请你们的长官明天上午到我商馆来商谈，我会好好接待他，并保证他的安全；如果你们的长官不愿到商馆来和我谈生意，那你们就没有理由留在北港。听明白了吗？"

麦丁躬身："明白了，大人。"

李旦又道："我现在就放了你，回去好好向你的长官报告，我等候你们的回音。"

麦丁被放走，芝龙甚感可惜，啧啧喟叹。

看他那样相，李旦笑问：“怎么啦，芝龙，这荷夷真的非杀不可吗？”

芝龙低着头：“大人，不是我想要杀他，是他和他的长官都该杀。”

“哦，”李旦，“那你说说看，他们为什么该杀？”

芝龙激动地说：“荷夷来到远东，每到一处，都是先以通商为名，借地建馆，一旦站稳了脚跟，就出动军队，烧杀抢掠，占地称霸，无恶不作，单单爪哇一地，就不知有多少人死在他们的绞刑架下；这麦丁和他的长官雷克，全都罪不可赦。”

李旦：“如此说来，你连那雷克少校也不放过？”

芝龙：“是的，我就是被雷克骗到爪哇，还差一点被他们绞杀。”

李旦：“看来，今天本应是你很好的复仇机会。”

“是的，大人，在下原想……”芝龙欲言又止。

李旦鼓励他：“说嘛，有话尽管大胆说。”

芝龙嗫嚅地说：“在下原想先将这麦丁给扣下，用他作诱饵把那雷克引出来，然后一网打尽。”

“一网打尽，”李旦问，“你这一网想要打进多少东西啊？”

芝龙毅然决然：“人、船、武器，通通要。”

此话一出，商馆大厅一片哗然……

李旦没料到芝龙竟有如此大胆的想法，他反问道：“人、船、武器通通要，要的太多了吧?!”

芝龙咬着牙：“是他们自己送上门的。”

“对，是他们送上门的。”魁奇表示赞同。

“不，不，”李旦摇头，“荷夷可不是好惹的。我刚才进港越过那只大洋船，看到左右两边十二孔舷窗都露出火炮炮口，这分明是一艘大型战舰；另外那快船至少也有四门火炮；真打起来，后果可想而知。”

“大人，”芝龙辩道，“在下不是说要跟他们硬打。”

李旦看着他：“那你想怎么打法？”

芝龙颇有信心地说：“古话说，擒贼先擒王，只要我们把雷克和麦丁两个人抓到手，就不怕他们不屈服。”

李旦笑道：“你想得太简单了，芝龙，那两艘舰上的士兵至少在百名以上，就算他们全都屈服，这一百多号人怎么办，全杀了，还是放他们回去？”说着，转问龚玉娘：“现在占据澎湖的荷夷有多少军舰，多少兵马？”

“据查，有十几艘军舰，一千多名官兵，大人。”龚玉娘应道。

“我们把这两艘船和人全扣下来，”李旦继续说，“澎湖的荷兰军队准定要兴师问罪，到那时，我们该怎么办呢？”

芝龙开始感到李旦说得有理，却还嘴硬：“李大人可以联络朝廷，趁此机会出兵，将荷兰军队赶出澎湖。”

“朝廷?!”李旦叹了口气，“现在跟十八年前不同啰，朝廷对北方战事都应付不过来，福建的官员又大多贪腐昏庸，他们还顾得上澎湖？……”

听到这里，郑芝龙羞愧地埋下了头。

“芝龙啊，”李旦谆谆开导说，“做人要有雄心，但绝不能鲁莽，须知战端一启，就把自身的生死存亡全押上了。对此，《孙子兵法》一开头就告诫我们说，战争乃死生之地，存亡之道，必须慎之又慎；万一非战不可，则应充分准备，具有相当把握，才能克敌制胜。”

芝龙至此心悦诚服，抱拳躬身谢道：“多谢大人教诲！”

“诸位同人，”李旦转对在场的手下说，“荷夷狡诈残忍，贪得无厌，趁朝廷撤防，占据澎湖，我也很想把他们驱赶出去，但我们现在做不到呀，大家说是不是？”

“大人所言极是。”众齐声应道。

李旦继续说：“再说，荷夷做起生意来，也还算是讲信用，金阳商行曾和他们有过几次交易，双方都有获利。依我看，明天雷克将会亲自到商馆来；不过，我们还须加强戒备，以防被他们偷袭。”

“对，对。”众纷纷应说。

李旦随即就如何对付这拨荷夷进行了部署，命刘奔、衷纪、魁奇、玉娘、钟斌、芝龙、何斌等人，分头作好准备。

果不出李旦所料，第二天上午，雷克和麦丁身穿军装，带了十二名卫兵，分乘两只小艇，划到码头，登岸后由龚玉娘引路，来到商馆大门前。

把门的是一名华人青年，但见他头戴洋式白壳帽，脚踏洋式皮短靴，身上穿的却是中国的武士靠服，腰间佩着一把朴刀和一支匕首；在他身后站着十几个手执大刀的卫士。

麦丁悄悄提醒雷克:“这就是郑芝龙。”

雷克仔细一看，果然没错，虽事先得到麦丁知会，心中也不禁一凛。

芝龙看他那样子，迈步走了过来，操荷兰语问道:“雷克先生，想不到我们会在这里见面吧?”

“哦，是郑芝龙啊，”雷克装出一副惊喜的模样，“那一天听说你飞出普特曼长官的官邸，我们都很挂念，真想不到你一飞就飞了几千里，这一路可好啊?”

芝龙冷冷一笑:“多谢雷克先生挂念，说实话，我也一直念着你们呢。”

“是啊，”雷克尴尬地应道，“毕竟大家相处有半年啰。”

芝龙转过话题:“怎么样，雷克先生，这回到北港来，真的想跟我们做生意?”

雷克做出真诚的样子:“当然是真的，我们很希望能和李旦先生直接商谈。”

“那就请吧，”芝龙说，“不过，雷克先生带来的卫兵不能进馆。”

雷克一听，沉下脸:“为什么，为什么我的卫兵不能进去?”

芝龙淡淡道:“这是我们的规矩。”

“郑芝龙，”麦丁连忙趋前，“昨天李旦大人承诺，要保证雷克长官的安全，我们随带卫兵是理所当然。”

“李大人既然作出保证，你们又何必带卫兵进馆呢?”芝龙反问说。

雷克怒指郑芝龙:“我是李旦先生邀请的贵客，你竟敢在此阻拦。”

芝龙笑道:“我没阻拦你，雷克先生，你和麦丁尽可进去，只是卫兵必须留在门外，这是我们的规矩。”说着，从腰间拔出利剑，他身后十几个卫丁随着晃起手中的大刀。

领教过郑芝龙武功的麦丁一看那架势，急忙给雷克递了个眼色。

雷克只得忍下这口气。

麦丁随即从一名卫兵手中接过一只檀香木匣，和雷克一起，跟着龚玉娘进入馆内，来到大厅。

坐在厅中太师椅上的李旦，看到客人进厅，当即起立抱拳:“欢迎，欢迎!”

站在他身后的何斌面朝雷克，将这句话翻译成荷兰语。

雷克一看李旦身穿中国官服，气宇轩昂，不敢怠慢，乃抱拳躬身，操荷兰语拜道："多年来时常听到李旦先生的大名，今天能够当面拜见，真是非常荣幸！"

何斌转向李旦，将这句话翻译成闽南语。

麦丁将手中的檀香木匣捧给李旦，操闽南语说："这是雷克少校送给李大人的一点礼物。"

李旦谦辞："雷克少校何须多礼。"

麦丁敬道："一点小意思，请李大人不要嫌弃。"

李旦笑道："那就多谢了！"说着，向龚玉娘示意。

龚玉娘趋前，接下檀香木匣，放在太师椅旁的茶几上。

李旦指着右侧两张酸枝交椅："请坐。"

雷克、麦丁坐定，女仆献茶。

接着，由何斌担任通译，双方进行交谈。

李旦看过雷克一眼，开口问道："雷克先生，你们是要来和我们做生意的吗？"

雷克应道："是的。"

李旦有些不解："但你们两位都是军人，怎么会做生意呢？"

雷克应道："没错，我们是军人，但同时也是商人，而且更主要的还是个商人。"

李旦追问："这话怎么说？"

雷克想着措辞："我是荷兰东印度公司的一名职员，我们从遥远的欧洲来到这富饶的东方，从事的就是通贩贸易，我当然是个商人。"

"哦，"李旦笑道，"那雷克先生对商务很熟悉啰。"

"当然，"雷克应说，"不熟悉商务怎能经商？"

李旦反问："那你怎么又是军人呢？"

雷克貌似恳切地说："我们东印度公司的职员之所以成为军人，乃因形势所逼。"

李旦摇头："我看并非如此。"

"确是如此，"雷克辩道，"李旦先生应该知晓，东方海域从木骨都束（今非洲索马里一带）到慢八撒（今肯尼亚蒙巴萨）、到锡兰山（今斯里兰卡岛）、到榜葛剌（今孟加拉国）、到满剌加（今马利西亚马六甲州）、到爪哇、到吕宋，一直到贵国的广东、福建、浙江沿海，哪一个地方不是海盗横行？我们的商船如果不装置火炮，我们的船员如果不拿起刀枪，我们远道而来的荷兰人，还能在这远东进行商业活动？”

“照你这样说，”李旦反问，“你们用武力占领巴达维亚，派舰队侵入我国澎湖，又该如何解释呢？”

“巴达维亚是因为当地土人不肯合作，才不得不动用武力。”雷克答说，“至于澎湖，我们只是先行借用，目的也是为了方便与贵国通贩贸易。”

“哈哈哈！”李旦边大笑边摆手，“不必多解释了，雷克先生。我且再问一次，你们这回到北港来，真的是要和我们做生意？”

雷克装出十二分恳切：“我们确实是真心实意，李旦先生。”

“那好，我同意和你们建立贸易关系，”李旦说，“不过，贵我双方最好签订一份书面协议，总的原则是‘互惠互利、互不侵犯’，你看如何？”

雷克沉吟片刻，点了点头：“可以。”

坐在一旁担任通译的何斌当即起立，从宽口的衣袖里取出一只封套，呈给李旦。

李旦从封套中抽出两份文书，交给雷克：“这是何斌通事用荷兰文书写的协议，两份内容完全一样。”

雷克接过文书，惊问：“哦，李旦先生都准备好了？”

李旦淡淡一笑，道：“是的，请雷克先生过目。”

雷克打开文书，仔细阅后，征询道：“这协议待我回去向长官禀报后再定，好吗？”

“好的，”李旦答说，“只要你们是真心实意想和我们做生意，不论什么时候来，我们都欢迎。”

“感谢李旦先生，”雷克起立抱拳，“我们这就告辞了。”

李旦随之起立，按照洋人礼节，相继与雷克、麦丁热情握手，亲自将他们送到商馆门外，挥手道别：“一路走好！”

第二十一章 借风暴刘奔下手

荷兰战舰走后，李旦在刘奔与龚玉娘的陪侍下，巡视了加工鹿皮、鹿肉的晒坪、作坊，和存放硫黄、樟脑的栈房，对龚玉娘的经营管理十分满意。

回商馆的路上，兴致勃勃的李旦赞道："北港商馆这一年多来真是突飞猛进啊！"

"这都是仰仗大人的关顾和教导。"龚玉娘谦恭地应说。

李旦笑道："我看你也是真下了功夫啊。"

龚玉娘恭谨应道："这是职下应该做的。"

李旦寻思："荷夷显然是看中了我们这些特有的货品。"

"正是，"龚玉娘补充说，"据职下所知，荷夷一占据澎湖，就对周近的物产进行过一番调查，对我们商馆当然有所了解。"

李旦点点头："所以我料定这回雷克前来，主要是想和我们建立贸易关系。"

跟在一旁的刘奔听到这里，心中有所触动，他眼珠一转，开言问道："那为什么雷克不愿和我们签订通商协议，大人？"

李旦："按照他们公司的规矩，这书面协议必须经过长官同意后才能签订。"

刘奔："不过，大人，职下还是很担心。"

李旦："担心什么？"

刘奔："担心荷夷这回是来探察北港商馆的虚实，然后再派兵前来抢掠，那我们的损失就大啰。"

"哦?!"李旦一凛，转问龚玉娘，"你看怎么样？"

“完全有这个可能，”龚玉娘答说，“不过，商馆已经设立了哨台，装置了火炮，训练了卫丁，这些都是为了防备荷夷的袭扰。”

刘奔寻思：“依我看，商馆目前所采取的防卫措施，还不足以抵御荷夷的入侵。”

李旦转对刘奔：“说说看，你有什么良策？”

刘奔语气恳切地说：“职下建议将魁奇护卫长留下，坐镇北港。他武艺高强，兵务娴熟，定能担此重任。”

“魁奇护卫长能留在北港，当然很好。”龚玉娘兴奋地说。

“对，”李旦颔首称是，“北港乃我金阳新辟的重镇，必须确保安全。”

龚玉娘旋而又有点犹豫：“只是李大人的护卫……”

“我的护卫嘛，好办，你们尽可放心。”李旦坦然一笑，“我看就这样定下来，不但魁奇要留在北港，何斌也必须留下。这样，我们就完全有把握对付这些荷夷了。”

龚玉娘喜出望外，连忙谢道：“多谢大人支持关顾！”

他们边说边走，不觉已来到商馆门前，但见郑芝龙仍然手持长剑，威风十足地把守在那里……

当晚，李旦在商馆盛大的宴席上郑重宣布：一、李魁奇护卫长任总部全权代表，留驻北港，统领防卫并兼管各项要务；二、龚玉娘继续主持北港商务，薪酬破格提升两级；三、何斌出任商馆通事，襄助与荷夷的通商事宜，薪酬提升一级；四、郑芝龙暂代专职护卫，并操持日常勤务；五、北港商馆全体伙计、卫丁、工匠、杂工，按业绩大小分别奖给二十两、十两、五两、二两的赏金。

这一宣布把整场宴席鼓扇得热气腾腾，同人们展望前景，相互道贺，杯来盏去，尽欢始散。

翌日清晨，李魁奇偕同龚玉娘、何斌，带领着商馆的卫丁与大小伙计，到码头上热烈欢送李旦大人。

郑芝龙则仍然是那身装扮，和刘奔一起陪侍李旦，在火长陈衷纪、水手长钟斌及全体船员的迎接下，踏过跳板，登上福船“新洋号”。

李旦随即发出起航令，各船同时升起大帆，缓缓驶离港口，侧帆抢兜南风，近午时分就穿越白沙、澎湖诸岛，进入台湾海峡，朝着海峡西岸的商港厦门，破浪前进。

船后的小岛小屿渐渐隐去，前方是茫茫大海无边无际……

烈日西斜，海风习习，“新洋号”舱面上忽然热闹起来了……

刚完成一轮作业的水手们看到郑芝龙从舵楼里走出来，便团团把他围住，这个抢过他的白壳帽，那个踩踏他的皮便靴；这个摸着他的佩刀，那个捏着他的匕首……

当然，在这些人当中，有的是存心嬉弄，有的则出于好奇；个把是眼红目赤，多半则一片善意；但全都异口同声夸道：“好小子，才来几个月就当上李大人的贴身护卫，真了不起啊！”

大伙正闹着，水手长钟斌走了过来，喝道：“别围在这里了，还有作业等着你们呢，都给我做事去。”

水手长这一喝，水手们不敢违拗，只得散开，相继回到自己的操作岗位。

钟斌从舱面上捡起那只白壳帽，给郑芝龙戴上，语气和善地说：“芝龙兄弟，刚才我的手下冒犯你啦，可别跟他们计较啊。”

“没有，没有，”芝龙连忙解释道，“他们只是跟我开开玩笑。”

钟斌笑道：“这样就好，来，我们到前面去看看。”说着，和芝龙一起攀上船头舱顶，手扶舷栏远眺。

天边涌出一片浓密的卷云，遮住了即将落入西海的太阳；早晨起航时劲吹的南风已经减弱，四周升腾起薄薄的雾气……

“水手长，”芝龙先开言说，“照海图上标示，明天午后我们就可以到厦门了。”

“不错啊，怎么啦？”钟斌应道，“想趁这机会回石井看望你的二妈和三个弟弟？”

“是啊，”芝龙叹了口气，“不过，还得李旦大人准许。”

钟斌：“李旦大人对你这么好，我看他一定会同意。”

芝龙：“难说，而且我也不好意思开口。”

“哎，”钟斌摸了摸头壳，“刘爷对你挺关心的，我请他帮你去说。”

“不，不，”芝龙忙应道，“还是我自己向李大人请求为好。”

钟斌：“行啊，反正这次你准定能回一趟家乡。”

芝龙："多谢水手长关心！"

钟斌摆了摆手："喂，芝龙兄弟，往后别再称呼我水手长了，好吗？"

芝龙："那我该怎么称呼你？"

钟斌："我大你几岁，你就称我钟斌兄吧。"

芝龙："这怎么成呢，你是一船水手之长，从三宝垄上船后我就一直在你手下。"

钟斌摆摆手："那是过去的事啰，今天你已经是李大人的贴身护卫，我们称兄道弟才显得亲热。"

"好吧，在下遵命。"芝龙应着，抱拳拜道，"钟斌兄长，请受小弟一拜！"

钟斌抱拳回礼："别客气，芝龙兄弟，往后我们可要相互照应啊。"

芝龙躬身答说："还望兄长像过去那样，对小弟多加指教。"

他们正说着，背后传来了刘奔洪亮的声音："两位少年家，跑到船头来了！"

钟斌、芝龙连忙转过身，抱拳齐声："刘爷！"

"你们都在说些什么呀？"刘奔问道。

"我们正在说，明日午后船队就可以抵达厦门。"钟斌应说。

刘奔笑言："是啊，李大人这回打算在厦门多休息几天呢。"

芝龙一听，十分高兴："真的吗？"

刘奔眯着眼睛："我还会骗你？"

芝龙连连摇头："不会，不会。"

"芝龙，"刘奔亲热地唤道，"听何斌说，你的武功很好，能不能展演一下让我们见识见识？"

"不敢，不敢，"芝龙谦辞道，"刘爷乃江湖前辈，小的怎敢献丑？"

刘奔不依不饶："别谦虚了，芝龙，这两天你那样对付荷夷，我就看出你是个艺高胆大的少年家。要不的话，我怎么会推荐你给李旦大人当护卫？"

"哦?!"芝龙有点意外，"原来是刘爷把我推荐给李大人的。"

"是啊，芝龙兄弟，"钟斌插嘴说，"我不是告诉过你吗，刘爷原是李旦大人的师弟，李大人对他是言听计从啊。"

"对，对，"芝龙连连拜道，"真感谢刘爷，感谢刘爷关顾！"

"不用谢了，"刘奔摆了摆手，随即交代说，"芝龙，能当上专职护卫很不容易啊，你可要好好侍候李旦大人，不得有丝毫差错。”

芝龙恭谨地说：“在下记住了。”

刘奔笑道：“好啦，这趟远航李旦大人十分辛苦，你快回舱房去服侍他，需要什么，可以直接向我报告。”

“是。”芝龙应着，沿竖梯下到舱面，快步走回船后的舵楼。

芝龙走后，刘奔看那天色正在起变化，忽想起去年平户起航前杨陆师兄的叮嘱，不禁怦然心动，喃喃自语：“……有风借风，有浪借浪，有火借火，有刀借刀……”

站在一旁的钟斌见他神态有异，问道：“刘爷，你在说什么？”

“噢，”刘奔皱起眉头，“我是说李大人带领船队，事必躬亲，实在太劳累了。”

“对，对。”钟斌连忙应说。

李旦确实累了。

去年从平户出航，至今已经十个来月，虽然一路还算顺利，但他毕竟上了年纪，这么长时间在海上颠簸，怎能不感到疲惫？

郑芝龙回到舱房时，正闭目养神的李旦睁开眼睛问道：“你刚才去哪里了？”

“我到舱面上去看了看，大人。”芝龙走到床前应说。

李旦：“船上有什么情况？”

芝龙：“没什么新情况，一切都很好。“

李旦：“现在什么时候了？”

芝龙：“已经酉时一刻了，大人。”

李旦：“哦！都酉时一刻了，怪不得肚子有点饿。”说着，手撑床板，想坐起身。

郑芝龙将他扶起：“我这就去给大人煮一碗点心。”

“不必了，”李旦跨下床，说，“交代炊事房早点做晚餐就行。”

“是，大人。”芝龙应着，赶紧到炊事房催促厨师做好晚餐，用木盘端进房舱。

李旦用过晚餐，在芝龙的陪侍下到舱面上走了两圈，看夜幕垂降，桅灯高悬，福船正平稳地朝前行驶，便又回到舱房，躺在床上歇息。

轻轻摇晃的船体如同一只大摇篮，阵阵飘荡的涛声就像一支催眠曲，疲乏的李旦很快便沉沉入睡。

随后，陪侍他的郑芝龙也在自己的铺位上睡着了……

四周暗摸摸，夜色阴沉沉，桅杆上闪烁着昏黄的灯光，船底下荡漾着起伏的浪声。

值更的水手长钟斌站在福船舵楼顶，察看整支船队的动静。

但见四艘货船紧随在“新洋号”后面，缓缓前行；各船的船首灯、船尾灯和桅灯，在夜空里摇摇晃晃，或隐或明；福船前、中、后三根大桅下，当值的操帆手也都各就各位，全神贯注地操纵着三幅大帆。

船队是在正常航行，但那风力却越来越小，大船走得越来越慢……

他仰起头观了观天象，低下头瞄了瞄海面，自言自语道：“这天在变呀，恐怕要刮风暴啰……”嘴里念着念着，忽见到舱面上闪过一条人影……

“奇怪，夜已深了，除值更的水手外，船员们都在睡觉，哪来的人?”

钟斌正感疑惑，那条人影又接连出现在左右两舷的两支吊杆下……

“去看看!”钟斌从舵楼顶下来，沿着底层中间的过道，快步走向舱面，却不料在过道口和一个人撞了个满怀。

“谁人?”钟斌惊问道。

“连我都不认识了?”那人反问说。

钟斌一看，忙赔不是：“哦，是刘爷啊，对不住，对不住!”

刘奔斥责道：“整日慌里慌张的，像个水手长吗?”

钟斌连连点头：“请刘爷多加教示，多加教示。”

刘奔语气略为缓和：“你下来做什么?”

钟斌脱口而出：“我看……”连忙改口：“我看这天气不对啊……”

“没错，天就要变了。”刘奔应说。

钟斌请示：“我去把衷纪火长叫醒。”

刘奔叫住他：“别慌，该醒的时候他自己会醒过来。”

钟斌有些为难：“不过……”

“怎么啦?”刘奔训斥道，“别忘了你是值更的水手长，既要留心天气的变化，更要注意周围有没有海贼船，快给我上去认真察看，出了事我唯你是问。”

钟斌犹豫：“这……”

“你们都在这里呀。”过道内传来陈衷纪的声音。

钟斌连忙迎上：“衷纪火长，就要变天了。”

衷纪神色凝重：“对，要赶紧做好抗风暴的准备。”

钟斌试探地问：“要不要向李大人报告？”

“李大人正在安睡，”刘奔抢着答说，“别去惊动他。”

“唔，先别惊动李大人，”衷纪应道，随即交代钟斌，“把船员们全都叫醒，听候安排。”

钟斌恭谨道：“是……”

第二十二章 遭暗算李旦落海

舱面上，抗风暴各项准备抓紧在进行；房舱里，李旦和芝龙继续在酣睡……过了两三个时辰，天已破晓，舱房门外才响起敲门声。

先醒过来的郑芝龙翻身下铺，打开房门。

火长陈衷纪急匆匆进房报告："大人，东北海面上出现涌浪。"

"啊!?"还躺在床上的李旦一凛，倏地坐起身，"看清楚了吗?"

"看清楚了。"衷纪应说。

"走。"李旦下床，把衣服扎紧，大步跨出房舱，攀到舵楼顶；衷纪、芝龙、刘奔等人纷纷跟上。

夜色已退，海空迷蒙，昨日劲吹的南风不知躲到哪里去了。湛蓝的海水已经变得浑浑浊浊，船上所有的帆片全都软软瘪瘪，福船就像乌龟一般慢慢吞吞地往前爬着……

再往东南方向望去，那里正云腾涛狂，一波波宽幅的涌浪，朝着船队所在的方位卷来……

"大风暴已经逼过来了，"李旦怒气顿时涌上心头，指着陈衷纪，厉声责问，"到了这个地步，你才向我报告?"

"职下不愿惊动大人……"衷纪嗫嚅地应说。

李旦感到气愤："惊动?哼，我又没灾没病……"

"这天气变得也太突然了。"刘奔像是在帮衷纪开脱。

"突然?!"李旦更加恼火，"当火长的人晚上睡觉都得跟天气睡在一起；还有那些值更的水手，他们都在干些什么?"

"值更水手凌晨已经向我报告，"衷纪将责任揽在自己身上，"我已命舵房和全体水手作好应急准备，四根大橹也全都挂好了。”

“大橹？”李旦举目四顾，“这里距离最近的岛屿金门还有两更路程，靠摇橹要摇到什么时候？”

“此刻风静，用橹助一助。”衷纪解释道，接着提出应急的方案，“估计再过一刻多钟，风暴的前锋将刮到我们这里，但最猛烈的暴风中心还要一个时辰才会到。我们可以借风暴前锋的风力，挂满大帆，往前直冲，半个时辰就能到达金门岛，立即收帆下碇，避过暴风中心，化险为夷。”

李旦听后，不予置答，只是紧皱眉头，前后左右扫视全船，但见主桅顶上已升起紧急警戒的号旗，操舵的、摇橹的、操帆的、扳碇的都已经进入岗位，唯独舱面上四门火炮无人管顾……

“那四门火炮就扔在那里？”李旦质问。

衷纪猛醒：“噢，对了，火炮该套上炮衣防水。”

“单单套上炮衣就了啦？”李旦再问。

衷纪不大明白，恭谨地问道：“大人，除套上炮衣还需做什么？”

“每尊铁炮都好几百斤重，别以为套上炮衣安放在炮位上就可以平安无事。”李旦指着舱面上的火炮，说，“要知道那火炮一旦被狂风和巨浪卷出炮位，就会在舱面上乱滚乱撞，砸毁船具，最后跌入海中。”

“大人所言极是，铁炮必须加牢。”衷纪躬身应道，迅即下了舵楼，跑到舱面上，招呼钟斌和几个熟悉操炮的水手，先给火炮套上油布炮衣，再用铁链把炮身牢牢锁在炮位上。

随着涌浪滚滚袭来，强风暴的前锋开始刮到船队的上空，福船“新洋号”和四艘货船兜满劲风，朝着金门岛疾驶……

风速越来越快，涌浪越来越凶，福船像一头疯狂的猛兽，摇晃着身躯，发出骇人的咆哮，朝前直冲。汹涌的海水一波波漫过船舷，庞大的船体一次次被甩进浪谷，在那万分危急的时刻，李旦始终守在舱面上，与全体船员上下同心，沉着应对，经过半个多时辰的拼搏，“新洋号”带领四艘货船，终于驶进金门料罗湾。

“收帆落碇！”李旦下令。

衷纪立即挥动手中的号旗，船首、船尾的扳碇手同时松开铁链，前后两碇大铁锚即刻“哗啦啦”地击破海面；三根桅杆上的大帆随即滑溜溜地降下……

就在福船即将泊定之际，忽然一股狂风刮来，把船体猛力一掀，“咔嚓”一声，舱面上一根起货的吊杆突然折断，猛然砸在李旦的肩膀上。

李旦一个趔趄，整个人被狂风吹起，甩向右舷，撞断栏杆，掉入海中。

“啊！”正在指挥下碇落帆的衷纪高声惊呼，“快，快救大人！”

舱面上的水手们赶紧奔向右舷，探头一看，李旦已被丈多高的浪头吞没。

这时，一条闪光的身影迅捷飞过船体右舷的栏杆，像箭一般射入汹涌的波涛。

“是谁?”刘奔急切问道。

“是郑芝龙。”衷纪、钟斌齐声应说。

随着这应声，粗大的铁锚深深扣进海底，摇晃的船体很快平稳下来。

大家朝海面望去，纵身入海的芝龙正击涛踏浪，四处搜寻……

“钟斌，快放救生舢板！”陈衷纪下令。

一只配有单橹双桨和救生用具的舢板，连同一副绳梯，很快就被缒到海面。钟斌随即带三名水手沿着绳梯下到舢板上。

当他们解开缒索将舢板划离大船时，猛看到郑芝龙从五六丈外的浪涛中冒了出来，左边胳臂还挟搂着一个人，正是李旦。

“哦嗬！哦嗬！”阵阵欢呼，顿时响彻整个船队。

欢呼声中，一支橹和两片桨在波浪里搅起漫天的水花，救生舢板很快就靠近李旦和芝龙。

钟斌举起长杆送了过去，芝龙伸出右手扫了过来……

就在芝龙即将抓到长杆的刹那间，海面上突然卷起一波巨浪将舢板冲开，紧接着又一波巨浪从郑芝龙头顶盖下……

“啊！”刘奔一声尖叫，再定睛一看，芝龙和李旦已经不见踪影；他心中暗自称喜，眼珠骨碌一转，立即扑跪到舱板上，放声哀哭：“李、李、李旦大人啊，我的大师兄，我的大师兄！……”

正在指挥救人的陈衷纪被刘奔这一哭搅得心如火燎，连忙劝说：“别焦急，刘奔兄。”

“快呀，快救我的大师兄啊……”刘奔边哭边求道。

衷纪下令："再放救生舢板。"

水手们很快就作好缒放舢板的准备。

"衷纪兄啊，你快去，快去救李大人啊……"刘奔继续哭求。

陈衷纪急道："你放心，刘奔兄，我这就下海去。"

"你不能下去啊，衷纪火长。"水手们纷纷劝道。

衷纪毅然决然："不必多说了。"

水手们急道："不行啊，你一下海大船上怎么办？"

陈衷纪正色道："大船上有刘爷在，怕什么？"说着，命身旁的船员将另一只救生舢板缒到海面，亲自带领三名水性好的水手，沿着绳梯相继下到舢板上，解开缒索，橹桨齐挥，很快就靠上钟斌的舢板。

"钟斌，"衷纪迎风喊道，"你从东边料罗顶搜寻过来，我从西边欧厝角搜索过去，明白吗？"

"明白。"钟斌高声应说。

衷纪继续叮嘱："不要急，不要慌，仔细找，仔细看，将这海面搜它个遍，务必将李大人救上来，记住了吗？"

钟斌大声道："记住了，衷纪火长。"

衷纪挥手："走！"

两只救生舢板即刻分头行动，划到料罗湾的东西两端，从外到内，一路搜寻……

长空暴风呼啸，海面狂涛汹涌……

几番险被巨浪吞吃，几回险被疾风打翻……

陈衷纪、钟斌凭借多年的经验和高超的技艺，战风斗浪，仔细搜索；但一个时辰过去了，依然没能找到李旦和芝龙……

两只舢板又靠到一起了。

"回大船去吧。"衷纪说。

"李大人没找到，怎么办？"钟斌沮丧地问。

衷纪叹气道："回大船去再想办法。"

刘奔披着蓑衣站在福船舵楼顶，双手紧抓住栏杆，冒着狂风瞪圆眼睛，透过漫天飞舞的雨丝，注视着海面上的一动一静。

他时而朝向左前方，时而转向右前方。每当舢板停止前进，他便一阵揪心；而每当舢板继续划动，他便脸现喜色。

就这样过了整整一个时辰，眼看两只救生舢板一无所获并动身返回，刘奔这才舒了一口大气，随即下到舱面。

四根缒索和一副绳梯依然垂挂在船体旁……

“把绳梯收上来。”刘奔下令。

“怎么啦，刘爷？”水手们全都疑惑不解。

刘奔厉声：“把绳梯给我收上来，听到没有。”

“这……”水手们谁都不愿动手。

“我的话你们可以不听吗？”刘奔猛出手揪住身旁一名水手的耳朵，将他拉到船舷，喝道，“给我把绳梯收上来。”

那个水手不敢违抗，只得蹲下身子，将绳梯一节节拉到舱板上。

两只舢板相继靠上大船，四根缒索分别被紧扎在舢板前后的铁环上，但接人的绳梯却不知到哪里去了。

陈衷纪仰起头朝上望去，只见刘奔的脸孔从船舷露了出来，朝下发问：“怎么样，衷纪火长，李大人救到了没有？”

“还没有。”衷纪答说。

刘奔冷冷道：“没救到李大人，你还有脸回来？”

“你说什么？”衷纪感到莫名其妙。

刘奔一字一顿：“我说你没救到李大人，竟敢空手回来。”

“我回来再想办法嘛。”衷纪辩道。

刘奔大喝：“不行。”

“你这是什么意思？”衷纪质问说。

刘奔怒道：“我要你再去搜救李大人，没救到李大人就别想回来。”

陈衷纪一听，感到情况不妙，正要开口再辩，忽然一道闪电挟着霹雳在福船上空炸响。在震天撼地的响声中，那副绳梯不知是被雷还是被人甩出船舷，缒挂下来。衷纪赶紧抓住梯索，手脚并用，像猴子般一下子就攀上大船。

“你，你，”刘奔怒指陈衷纪，“你怎么敢上来？”

“我是火长，怎么不能上来？”衷纪气愤地反问道。

“你……”刘奔咬着牙，“李大人跌入海中都是你失职造成的。”

衷纪冷笑道：“我该负多大责任我自己清楚，不用你管。”

“我偏要管……”刘奔运足气力，猛然出掌，击向衷纪前胸，显然是要把他打入海中。

不料衷纪侧身一躲，背朝舵楼，摆开架式，准备迎战。

“你们别争了，”紧跟着攀上福船的钟斌看到两人就要打起来，哀声求道，“赶紧想办法救李大人吧！”

“是啊，快想办法救李大人！”水手们齐声应和。

又一阵响雷滚过海空，大雨随之倾盆而下。

刘奔不得不收起恶念，转向水手们，说：“救李大人，我比你们还急呢，只是这回衷纪火长失职，酿此大祸，实在可恨。现在大家说说看，该怎么样搜救李大人。”

水手们你一言，我一语，说来说去还是说不出个办法。最后钟斌站了出来，建议道：“我看还是请四艘货船的火长到福船上来，共同商议。”

刘奔点了点头：“好吧。”

福船主桅上随即升起了“议事”号旗。

四艘货船的火长看到号旗，立即划着随带的舢板靠上福船，会集到舵楼里，大家经商讨后决定：一、福船继续留在料罗湾；货船中一艘驶往烈屿，一艘驶往浯屿，一艘驶往围头，还有一艘送刘奔到厦门向二总管杨陆报告；二、各船在行驶中设哨仔细察看，泊定后放舢板全面搜寻，在方圆百里的海域布下搜索网；三、救起李旦大人者报商行总部给予重赏，寻获李旦大人者给予奖励；四、天黑之前各船返回料罗湾复命。

火长们领命回到各自的船上，立即拔锚升帆，驶向预定的海域……

云挟雷，雷镇风。

阵阵响雷过后，这场强风暴的风力便逐渐减弱，四周多重屏障的厦门港幸免于灾，让金阳厦门商馆掌柜杨陆松了口大气。

虽然去年初秋赢得李旦的倚重被提升为金阳商行二总管，但杨陆心中十分清楚，他的实力地盘仍然是在厦门商馆，而不是在平户总部；因此对这苦心经营多年的地盘，更是倾注了全部心血，不敢稍有懈怠，近一年来不但战胜过多次天灾；还串通了当地官府，使得各项商务蒸蒸日上。

眼前，这突如其来的风暴又过去了，午膳时杨陆便叫那年轻女仆陪侍，添了几道菜，喝了几盅酒，饱餐后披上蓑衣，带上贴身护卫杨宗和两名卫丁，从商馆栈房巡视到码头。

风仍在刮着，雨还在下着，但已经不像午前那样气势汹汹。

杨陆站在码头岸上，举目扫视，但见停泊在厦门港内的几十艘大小船只，全都安然无恙，其中包括商馆所属的大船、快船和驳船。

他脸绽笑容再朝港外望去，忽看到一艘三桅大帆船从东南方向拐进大担口，直往内港疾驶而来，那船型十分眼熟，很像是商行主船队里的货船。

这些天，他按以往的经验推算，李旦亲自率领的主船队近期将抵达厦门，但却一直没有收到快帖；今天又遇到这场风暴，而且李旦也曾不先通知人就到，所以未加留意。现在，船队里的一艘货船怎么会离队单独行动？

杨陆正感疑惑，那只大船已经进入港内并朝着码头驶来。他仔细一瞧，啊?！这的确是主船队里的货船，而且在舱面上指手画脚的竟然是刘奔，而不是那位火长，不禁又惊又奇。

这时，货船上的刘奔也看到杨陆站在那岸上，更是惊喜交集，连奔带跳冲上船头，高声呼唤：“杨总管，杨总管！”

杨陆素知刘奔的脾性，见他神情如此激奋，料想必有大事发生，为了避人耳目，便未热情呼应，只是招了招手，待刘奔与货船的火长上岸后，才开口问道：“你们怎么单独一艘船到厦门来？船队的其他船只呢？”

“船队遇到风暴啰。”刘奔应说，语气中流露出欣喜之情。

杨陆悄悄瞪了他一眼，然后关切地再问：“各船都平安吗？”

刘奔被杨陆一瞪，心领神会，当即装出一副忧伤的样子答说：“各船都还平安，只是李旦大人不幸跌入海中……”

“啊?！”杨陆不敢相信自己的耳朵，“李旦大人跌入海中？”

“是啊。”那货船上的火长苦着脸应道。

杨陆急切地问：“救上来了吗？”

刘奔故意叹了一口气：“还没有呢。”

“你们都在做什么？”杨陆勃然大怒。

刘奔结结巴巴地说：“杨总管，情况是这样……”

“回商馆再说。”杨陆怒气冲冲打断他的话，然后转对那火长，“给我照看好这货船，再出岔子，我找你算账。”

“是，是，二总管。”货船的火长低下头应道。

“走，刘奔。”杨陆吆喝着，转过身朝商馆走去；刘奔连忙紧随在他身后。

第二十三章 师兄弟再施毒计

杨陆和刘奔进入商馆，女仆们即刻端来热水。

两人卸下蓑衣，盥洗完毕，相偕来到杨陆独用的房间。

房门一关上，刘奔便手舞足蹈："师兄，这下可好啰，可好啰！"

"李旦果真跌入海中？果真至今还没救起？"杨陆尚存疑虑。

刘奔兴高采烈地说："我还会骗你吗？师兄，下面的戏怎么演可就看你啰。"

杨陆还是不解："李旦这老不死的久经风浪，怎么会跌入海中呢？难道你们遇到的风暴特别猛烈？"

"这风暴嘛，说猛也猛，说不猛也不猛，反正五艘船都没受损。"刘奔答说。

"那……整个船队除了李旦，还有其他人落海吗？"杨陆再问。

"除他之外，还有一个人为了救他也跳入海中。"刘奔应道。

杨陆忙问："是谁？"

刘奔应道："是我们船队前些年在大担口救起的一个少年家，名叫郑芝龙。这回在三宝垄碰巧遇上，师兄你还没见过呢。"

杨陆再问："他现在怎么样？"

刘奔比了一下手势："他和李旦一起被大浪吞吃掉了。"

"怎么会这样呢？"杨陆想了想，说，"这其中必有奥妙。"

"也许是吧。"刘奔卖了个关子。

杨陆拍了一下头壳，直指刘奔："是你做了手脚。"

刘奔跷起大拇指："师兄，这下你猜对啰。"

杨陆猛抱刘奔双肩，瞪圆着眼睛："你怎么做的手脚，我的好师弟？"

刘奔拉起杨陆的双手，慢条斯理地说：“你还记得吗？师兄……”

杨陆：“记得什么，快说呀！”

刘奔：“记得去年在平户，我们船队起航之前，师兄你交代我的四句话吗？”

杨陆不假思索：“记得。”

“哦，记性这么好?!”刘奔不大相信，“哪四句？”

杨陆：“有风借风，有浪借浪，有火借火，有刀借刀。”

刘奔：“这回小弟我只借了三样。”

杨陆：“哪三样？”

刘奔：“一刀，二风，三浪。”

杨陆：“详细说一说。”

“师兄交代的这四句话，小弟我牢记在心头，可一路来没找到机会，”刘奔兴奋地开讲，“昨晚深夜起来小解，看到天色在变，心想风暴一到，那个老不死的准定要亲自到舱面上指挥抗风，正好靠近右舷那根吊杆因沿途起货负载过重裂开一道沟，我便暗中用匕首将那道裂沟捅大……”

杨陆：“你就不怕被值更的水手撞见？”

刘奔：“当时值更的是钟斌，他从舵楼顶下来想要察看，被我训斥一番，便缩回去，不敢再说什么。”

杨陆：“以后可不能再冒这种险。”

刘奔：“要是不敢冒险，那什么事都不要做了。”

“好啦，别嘴硬，”杨陆训了他一句，继续问道，“后来怎么样啦？”

“做过这手脚，我也不是有绝对把握，”刘奔答说，“可事情就这么巧。天一亮李旦果然亲自到舱面上指挥抗风，不时站在那吊杆附近。风越来越狂，浪越来越高，那根吊杆在激烈颠簸中咔嚓一声折断，正好砸在李旦肩上，将他打入海中……”

“好啦，别再说了，”杨陆打断他的话，问，“现在李魁奇怎么样？”

“哈，哈，”刘奔笑了笑，“他被我用妙计圈在北港。”

杨陆：“哦，那陈衷纪呢？”

刘奔：“我想把他做掉没做成，人还在福船上。”

杨陆：“钟斌呢？”

刘奔:“这小子有时靠过来，有时倒过去，这回下海搜救很卖力，但却一无所获。”

杨陆:“李旦和那少年家都没找到?”

刘奔:“风浪这么大，早都被卷进海底啰。”

“难说。”杨陆仍存疑虑。

“师兄你放心吧,”刘奔拍着胸脯说,“这两人都必死无疑，现在要紧的是下面该怎么办。”

杨陆凝思片刻，果断地说:“第一步，先把这主船队抓到手。”

“对!”刘奔大喜,“不过，师兄，小弟有话先说在前头……”

杨陆盯着他:“有话就说嘛。”

“这船队抓到手，应该归我，对吗?”刘奔咧着嘴笑道。

“这……”杨陆瞪了他一眼，随即改口,“当然啰，真能到手的话，那五艘船连同船上的人员、货物，全都归你。”

“那就多谢师兄了!”刘奔抱拳拜道,“我们这就到料罗湾去。”

杨陆喝道:“且慢。”

刘奔不解:“师兄还有什么事?”

杨陆招手:“你跟我来。”说着，打开房门，将刘奔带到小厅。

小厅里的八仙桌上已摆好饭菜。

刘奔也不道谢便大吃起来……

杨陆在他狼吞虎咽之时召来商馆庶务，交代一番，待他吃饱喝足才相偕来到码头，乘那艘货船回到料罗湾，转乘舢板，登上福船坐镇。

天渐渐暗下来了。

经过大半个下午的紧张搜救，派到烈屿、浯屿和围头等海域的货船，都没能找到李旦和郑芝龙。火长们一个个垂头丧气，领着各自的船只，相继返回料罗湾复命。

杨陆在刘奔的陪同下，站在舱面，紧挨船舷，逐一将他们迎上福船，逐一向他们表示慰问，待最后一拨衷纪、钟斌等人上船后，才用沉痛的语气向大家说:“弟兄们，这回福船上出了这么大的事故，我一听到刘奔兄弟的报告，十分震惊。这种事故叫人难以相信，也叫人无法容忍，商行总部一定要查明原因，追究责任。今天大家辛苦了一下午，仍然未能救到李大人，但我坚信，李旦大人‘吉人自有天相’，弟兄们无须过分担忧。现在，天已经暗了，很难再下海搜救了……”

讲到这里，杨陆顿了一下，然后郑重地说：“依我之见，整支船队即刻起航到厦门，今晚全体船员好好歇息；搜救李大人的事，明天再来商议，不知各位意下如何。”

各船火长一听杨陆如此体贴下属，纷纷应道：“二总管怎么说，我们就怎么做。”

陈衷纪虽然感到刘奔不怀好意，但也觉得杨陆说得有理，当即表示赞同。

“这样很好，”杨陆随即下令，“各船火长立即返回自己的船上，拔锚升帆，驶往厦门，泊岸后全体船员到商馆集合。”

于是，仍由福船领头，五艘大船连夜起航，离开料罗湾，借助风暴的余威，绕过金门城，穿过大担口，驶入厦门内港。

雨已经停了，风还在刮着，船队渐渐靠近码头，但见岸上有十几个灯笼一字排开；待到船只泊定，才看清楚是商馆的卫丁打着灯笼在那里迎候……

船员们遵令登岸，由卫丁引路，来到商馆，那里已经是灯火辉煌；大厅里按“四星拱月”摆放着五张大圆桌，像是准备开宴招待贵客……

大家正疑惑不解，只见刘奔站了出来，高声宣布：“弟兄们从昨晚深夜一直忙到现在，辛苦了一整天。杨总管为了犒劳诸位，特地邀大家来聚餐，现在请各船火长到中间主桌入席，其他弟兄就随便坐吧！”

到场的船员们，自火长到司货、司舵、水手、杂工，听了刘奔这一番话，除陈衷纪外，无一不感动得热泪盈眶……原以为出了这天大事故，不管责任大小，人人都得遭罚，没想到二总管却设宴犒劳……

大家畏畏怯怯、你推我让，经杨陆出面延请、刘奔一再催促，五六十人才相继入座就餐。

餐毕，刘奔又宣布说：“依照常例，今晚火长们在商馆留宿，其他人员现在就返回各自的船上歇息。明日起船队一切活动，都得听候杨总管安排。”

“好啊，好啊！”船员们齐声应道。

散场后，钟斌独自一人漫步走向码头，今天发生的事使他感到有些蹊跷……李大人久经风浪怎么会跌入海中？……郑芝龙水性特好怎么被浪头一盖就沉没？……船队五艘大船十只舢板搜寻了一下午怎么都不见李大人踪影？……明天派船再次出海搜救还能救到人吗？……看来李大人和郑芝龙是凶多吉少啊！……那为什么二总管却说他们'吉人自有天相'？……难道他们果真能够活着回来？……

钟斌走着走着，不觉已到码头边，正要踩上跳板登船，暗夜里传来了一声耳熟的呼唤："钟斌！"

他转过身一看，刘奔已经来到他跟前。

"刘爷，你找我？"颇感惊讶的钟斌问道。

刘奔玩味地说："不是我找你，是杨总管找你。"

"杨总管找我！？"钟斌大出意外。

刘奔点了点头："对，他在商馆里等着你呢，走吧。"

"是。"钟斌应道，当即跟着刘奔返回商馆。

夜已深，商馆里一片寂静。

刘奔领着钟斌穿过前落和大厅，径直走到后落杨陆独用的房间门外，在红木门扇上轻叩两声。

"进来。"房内传来杨陆低沉的声音。

两人相继进房，刘奔随手将门扇关上。

正在泡茶的杨陆指着一旁两只圆形的酸枝木凳，说："坐吧。"

钟斌有点拘谨，不敢就座。

杨陆笑了笑，和颜悦色地说："叫你坐你就坐。"

"快坐下！"刘奔拉着钟斌坐到圆凳上，然后自己也坐下。

"先喝口茶吧！"杨陆说。

刘奔从茶几上拿起两小杯新泡的茶，一杯自己喝，一杯递给钟斌。

钟斌连忙接过，轻轻地呷了两口。

杨陆这才转入正题："钟斌，这回搜救李大人，你可是出了大力啊。"

"这是属下应该做的。"钟斌恭谨地应道。

杨陆继续道："各船的火长向我报告，为了搜救李大人，他们已经出了赏格，我认为这样做很对。你虽然还没救到李大人，但凭今日的表现，我也该给你奖赏。"

“不敢，不敢。”钟斌忙说。

杨陆正色道：“不过，你是知道的，李旦大人在海上闯荡几十年，经历过多少狂风恶浪，从来没出过事，这回怎么会跌入海中？”

“这……”钟斌不知如何回答才好。

杨陆启发他：“你是福船上的水手长，一直都在现场，当时有没有看到什么迹象？”

钟斌猛想起值更时的情景，心里不禁咯噔一下，随即平静下来，摇了摇头：“没有。”

刘奔插嘴提醒：“你再仔细想想。”

“没有，没有。”钟斌更是肯定地答说。

杨陆不悦：“这么大的事故，总部是一定要查明原因的，你知道吗？”

“知道，”钟斌连忙应说，“其中原因是一定要查明的。”

杨陆旁敲侧击：“我很希望你对此也能多出一点力。”

钟斌的冷汗流下来：“一定，一定，属下一定尽力。”

“还有，”杨陆犀利的目光直盯着钟斌，再问，“事故的发生，与航行主管掌控不当是否有关？”

钟斌明白这问话的用意，当即应道：“当然有关。”

“对，对，”杨陆频频颔首，“福船上的水手们还说，李旦大人在舱面上当众怒斥衷纪火长，差点把他给撤了。”

钟斌应道：“是的，情况是这样。”

“钟斌啊，”杨陆亲切地唤道，“你既然都看在眼里，那我想征求一下你的意见……”

“请杨总管多加教示。”钟斌谦恭应说。

杨陆缓缓道：“如果陈衷纪被撤职，我想让你顶替他的职位，担任福船的火长，如何？”

钟斌大出意外，心中喜疑参半，嘴上却谦辞道：“属下年纪尚轻，经验不足，恐怕难以担此重任。”

“你就不必故谦了，”杨陆显得更其亲热，“钟斌，明日我要召集各船的管事人到商馆议事，你应该将福船遭遇风暴的前前后后，好好向大家说说，明白吗？”

钟斌连连点头："明白，明白。"

当晚，钟斌就被安排在商馆留宿，没有回到船上。

翌日午后，各船的火长、水手长和司货齐集在商馆大厅。

杨陆首先开言道："各位弟兄，这次我们商行主船队出了这么大的事故，李旦大人至今下落不明，杨某真是心如刀割，今天我已经派人到金门及附近的沿海村社，出赏格请当地百姓协助搜寻，但愿李大人吉人天相，平安归来……"

"是啊，但愿李大人平安归来！"大家齐声应和。

"昨天我接报后赶到料罗湾，"杨陆把话锋一转，"据福船上的水手们讲，这事故的发生，都是衷纪火长的错误造成的……"

陈衷纪一听，知道杨陆和刘奔要拿自己开刀，正想着该如何应对，前后左右传来了与会弟兄们的窃窃私语声："衷纪火长?！怎么会呢？这不可能吧！……"

"不许交头接耳。"杨陆大喝一声，待场上静了下来，才指着钟斌说，"现在先由钟斌兄弟，向大家报告当时福船上的情况。"

"啊，钟斌，他!？……"

陈衷纪正感惊愕，钟斌已经站起身，开始讲述："前天深夜我值更时，看出风暴就要到了，立即向衷纪火长报告，他却爱理不理；我要向李旦大人报告，他又说别去惊动大人……"

"你胡说。"衷纪霍地站了起来，怒斥钟斌。

"陈衷纪，不许打岔。"杨陆把衷纪镇住后，转对钟斌，"再讲下去。"

"昨天清晨李大人醒过来，"钟斌继续说道，"看到风暴已经逼近，气得直跺脚，当着众人责骂衷纪火长延误时机，不得不亲自在舱面上指挥。风浪那么大，年轻的水手有时都吃不住，何况是年老的李大人？作为一船之长，早该采取保护措施；衷纪火长却毫不在意，结果导致李旦大人跌入海中……"

"你，你……"陈衷纪气得说不出话，万想不到跟随自己多年的徒弟，竟要把为师的置于死地……

"大家都清楚了吧。"杨陆接过钟斌的话头，转对衷纪，厉声质问，"陈衷纪，你能逃脱这罪责吗？"

“我，我……”衷纪有口难辩。

杨陆随即下令：“把陈衷纪给扣起来。”

站在他身后的四名卫丁一拥而上，将衷纪五花大绑，押出大厅。

事情发生得如此突然，在场的各船主事人都感到惊愕……

这时，坐在杨陆身旁的刘奔站起身，用恳切的语气说：“各位弟兄，我们金阳商行一向是有功必赏，有过必罚。这回抗击风暴，除陈衷纪外，船队的弟兄们都出了大力，现在杨总管已经恩准，先由厦门商馆发给大家赏银，各船火长每人十两，司货和水手长每人六两，其他人等每人三两……”

刘奔说到这里，场上惶然不安的气氛顿时烟消云散。

看到在场的人面露笑容，杨陆又开口了：“现在请大家到账房领赏；留守在船上的弟兄就请各位代领，回去分发。”

散场后，商馆账房挤满了人，自领赏银的，代领赏银的，全都欢欢喜喜回到各自的船上；虽然有人还记挂着陈衷纪，但已不再存有疑惧，唯有钟斌心感不安。

这第一步棋下得着实漂亮。

当晚，沾沾自喜的刘奔又来到杨陆的房间，一见面就说：“师兄，今天这出戏演得还不错吧？”

杨陆笑了笑：“是啊，演得很好。”

“怎么样，师兄，”刘奔压低声音，“今晚就把陈衷纪给做掉？”

杨陆想了想，摇手：“不行。”

刘奔进言：“陈衷纪武艺高强，船队的人又都听他的，今天我们出手快把他扣下，如果不乘势做掉，终究是个祸害。”

“这也未必，”杨陆应说，“钟斌都可以为我所用，难道陈衷纪就不能争取？而且他目前还罪不至死，莽然下手，怕会激变。”

刘奔不甘心：“我们完全可以秘密处置，不让外人知晓。”

“难啊，”杨陆依然摇头，“鸡蛋密密也有缝，杀了他，见了血，你那盖子能捂得住？况且我们现在的头号对手是颜思齐，陈衷纪他算老几？”

刘奔一凛，瞪起眼珠：“是啊，李旦死去，金阳商行就落到颜思齐的手中了！我们这几天辛辛苦苦，岂不是白白在为他卖命？”

杨陆沉吟片刻："还有，我问过秋花，据她说，李旦的房间里像是有个地下密室。"

"哦！"刘奔惊喜，"那师祖被侵吞的财宝，准定是藏在平户商行里。"

杨陆点头："对，所以我们下一步要做的，是灭掉颜思齐，拿下金阳商行。"

"可是颜思齐在平户，怎么灭他？"刘奔急切地问。

"最好的办法是将他请到厦门来。"杨陆应说。

刘奔："怎么个请法呢？"

杨陆："我想烦劳师弟你到平户一趟，能不能把他请来，就看你的本事啰。"

刘奔拍起胸脯："好，我去。"

杨陆："你可以将钟斌带在身边，以禀报船队遇险为名，消除他的疑虑，并代表船队和商馆全体同人，恳求他到厦门来主持善后事宜；我相信，这回钟斌将会成为你的好帮手。"

刘奔："这我知道。"

杨陆："商馆里那艘新造的快船就拨给你用，杨宗、刘青也跟着去；你再挑选八名强壮的水手，备足武器、弹药和食物、淡水，后天就起程，快去快回。"

"杨宗、刘青?!"刘奔不敢领情，"他们是师兄的贴身护卫，我怎么好带走？"

"钟斌只是一张骗取颜思齐信任的帖子，他们两人才真正可靠，明白吗？"杨陆笑道，"况且这一年来，我又找到六个当年支堂里的小伙计，都安排在厦门商馆卫丁队。"

"好啊！"刘奔一听倍感振奋，但仍谦让，"不过，杨宗毕竟跟随师兄多年，还是留在厦门为好；我把大侄子刘青带在身边就够了。"

"好吧，就这样定了。"杨陆站起身，再次叮嘱，"到了平户样样要多加小心，千万不要露出马脚。"

"师兄你放心，我一定不辱使命，"刘奔边应着边靠到杨陆身旁，悄悄地说，"不过，小弟还有个小小的要求……"

杨陆："有什么要求，尽管说嘛。"

刘奔:“这两个晚上，李旦那间锦被绣枕的大房，让我享用享用，好吗?”

杨陆哑然失笑:“可以啊，这又算什么，我这就带你去。”说着，从柜子里取出一串钥匙，领着刘奔来到商馆中落，还召来一名年轻女仆，打开李旦专用寝室的房门，把他们一起送进房中……

第二十四章 救李旦绝处逢生

厦门商馆新造的快船停泊在码头旁，钟斌正带着刘青和水手们，进行起航前的最后检查……

这艘快船长八丈，宽两丈，头尖尾圆，船身溜直微拱；船上有三桅、八桨、一舵楼、两货舱，舱面还配有四门火炮，是一艘兼具快捷运输和通信联络等功能的船只。

一切都准备好了，领头的刘奔却还没到。钟斌禁不住又上岸去，朝着商馆方向张望，有顷，才看到杨陆和刘奔相偕而来，他连忙转身踏过石板栈桥下到快船里。

这时，一只外地商民的大艚落下半帆，挂上长橹，竟然冒冒失失挨着快船，挤进码头。

钟斌火冒三丈，站在舱面朝着大艚上的船民喊道："你们找死啊，快给我滚！"

那些船民像是耳聋一般，硬是摇着大橹擦过快船，靠到码头上。

钟斌再也忍不住，拔出腰间的朴刀跳上大艚，正要冲过去教训那个摇橹的船民，船篷里走出一条汉子，喝道："且慢！"

钟斌抬头一看，整个人全愣住了，紧握在手中的朴刀"咣当"一声掉到船板上……

"钟斌兄，原来是你啊！"那个汉子亲热地唤道。

"你，你，你是郑芝龙？"钟斌大吃一惊。

"当然是啊。"这汉子正是郑芝龙，他感到有些奇怪，问，"怎么啦，不认得我了？"

“芝龙兄弟，你还活着？”钟斌声音都发颤了。

芝龙兴冲冲地说：“不但我还活着，李旦大人也还活着呢。”

“啊?！……”钟斌更是惊恐万状。

“哎，你怎么不高兴？”芝龙问道。

“高兴，高兴。”钟斌慌忙应说。

“芝龙，”船篷里传来李旦的声音，“你在跟谁说话呀？”

芝龙转过身，朝着篷内：“李大人，钟斌来接我们了。”

“哦，好啊。”随着应声，李旦由两个人搀扶，跨出篷来。

钟斌“扑通”跪到船板上，连连磕头：“李旦大人，李旦大人！”

李旦笑道：“起来，起来，不必多礼。”

钟斌站起身，看李旦还是那样慈祥，渐渐缓过气……

李旦亲切地问：“怎么样，你们都来厦门了，大家都好吗？”

“大家都好，都好。”钟斌边应着边转了转脑子，说，“我们是天天都到码头上望着，盼望李大人平安归来啊！”

“呵呵，”李旦笑了笑，“大家都平安，都平安！”

钟斌频频哈腰：“是啊，是啊，李大人，二总管也到码头上来了，小的这就去告诉他。”说着，三步并作两步冲上码头……

要说这个钟斌嘛，对李旦还算是忠心的呢。

那天，他划着舢板去搜救，那根长杆都已经快伸到芝龙的手中了，不料一波巨浪袭来，把舢板冲开，李旦和芝龙随即不见了踪影，你知道他心里有多难过吗？

再说郑芝龙。

李旦既然已经救到手了，福船上又放舢板前来接应，那是十拿九稳的事啰！岂料这波巨浪却把他和李旦重新打入水中；待他回过神来，两只脚已经触到沙地。

许多人都怕沉到水底，自小在海里滚大的芝龙就是不怕。

他双脚踩实，着力一蹬；随即手脚并用，直往上冲，心想这下子可以再冒出水面。想不到他用力过猛，紧搂着李旦的左臂不觉一松，李旦又被一股急流卷走。

糟了！即将冲出水面的郑芝龙连忙翻转过身，再次潜入海里，循着急流，紧追过去。

风暴搅动海水，海水一片浑浊，芝龙边潜泳边睁大眼睛，可是五步之外就什么都看不清。他紧追着，搜寻着，偶尔露出水面猛吸几口气又立即钻入水中，但是任凭他怎么努力，都没能再找到李旦……

正当芝龙感到精疲力竭之时，暴风挟着大潮，呼啸而来，那威势之猛，人力是无法抗拒的。疲惫不堪的郑芝龙瞬间就被冲得喘不过气，他只好浮出水面，双手双脚轻轻划动，保持身体平衡，任由潮水推送。

不知过了多久，漂流中的芝龙忽觉得右脚像被什么东西缠到，踢动越来越吃力。他翻身潜入水里，伸出手往脚踝一摸，缠在踝上的分明是一条丝绸带子，便用力将带子一节节地拉了过来……

啊?!这绸带的另一端显然是一个人……再拉到跟前一看，这个人竟然就是李旦!

浸泡水中浑身冰凉的郑芝龙顿时热血沸腾，即将耗尽的气力霎时又充盈全身。

他将溺水多时的李旦脸朝上抱在自己胸前，仰着身让汹涌的大潮将他们两人一起推送。

雷响了，雨下了，暴风仍在呼啸……

郑芝龙不管风狂浪高、雷鸣电闪，也不管海水灌肚、雨水盖脸，总是竭力让李旦的嘴巴、鼻子和眼睛露出水面……渐渐地连他自己也晕晕乎乎，失去知觉……

又不知过了多久，迷糊中的郑芝龙好似听到一些叽叽啾啾的声音。这些声音像是很远，又像很近；像是莺啼，又像雀鸣。他想弄个明白，便用力竖起耳朵，听着，听着，原来是人间话语，而且是悦耳的女声。

对异性一向敏感的芝龙受到这样的刺激，想睁开眼睛看个究竟，可眼皮就是不听使唤，揭呀，揭呀，硬是揭不开。

他深感失望，把头一歪，没想到那甜美的女声忽然响起："动了，动了，这少年家刚动了一下……"

也许是受到这句话的激励，郑芝龙一使劲，两只眼睛便缓缓地睁开，可眼前的景物还是模模糊糊。

“好啦，好啦，他醒过来了！”这分明是个女孩的声音。

“是啊，是啊，醒了，醒了！”这显然是个妇人的声音。

芝龙渐渐看清楚了：那个女孩有十四五岁，头上盘着一圈缠绕红绒线的粗发辫，微带黝黑的脸庞嵌着一对圆圆的大眼……哦，原来是个连家船上的“渔姑”！

那妇人则头扎一球大发髻，横插一支旧银簪，上身穿着绿色团衫，领口还镶着红色花边……哦，原来是个连家船上的“渔妇”！

“怎么身旁只有个渔姑和渔妇？福船上的伙伴们都到哪里去了？”郑芝龙想呀，想呀，突然大惊失色：“李大人，李大人……”他想爬起来寻找，全身却疲软无力……

“别急，别急，少年家，有什么事跟我说。”那渔妇轻轻把他按住。

“李大人，我的大头家，你们见到没有？”芝龙急切问道。

“哦，那个老人家是你的大头家呀，来，来，你看。”渔妇、渔姑一人一边将芝龙扶起，指着躺在他近旁沙滩上的李旦……

不知从哪来的力气，郑芝龙一下子扑了过去，抚摩着李旦那张被海水泡肿了的脸庞，见他眼睛微闭，牙关紧咬，脸色灰暗，头发散乱；再用手掌挨着鼻孔探了探，居然没有一点气息……

“快，快给一碗热汤！”芝龙心急如焚。

“已经给他灌了两碗姜汤啰。”渔妇指着放在沙滩上的空碗应道。

芝龙忙道：“再来一碗，多下一些姜母、红糖。”边说边跨上李旦的下腹，扒开他的上衣，张开自己的手掌，用力按压那浮肿的胸膛和鼓胀的腹肚，舞动那几近僵硬的双臂……

与此同时，那渔姑快手快脚爬上一只搁浅在沙滩上的连家渔船，片刻之间煮好一碗热气腾腾的姜汤，下了船端给郑芝龙。

芝龙捏开李旦紧闭的嘴巴，硬把姜汤给灌了进去；然后继续不停地舞动他的双臂，按压他的前胸。

舞动着，按压着……按压着，舞动着……李旦的腹肚开始传出咕噜噜的响声，两片嘴唇也开始翕动；只是那喉咙像被什么东西堵住，仍然憋闷不通。

芝龙赶紧俯下身，将自己的嘴唇紧贴在李旦的嘴上，猛力一吸再吸、一吸再吸，把那些堵在喉咙底处的浓痰吸到自己的口中……

“噗……噗……”一股股浊水从李旦的嘴巴里喷涌而出，溅得芝龙满脸脏兮兮……李旦随之大口大口地喘气……

“活了，活了，救活了！救活了！”渔妇、渔姑齐声欢叫。

天很快暗下来了，恢复呼吸和心跳的李旦依然昏迷不醒。

“李大人，你快醒醒，你快醒醒！”跪在他身旁的郑芝龙焦灼万分。

“少年家，你急也没用，”渔妇劝道，“这位大人恐怕不会很快醒过来。”

芝龙忙问：“这可怎么办？”

“我看天都黑了，还是把他抬到船上去吧。”善心的渔妇说。

“这怎么行呢，”芝龙不敢接受，“刚才已经太烦扰你们了。”

“那你就在这海滩上守着他过夜？”渔妇反问道。

芝龙一时语塞：“这……”

“少年家，别不好意思，”渔妇继续劝道，“救人要紧啊。”

芝龙感动得眼泪都快掉下来，他跪着转过身，向渔妇连连磕头：“那就多谢你了，大婶！”

“别这样，别这样。”渔妇连忙将他扶起，随即叫渔姑取来一支撑竿和一张渔网。

于是，三个人一起动手，用渔网裹住李旦，用撑竿穿进网孔，连扛带拉把他抬上渔船，让他平卧在篷舱里。

这是闽南沿海一带水上疍民的一艘“连家船”，船就是家，家就在船；一家人不论是出海打鱼、回港泊碇，还是吃喝拉洗、生男育女，全都在这只船上。

夜幕垂降，渔姑点起了灯笼。

渔妇则到船后的灶台，一边淘米下锅；一边从渔缸里抓出一条大黄鱼，刮去鳞片，破肚清肠，洗净后切成七八块，放进另一只桶锅，烧煮渔汤……

篷舱里，李旦还是没醒过来，芝龙紧皱着眉头守在他身旁。

站在一边的渔姑看芝龙那样可怜，禁不住开口安慰道：“你不要着急，等下子我阿母把渔汤煮好，喂给大人吃，他就会醒过来的。”

“你阿母在煮渔汤？”芝龙问说。

渔姑暖言道："是啊，昨晚捞上来的'红瓜鱼'，好大的一条，养在鱼缸里，还活着。这红瓜鱼煮成的鱼汤又稠又鲜，比补药还补呢。你这位大头家在海里浸太久了，虚弱得很，喝了红瓜鱼汤准会醒过来。"

芝龙顿感惊喜："真的？"

渔姑信心满满："当然是真的。你下午也是昏迷不醒，现在不是活过来了吗？"

芝龙连连点头："多亏你们母女救了我，我一定会报答你们的恩德。"

渔姑连连摇手："不要这样说，讨海人三分命，大家都是相救相帮，算不上什么恩德。"

芝龙恳切地说："不过，这回要不是遇到你们母女，我和李大人准定没命了。"

渔姑笑着摇头："难说，难说，依我看呀，还是因为你们命大。"

芝龙反问："我们命大？"

"对啊，这事说来也巧，"渔姑眨了眨眼睛，"前天我阿爹被朋友请到海澄去修渔船，临走时交代我们一定要留在厦门港内。可他一走呀，阿母就耐不住了，昨天午后还是驾着船到这围头澳讨海，那网一撒下，鱼捞上来，你说能不高兴吗？结果就决定连夜放排钩钓鱿鱼。没想到今日天刚亮就起大风，船头抛碇的铁锚才百来斤重，狂风大浪一掀就脱掉，幸好渔船没给掀翻，只是被浪潮刮走，一直刮到这里。我和阿母连忙跳落沙滩，挂好锚碇，系好绳缆，然后爬回船上整理渔具，忽见到海面有一捆东西随着潮水漂了过来，仔细再看，原来是两个紧抱在一起的人，也跟在我们后面，漂到这小嶝岛上……"

"这里是小嶝岛？"芝龙突然打断她的话，急切地问。

"没错，是小嶝岛。"渔姑应说。

芝龙猛然抓住她的双臂："这里果真是小嶝岛？"

渔姑将他的手拨开，瞪了他一眼："你这人怎么啦，不是跟你说过了吗，这里是小嶝岛，小——嶝——岛。"

"好啊！太好啦！"芝龙蹦了起来。

"这，这有什么好的呢？……"

正当渔姑感到莫名其妙之时，渔妇手端一个大瓷碗躬着身踏进篷舱，对郑芝龙说："少年家，快把这位大人扶起来，好让阿翠喂他鱼汤。"

郑芝龙赶紧跪下，将李旦的上半身扶起，托着他的头部，捏开他的嘴巴。

那名叫阿翠的渔姑接过瓷碗，蹲下身一汤匙一汤匙把鱼汤喂入李旦口中。

喂着，喂着，李旦果然渐渐地苏醒过来了。

“李大人，李大人！”芝龙将他抱在怀里，含着热泪轻声唤道。

李旦缓缓睁开眼睛，呆呆地盯着郑芝龙，少顷才翕动那显出一点血色的嘴唇，有气无力地问说：“你，你，你是芝龙吗？”

芝龙激动万分：“是啊，李大人，我是郑芝龙。”

李旦迷迷茫茫：“我们这是在阴府相会吧！”

“不，不，李大人，”芝龙应道，“我们都重新活过来了。”

“真的吗，芝龙？你没骗我吧。”李旦不敢相信。

“小的怎么敢骗你呢，大人。”芝龙指着蹲在一旁的渔妇、渔姑，“你看看这两位渔家姿娘，像不像阴府里的人？”

李旦侧过脸，把渔姑、渔妇端详一番，脸露笑容：“看来我们又回到这人世间啰！”

“是啊，李大人，”芝龙介绍说，“是她们母女俩把我们救活的。”

“噢！”李旦勉力坐起身，对着渔妇、渔姑，抱拳作揖，情恳意切，“两位救命之恩，李旦自当厚报。”

“这都是大人命大，小民只是做了常人该做的事。”渔妇谦恭应道，“现在大人一身湿漉漉，得赶紧找个村社，洗洗澡换换衣裳，好好调养调养。”

“是啊，”渔姑接着说，“这小嶝岛要什么没什么，大人这样待上一夜，恐怕又要生出病来。”

李旦若有所思：“哦，这里是小嶝？”

渔姑应道：“对，金门北边海面上的一个荒岛。”

“金门北边的小嶝岛……”李旦想起来了，随即转问芝龙，“你的家乡不是在金门附近的石井村吗？”

芝龙连连点头：“是，是。”

李旦再问：“石井离这小嶝有多远啊？”

“才十余里路，”芝龙连忙应说，“我家靠近海边，挺方便的，李大人现在先到石井去，好吗？”

李旦连连颔首：“好，好，我们这就去石井。”

第二十五章 石井村亲人重聚

浪涛拍打岩礁，夜幕笼罩村社，风雨洗刷过的石井显得格外清静。

就在这暗夜里，一星渔火伴着一只渔船，进入村东头内港，泊碇后，从船上伸出一块跳板，搁上沙滩……

一名壮汉背着一位老者，在两个女人护送下，相继踏过跳板走上岸，踩过沙地，沿着村中小路，来到一间石屋门前。

“到了，”壮汉朝着那年岁较大的女人，说，“快敲门。”

“笃，笃，笃。”那女人抬起手在门板上敲了三下。

门内毫无反应。

“用力再敲。”壮汉又说。

“咚，咚，咚，咚……”那女人用力再次敲门。

屋里依然无声无息。

壮汉一急，将背上的老者卸下，让两个女人搀扶着他，自己出手，猛拍门板：“开门，开门，快开门！”

“谁呀？”屋内传来一个妇女的声音。

“二妈，是我，”壮汉应说，“我是芝龙啊。”

“啊?！什么芝龙？”屋内那妇女正是芝龙的继母郑二妈，她一听这叫门的人自称是芝龙，不禁大惊失色，“你到底是什么人？”

“二妈，我是芝龙。”郑芝龙又说了一遍。

芝龙？芝龙他已经一年多断绝音信，怎么会在这深夜里跑回家来？而且这叫门声粗里粗气的，哪像是芝龙的声音？恐怕是海贼冒充他……

郑二妈连忙翻身下床，跑进儿子们的房间，喊道：“快，快，快起来！”

“咚，咚，咚。”拍门声又响了。

二妈心慌意乱：“海贼来了，海贼来了！”

刚醒过来的芝虎、芝凤、芝豹一听是海贼，立即抄起枕头边的刀剑，冲出房间，分头伏在厅堂两侧和大门后；二妈则从后门溜出去向护村丁勇报信……

郑芝龙在门外等着，等着，屋内一直悄无声息。他心头一急，抬起右腿，接连几脚，把门扇踹开……

忽然暗夜中闪出一道剑影，直朝着他的心窝猛刺过来……

芝龙一怔，迅捷躲过，顺势出掌劈向那持剑的手腕，欲将那把利剑拍下。

没想到那人好生了得，翻过手一招“玉虎旋风”，把剑刃扫向芝龙的双臂。

芝龙不敢怠慢，使出解数与持剑人过招，边斗着心里边嘀咕……

“家里哪来这么个人？三个弟弟都到哪里去了？已经说了几遍我是芝龙，他们为什么都不出来见我？刚才二妈分明是在家里，她到底怎么啦？……”

正当芝龙和持剑人斗得难分难解之时，厅堂里又钻出两个人来，一个持刀，一个持剑，三人围攻他一人。

郑芝龙在招架时透过夜色仔细察看，这三个人当中，大的那个年约二十，小的那个年约十五，还一个长得较为俊美的年约十八，他们分明就是芝虎、芝豹和芝凤，但为何却把亲哥哥当成仇敌？……

想到这里，芝龙他一阵“风卷霹雳”把三人扫开，高声喝道：“芝虎，芝凤，芝豹！”

这一喝把三人全给镇住了。

还是芝凤机灵，他盯着面前这条汉子，问：“你是什么人？”

“我是你们的亲哥哥芝龙。”郑芝龙郑重地应道。

“芝龙？！”三个人全惊呆了。

“我在门外跟二妈说了几遍，我是芝龙，她没告诉你们？”芝龙反问。

“二妈跟我们说，门外来了海贼……”芝虎嗫嚅应说。

“你们过来看看，”芝龙招呼道，“我到底是海贼呢，还是你们的亲长兄。”

芝豹年纪小顾虑少，率先举步走到芝龙跟前，抬起头看着他；芝虎、芝凤也随着靠上前来，将他上上下下端详一番……虽然相隔四年多，但依稀还能辨认出哥哥的模样……

芝龙看到两个同胞弟弟都已长大成人，最小的弟弟也已是英姿勃勃的少年，再想起这四年来几番死里逃生，不禁泪水盈眶，他拉起芝虎的手，嘴里迸出一句话：“芝虎，那把小弓弩还在吗？”

芝虎一听，“哇”的一声伏在芝龙的肩上，大哭起来；芝凤、芝豹也跟着扑进哥哥的怀里，“呜哇，呜哇”地哭个不停……

渔妇、渔姑搀扶着李旦站在门外，看芝龙几番叫门都叫不开，心里就有些担忧；接着看到芝龙一踹开屋门立即遭到屋里人的袭击，更是疑虑重重。三个人想进进不了，想退退不得，只能待在原地，六只眼睛紧盯着郑芝龙。想不到芝龙跟屋里人打了五六回合，忽又和那些人抱在一起号哭，真叫人像丈二金刚摸不着头壳……

正当李旦和渔姑、渔妇疑惑不解之时，身后传来了阵阵“哐、哐、哐”的锣声。他们转过头一看，十几支火把领着几十个手执刀枪棍棒的汉子，从四周围拢过来。

渔妇、渔姑大感惊愕，不知如何是好；李旦却镇定自若，寻思应对之策。

这帮大汉乃郑二妈招来的护村丁勇，他们来到郑家屋前，只看到两个浑身哆嗦的渔家女搀扶着一个像是官老爷的老者，不禁问道：“士表婶子，海贼呢？”

“海贼……”郑二妈自己也愣住了。

“‘海贼’在这里！”随着这铜钟般的声音，郑芝龙从屋内走了出来，在他身后紧跟着芝虎、芝凤、芝豹三兄弟。

“哎，这哪像个海贼？”

“哪有海贼自己说是海贼的？”

“他没带刀也没带枪啊。”

“看他那模样还顶俊俏的呢！”

丁勇们盯着这陌生人，议论纷纷……一位年岁稍大的禁不住开口问说：“你到底是什么人？”

“我嘛，”芝龙朗声应道，“我就是那个四年前坠崖落海的郑芝龙。”

“郑芝龙？！”丁勇们一片哗然。

郑二妈连忙跑上前，惊喜交集："阿龙，你，你，刚才敲门的就是你？"

芝龙单膝下跪，拜道："二妈，龙儿不孝，刚才惊扰你啦。"

"阿龙，我的好儿子！"二妈将他扶起，而后转向众丁勇，连连作揖："乡亲们，我错了，我错了，真不好意思，惊动了大家，不是海贼，是芝龙他回来了！"

郑芝龙随着抱拳向丁勇们道歉："我落难离乡，漏夜归来，引起家人误会，惊动了诸位，实在抱歉；现在天已经很晚了，请大家先回府安歇，待明日再好好叙谈。"

"好啊，好啊，芝龙，明天再来找你！"众丁勇纷纷应道，相继离去。

人群一散，芝龙便忙开来了。

他先让渔妇和渔姑将李旦扶进屋内；接着交代芝虎烧它一大锅热水，交代芝凤找出两套干净的衣裳；再把此次落海遇救的情况，简要说给二妈听。

二妈听他这一介绍，连忙下跪，向李旦磕头请安，向渔妇磕头道谢……

热水烧好了。

芝龙扶着李旦到屋后澡棚，帮他脱下浸透海水的锦袍，洗净全身，换上干净的衣服；而后请二妈将房间腾出，供他安歇。

把李旦安顿好了，芝龙自己才上澡棚洗澡。

芝龙进澡棚后，渔妇看一切都还顺利，女流之辈也不便在此留宿，便拉着渔姑向二妈告辞……

但母女俩一走到大门边，那渔姑却不肯走："别急嘛，别急嘛，阿母！"

"人都救活了，那个叫芝龙的少年家也找到家了嘛！"渔妇劝道，"我们还是回渔船吧。"

"阿母，再等一会儿，再等一会儿吧……"渔姑求道。

"阿翠，今天你怎么这个样子？我们的渔船放在海边，给人偷了怎么办？"渔妇厉声责问，硬拉着渔姑朝着门外走……

此时，芝龙洗过澡来到厅堂，即刻被三个弟弟团团围住，问这问那……阿翠脸现红晕直盯着芝龙，万般不舍地被她母亲拉出屋门……

待到芝龙跟三个弟弟谈过转向二妈问起，才知道她们母女已经离去，赶紧带着芝虎、芝凤追到海边，那只渔船已经不见踪影了……

第二天清晨，村头村尾都在议论郑芝龙平安归来之事，唯有宅深墙高的举人府还紧闭着大门。当年把芝龙逼下石斗崖的郑大雄，正在后院庭中练拳……

一个家丁急匆匆地跑进院子，唤道："雄爷。"

大雄转过头，看家丁那样子，瞪起眼睛，问："什么事，郑兴，慌里慌张的。"

这郑兴就是当年欺负芝龙、芝虎兄弟的那个为首的家丁，他凑到大雄耳边，悄声地说："爷，村东头那个小子芝龙，昨天深夜回来了。"

"哎，"大雄甚感奇怪，"前些年说他坠崖没死还到了澳门，去年又说他杳无音信，怎么又活着回来啦？"

"爷，"郑兴将大雄拉到一旁，"这次不但活着回来，还神气得很呢！"

大雄不屑地说："神气什么？"

郑兴连忙解释："听说是和一个名叫李旦的李大人一起到我们石井来的。"

"李旦，"大雄摸了摸头壳，"哪个李旦？"

郑兴应道："据昨晚那些丁勇说，这李旦身穿官服锦袍，虽然刚被渔家从海里救起，还是顶神气的；芝龙的弟弟今早则到处炫耀，说李旦不仅是朝廷五品大官，而且是个家财百万的大头家，原籍还是我们泉州府呢。"

"哦?!"大雄暗自吃惊，"难道是这位李旦？"

郑兴："爷，你也听说过有这么个李旦？"

大雄："前年我到泉州府拜见先父一位同僚，听他说起有个小时候的邻居名叫李旦，因和洋人做生意发了大财，捐了个官衔；不过他说这李旦多年来一直住在日本平户，怎么会到我们石井来？"

"要是芝龙这小子真的攀上了这个李旦，"郑兴咬着牙根，"他会不会对我们……"

大雄："还不好说。"

"爷，要不要过去探一探？"郑兴问。

"好，这就去。"大雄说着，转身和郑兴穿过厅堂，走出家门……

昨晚，李旦洗过澡于子夜时分上床，一觉睡到天大亮才醒过来。

侍候在床边的芝龙扶着他坐起身，恭谨地问道："李大人，昨晚睡得可好？”

李旦亲切地笑道：“睡得好，睡得好，多时都没睡过这么好的觉了。”

“这样，小的就放心了。”芝龙应着，随即服侍他盥洗完毕，来到厅堂。

李旦刚一落座，小弟芝豹就送来一钵番薯粥和三碟小菜。

“荒僻村野，没什么东西好招待大人。”芝龙在一旁羞愧地解释说。

李旦看那小菜一碟是炒虾皮，一碟是花生米，一碟是萝卜干，连声赞道：“好东西呀好东西！”说着动起筷子，夹了一片萝卜干，放在嘴里轻咬细嚼，频频颔首：“好久都没吃到这儿时的饭菜了。”

芝龙忙说：“大人不嫌就好。”

李旦看他一直站在一旁，招呼道：“芝龙，坐下来，咱们一起吃吧。”

“不行，不行，小的怎么可以跟大人一起吃饭。”芝龙连连摇手。

“我现在是在你家做客，”李旦故意板起脸，“你难道不肯陪我一起吃？”

“好，好，”芝龙只得点头，“小的这就遵命。”

二妈随即送来一副碗筷。

在芝龙陪侍下，李旦心情转缓过来，连吃了两大碗番薯粥和六碟小菜。

饱餐一顿之后，李旦忽然想起，问道：“芝龙，昨天那位渔姑和渔妇呢？”

“她们昨晚就驾着渔船走了。”芝龙愧疚地应说。

“啊?!”李旦很不高兴，“你怎么让她们走了呢？”

“昨晚小的在洗澡时，那渔妇拉着渔姑硬是要回渔船，我二妈挽留不住。”芝龙解释道，“小的洗完澡到厅堂又被三个弟弟围着问七问八，待到发现她们母女不在，赶紧追到海边，她们已经驾船走了。这都是我的疏失，请大人责罚。”

“哎哟！”李旦极感遗憾，“这样一来，岂不叫我白负了人家救命之恩？”

“这件事小的实在不该，”芝龙答说，“不过昨天下午，我有问过那渔姑，知道她姓江名叫阿翠，待大人身体康复后，我再认真探察，尽力找到她们。”

“唉！”李旦深深叹了口气，“也只能如此啰！”

他们正说着，屋门“哗”的一声被推开。

芝龙抬起头，哦！原来是芝虎、芝凤把塾师蔡继明给请来了；再一看，屋门外黑压压地围着一大群村民，好奇地盯着门内，便对芝虎说：“你去把大门关上，人就在门外守着。”

“是。”芝虎应道，转身跨出门槛，顺手拉过门扇，关上屋门。

蔡继明是被请来给李旦疗伤的。

他一进入厅堂便抱起拳向李旦鞠了个躬：“郡庠生蔡继明拜见李大人。”

“请坐，请坐！”李旦回礼说。

蔡继明坐到李旦身旁的板凳上，恭谨地叩问：“听说大人偶受微恙，不知伤在何处？”

李旦用手指了一下：“就在这肩背上。”

蔡继明：“请大人宽衣。”

芝龙上前，帮李旦解开那件粗布上衣，在左肩和左背连接处露出一大片乌青色的瘀血。

蔡继明：“这伤疾是……”

郑芝龙：“是被大船上折断的吊杆砸的。”

蔡继明用右掌心按摩着那片瘀血，问：“大人现在感到有哪些不适？”

李旦：“左背、左肩疼痛，左手举不起来。”

“当时受到的砸伤较重，又未能得到及时治疗，”蔡继明说，“短时间内恐怕难以治愈。”

“那需要多少时间呢？”郑芝龙问。

“疼痛要消止，至少须七天，”蔡继明说，“左臂、左肩要活动自如，则须二十天至一个月。”

郑芝龙：“李大人明天就要前往厦门，不能久留。”

“那我今天先给大人按摩涂药，”蔡继明征询道，“明日大人到了厦门，再请当地名医治疗，好吗？”

“太烦劳你了，蔡先生！”李旦颔首致谢。

蔡继明于是从随带的药箱中取出一只瓷瓶，倒出些许药水，抹在那片瘀血和周近的肩背上，然后张开手掌，轻轻按压拿捏。

正当李旦经过按摩颇感舒适之际，门外传来了激烈的吵闹声。

郑芝龙走过去把门打开，只见芝虎和大雄已经摆开架势，就要厮打。

“芝虎，回来。”芝龙喝道。

“不！”芝虎依然捏紧着拳头。

芝龙："你别理他嘛。"

芝虎："他干吗要先惹我？"

"我惹你什么啦？"大雄冷冷一笑，"这路是众人的，我为什么不能到这里来？"

"这是我家大门口，你为何要来探头探脑？"芝虎冲着大雄嚷道。

"连看都不准看一眼吗？"大雄踮起脚朝屋内望去，只见一个身穿粗布民服的老者，正在接受村里塾师的按摩，问，"那就是所谓的李大人吗？"

"这与你无关。"芝龙严正应说。

"可你们也不要自吹自擂嘛，"大雄不屑地说，"哼，什么李大人、桃大人的？"

"你说什么？"芝龙强忍住气。

"我说有人十分可笑，不知从哪里找来个老头就奉为大人。"大雄自鸣得意，"要论大人嘛，我爷爷当上了游击将军，那才是大人呢！"

芝龙捏起拳头："你给我滚！"

"别生气嘛，芝龙兄弟，"大雄嘲讽道，"要说你家屋里那位是什么李大人的话，不妨请他出来让乡亲们见识见识。"

芝龙再也忍不住，正要出手，身后响起李旦洪亮的声音："我来了！"

大雄仰头一看，那身穿民服的老者正踱着方步，走出门来，举手投足，气概非凡，不禁被那威仪镇住了。

李旦走到他跟前，开口问道："这位乡亲，请问尊姓大名？"

"我，我，"大雄有点着慌，"敝姓郑，小名大雄，是芝龙的族兄。"

李旦："刚才你说想要见我，是不是？"

"不，不，"大雄连忙应说，"刚才我是在说笑。"

李旦："我在屋里听着呢，你一点也不像在说笑。"

"那是，那是。"大雄心里更慌了。

"想见我，很好嘛，"李旦亲切地说，"那就请屋里坐吧！"

"不敢，不敢，"大雄抱起拳，连连鞠躬，"小的不敢。"

李旦指着石屋："这是你族弟芝龙的厝宅，同宗族亲，有什么不敢的呢？"

大雄进也不是，退也不是："这……这……"

"还客气什么，请进吧！"李旦说着，牵起大雄的手，直往屋里走去……

“哗，哗，哗！”围在门外看热闹的村民们随即拍起掌来……

在村民们热烈的掌声中，一个挤在人群最前面的十一二岁的孩子，趁机跟在李旦身后也钻进屋里……

在屋里的蔡继明收起药物，陪着李旦、大雄坐到板凳上；芝龙、芝虎、芝凤、芝豹按礼节站在一旁。

大雄坐定后左顾右盼，忽看到小庭院里正晾晒着一套锦袍官服，当即醒悟过来。

这时，李旦发话了：“大雄兄弟，听说令祖乃嘉靖年间的武举，官至游击，不知确否？”

大雄恭谨地说：“是的，大人。”

李旦正色道：“别称呼我大人了，大雄兄弟。”

“刚才多有得罪，万望大人宽恕。”大雄无比愧疚。

“不知者无罪嘛，”李旦展颜一笑，“贵府乃武将世家，你的武艺谅必也很高超。”

“惭愧，惭愧，”大雄应道，“小的虽也习武，但比起先祖、先父，那是不及其分毫。”

“不管怎么样，”李旦说，“当下在石井村，你的武艺该是首屈一指吧。”

大雄：“岂敢，岂敢，大人过奖了。”

“你就不必故谦了，”李旦恳切地说，“我有一桩事还想请教你呢。”

大雄：“大人尽管吩咐。”

李旦：“昨晚我刚到石井，就听说这里在闹海贼，果有其事？”

“是的，大人，”大雄应说，“这股海贼自去年秋天开始，不断骚扰闽南沿海，起先只是偷袭一些偏僻村社，今春以来竟敢闯进沿海大村，抢掠食品和财物，劫夺船只；据称现在已有贼船二三十条，贼伙二百多人。”

李旦：“官兵有否进行清剿？”

大雄：“官府虽然出兵要清剿，但这伙海贼无比狡诈，行动诡秘，每每是突然出现，抢它一把，待到官兵追来，他们已经无影无踪。”

“哦，”李旦再问，“据你所知，这股海贼里面，有没有掺杂倭寇残余？”

"这我就不知道了，"大雄答说，"听人讲，这伙海贼的贼首名叫谢贯，原为渔夫，深谙水性，彪悍勇猛，人莫能敌。"

"原来如此，"李旦叹道，"怪不得昨晚这里的丁勇，会误将我们当成海贼了！"

大雄："昨晚丁勇多有冒犯，还请大人原谅。"

"丁勇警觉，照理说还应嘉奖，"李旦娓娓道来，"事情实出在芝龙身上，他离乡多年，蓦然深夜猛叩家门，怎能不引起家人的怀疑？"

"是，是。"大雄连连点头。

"哎，"李旦忽然想起，"大雄兄弟，你和芝龙之间似乎有些积怨，至今未消，是吗？"

"这，"大雄自感羞愧，连忙应说，"这都是我的过错。"

李旦看他态度诚恳，抬起头瞥了芝龙一眼："依我看，芝龙也不是一点过失都没有。"

坐在一旁的蔡继明听到这里，深受感动，含着眼泪激动地说："要论，我也有过失嘛。回想当年在学塾为了一只小弓弩，结果闹成那个样子，这些年我真是愧疚锥心。今日幸得芝龙平安归来，李旦大人又如此谆谆教诲，我看呀，芝龙、大雄，你们两家不要再这样视同仇敌了！"

蔡继明此言一出，大雄和芝龙都低下了头，厅堂里顿时寂然无声。

少顷，李旦打破寂静，开言问道："怎么样，大雄、芝龙，蔡先生说得有没有道理？"

芝龙和大雄默然不答，却把头埋得更低。

"怎么都成哑巴了，说呀，"李旦催道，"蔡先生说得对不对啊？"

"对，对。"大雄、芝龙相继点了点头。

"芝龙，"李旦豪兴大发，"拿酒来！"

芝龙连忙进入内室，捧出一瓮酒放到饭桌上。

二妈在一旁连连作揖："十分抱歉，李大人，家里只有这番薯酒。"

"番薯酒就番薯酒，"李旦边应着边招呼二妈，"把你一家人都请出来，一起喝这同心酒吧。"

听到李旦这一招呼，芝虎、芝凤、芝豹全都欢天喜地拥到饭桌旁；机灵的芝凤还顺势送来一叠瓷碗。

酒斟一巡，李旦先端起酒碗，朗声说道：“这回李旦我绝处逢生，来到石井，真乃三生有幸，现在我借花献佛，敬大家一碗酒；明日我就要前往厦门，还望诸位陪我一程。”

蔡继明、郑大雄和二妈及芝龙四兄弟一起端起酒碗，齐声应说：“遵命！”

就这样，八个人同时将碗里的酒一饮而尽……

那个跟着李旦、大雄钻进屋里的孩子，一直躲在厅门外看热闹，至此不禁笑出声来：“嘻嘻嘻嘻……嘻嘻嘻嘻……”

郑芝龙一听到嬉笑声，起身走到厅门外，看到有个十一二岁的孩子躲在那里，便开口问道：“你是什么人，竟敢钻到这里来？”

那孩子先亲热地叫了一声：“芝龙叔！”接着应说：“我叫郑泰，华庭角的……”

“华庭角怎么跑到我们西庭角来呢？”郑芝龙再问。

“芝龙叔当年坠崖，现在却平安回乡，全石井都轰开了，”那孩子笑嘻嘻地应道，“我就跟着我们华庭角的叔叔婶婶们跑过来看热闹。”

芝龙听他口齿伶俐，不禁仔细端详那面相，见他面容清秀，双眼晶亮，天庭透露出一股灵气，显然是个十分聪颖的孩子……

这时，二妈也走了出来，板着脸指责那孩子：“阿泰，你怎么又乱窜了？”

“我没乱窜嘛，我是来看芝龙叔的。”那孩子应道，装出一副可怜相。

芝龙看那样子，笑了笑：“二妈，这孩子顶乖巧，你别责怪他。”

“乖巧是乖巧，书也读得好，还时常帮他阿母下田种地，下海捞鱼，”二妈应说，“就是喜欢到处乱跑，弄不好就会出事的。”

“他阿爹呢，怎么不管一管呢？”芝龙问道。

“唉！”二妈叹了口气，“他阿爸五年前就过世了……”

那小孩听到这里，赶紧说：“芝龙叔、二婶婆，我要回去了。”说着，拔起腿赶紧往外跑……

二妈盯着他的背影，满怀怜爱地叹道：“可怜的孩子！……”

随着小郑泰跑出庭院，在客厅里的蔡继明和郑大雄也向李旦告辞，由芝虎、芝凤、芝豹和在庭院里的芝龙送到大门外。

送走了蔡继明和郑大雄，经历艰苦磨难、绝处逢生的郑芝龙赶紧叩问二妈："阿母，阿爹还在泉州府衙做事吗?"

二妈一听，眼含泪水，悲叹道："唉……你爹已经在今年年初过世了!"

"啊?!"芝龙大感意外，"怎么会过世?"

"在府衙里管库太劳累，结果病倒在库房里，"二妈边流泪边应说，"知府大人得知后请来泉州的名医救治，结果没有救活……"

芝龙禁不住悲恸大哭："阿爹！……阿爹！……"

"阿爹！……阿爹！……"芝虎、芝凤、芝豹随之也放声恸哭。

少顷，坐在一旁的李旦擦了擦眼角的泪水，劝道："芝龙，你爹过世不能复生，你们兄弟往后更要发奋，创建伟业，光耀门庭，来报答你爹养育之恩。"

在李旦的劝慰下，二妈和芝龙四兄弟的悲情才渐渐舒缓下来……全家在午饭后备好祭品，到鳌峰山上"郑公士表"墓前，由长子芝龙领头拜祭……

第二十六章 厦门商馆喜气洋溢

第二天上午，身穿锦袍官服的李旦，在芝龙、芝虎、芝凤、芝豹的簇拥下，来到海边。郑大雄、蔡继明已经在举人府那只大艚上候着。

李旦登船后，大艚立即起碇升帆，穿过金门岛北的金山港，进入厦门海域，午后抵达码头，第一个碰见的就是钟斌。

钟斌他呀，原以为李旦、芝龙已经葬身大海，万料不到竟然还活着。好在他机灵活络，很快就把吓掉的魂招回来，随即赶紧上岸，跑到杨陆、刘奔跟前，卖了个关子："杨总管、刘爷，李旦大人他……"

"李旦他？"杨陆对钟斌此时提起李旦甚感奇怪，"他不是死了吗？"

"不，"钟斌大摇其头，"李旦大人他没死……"

刘奔大惊："你疯了吧，钟斌？"

钟斌拍着自己的胸膛："刘爷你看，我像个疯子吗？"

杨陆看他那样子，有点恼火："别装模作样了，到底怎么回事，说。"

"李旦大人，"钟斌一字字地说："他——回——来——了！"

"你见到鬼了吧?!"刘奔一把揪起他的胸襟。

"不是见鬼啊，刘爷，"钟斌瞪起眼睛，"李旦大人已经到码头了，郑芝龙和他一起回来啦。"

"真的？"杨陆、刘奔震惊。

钟斌反问道："我还敢骗你们吗？"

"这……这……"刘奔惶然不知所措。

"钟斌，"杨陆强自镇定下来，交代说，"你先过去，我们随后就到。"

"是。"钟斌转过身奔向码头……

刘奔急切地问："怎么办，师兄？"

杨陆紧皱眉头，苦寻对策……

"快说呀，怎么办？"刘奔催道。

杨陆板起脸："慌什么？"

"能不慌吗？"刘奔给顶回去，"那个陈衷纪……"

杨陆强自镇定："陈衷纪就是有过失嘛，况且我们只把他关押起来，并没伤他一根毫毛。"

刘奔不大放心："还有这个钟斌……"

"哼，"杨陆轻蔑地说，"我看他都自顾不暇呢。"

"可我……"刘奔依然忧虑重重。

"你吗……"杨陆计从心来，"你现在快回商馆，就当不知道这消息。先送点银子给昨晚陪你的那个女仆，叫她赶紧把大房收拾干净。"

"是。"刘奔应着，转过身就要走。

"还有，"杨陆一把拉住他，"安顿好那女仆之后，你要带着商馆的工匠，从器物间里找出一根合适的吊杆，抄小路转回码头到福船上，将那根折断的吊杆换掉，再把船队相关事务安排好。记住，手脚要快，但不要慌。"

刘奔心绪稍安，应道："小弟记住了。不过，师兄你呢？"

杨陆坦然地说："我这就到码头迎接李大人去。"

杨陆来到码头时，李旦在芝龙、钟斌搀扶下已经登上岸来，身后还跟随着郑大雄、蔡继明和芝虎等三兄弟。

他急忙趋前，双膝下跪，眼含热泪，连连磕头："李大人啊李大人，你终于平安归来了！"

李旦连忙伸出右手，拍着他的肩膀："杨陆兄弟，快起，快起！"

杨陆站起身，颤声说道："小弟这两天日思夜想，把心都快操碎了，我的大师兄啊！"说着，两行泪水夺眶而出，滴落到地面上。

李旦深受感动，眼泪不禁涌上眼眶："杨陆兄弟，真多亏你了！"

"前天福船遭遇风暴，小弟接到钟斌他们报信时，整个人都惊呆了。"杨陆继续饱含感情地说，"过后却不知为何，总认为大师兄你吉人自有天相，总有一天会平安归来……"

“是啊，是啊，”钟斌连忙应和，“二总管多次跟我们说，李大人吉人自有天相，总有一天会平安归来。”

“哦?!”李旦甚感惊奇，“果真有这样说过?”

“真的，李大人，”钟斌应道，“二总管在商馆也说，到船上也说，船队和商馆百多号人全都听到。”

李旦更其感动，颤抖抖地把杨陆抱进怀中：“我的好兄弟啊，我的好兄弟!”

杨陆稍候片刻，转过头交代钟斌：“你快回去将大人平安归来的喜讯告诉大家，赶紧作好迎接准备。”然后亲热地搀扶着李旦，朝着商馆缓缓走去。

师兄弟俩在前，芝龙等人在后，走不上百步，前方就传来震天的鞭炮声……

待到他们抵达商馆，大门两旁已经黑压压地跪满了人……

李旦举起右手，频频摇动：“大家请起，请起，不必多礼!”

商馆伙计和临时工役却还一直跪着，等到这一行人全都进入大厅，才一道站起。

李旦看到大家因他的平安归来，一个个喜气洋洋，极受感动，他两眼噙着泪花，右手扪着前胸，向大家深深鞠了个躬：“多谢诸位记挂，请受李旦一拜!”

“恭祝大人平安归来！恭祝大人平安归来！”大厅里随即响起了阵阵欢呼声……

如此隆重的场面，使得初出远门的芝虎、芝凤、芝豹惊喜交集；就连见过世面的郑大雄和蔡继明，也都惊叹不已。

正当他们深感荣幸之时，李旦挥手让伙计们安静下来，然后指着身旁的郑芝龙，说：“这位是新到我们金阳商行的少年家，名叫郑芝龙，这回是他不顾自己的死活，跳入海中救我，希望大家和我一样记住他。”

李旦此言一出，伙计们的目光全都集中到芝龙身上。

“原来是这小子救了李旦!”杨陆一凛，随即朝着芝龙，高声呼道：“欢迎芝龙兄弟!”边呼着边领头鼓起掌来。

“欢迎，欢迎!”伙计们跟着热烈鼓掌。

李旦等掌声稍减，接着说道：“当我们两人被浪潮卷到小嶝岛上的海滩，是一只连家船上的渔妇、渔姑用姜汤和鱼汤将我们喂醒，把我们送到石井村。可惜我没能及时报答她们……”

“渔妇，渔姑……小嶝，石井……”大家听后，窃窃私议……

李旦稍等片刻，满面笑容地宣布：“今天厦门商馆真热闹，为了给大家助兴，我看不论职位高低，也不分什么卫丁、仆役，每人先给赏银五两，请大家到账房领取，领过赏银就做事去，好吗？”

“谢大人！”伙计们个个喜笑颜开，纷纷到账房领赏银去了。

随后，李旦又交代杨陆备好五份赏金，其中各五十两者两份，赏给郑大雄和蔡继明；各二十两者三份，赏给芝虎、芝凤、芝豹。

当晚用过晚餐，李旦由芝龙陪侍，在他专用的大房里安寝；大雄、继明和芝虎三兄弟，则分别被安排在两间客房里歇息。

话说芝虎、芝凤、芝豹三人一住进那客房，即刻关上房门，各自从怀里掏出那小红布包，解开一看，两枚光闪闪的银锭露了出来……

“哇！”三兄弟同声惊呼。

前些年，每当收到大哥从澳门寄回来的银子，十两也好，五两也好，他们都欢欣雀跃。就凭那些银两，加上勤耕勤作，弟兄们不但有吃有穿，还都能在学塾里读书、在武馆里习武。后来大哥突然杳无音信，银两一断，家里那日子可就难熬了。

银子真是个宝呀！要挣到银子真不容易呀！

今天，李旦大人一下子就赏给这么多银子，叫这三兄弟全都看花了眼……

“李大人真是个大好人啊！”小弟芝豹先赞道。

“他对伙计们也实在好，一开口就赏给每人五两银子。”芝凤接着说。

“可他赏给我们的是每人二十两啊！”芝豹自己感到很得意。

芝虎噘着嘴：“不过，他赏给大狗熊五十两有点不公平。”

“二哥，你别这样说，”芝凤劝道，“今天我们乘来厦门的船，是大雄他府上的，多给他三十两也是应该的。”

“对，对。”芝豹表示赞同，紧接着问，“哎，我们这二十两赏银要不要交给母亲？”

这一问，把芝虎、芝凤给问住了，两人都扭过脖子，默不作答。

“这些年母亲老在念着，说我们家的石厝太小了。”芝豹嘀咕道，“二哥要娶亲都腾不出新娘房……”

“芝豹，别扯到我头上。”芝虎打断他。

芝豹委屈地说：“这是实情嘛，家里的屋子确实太小。”

“你的意思是，”芝凤问道，“我们三人共六十两赏银该全数交给母亲，对不对？”

“嗯，”芝豹点了点头，“这六十两银子合起来，不但可以在屋后多盖几间房间，剩下的钱还可以买一只小舢板。”

“小舢板有什么屁用？”芝虎表示反对。

“那房子要不要盖？”芝豹反问他。

“这……”芝虎挠了挠头壳。

“我看二哥、四弟啊，”芝凤在一旁讥笑，“你们俩都有些傻气。”

芝虎板起脸：“怎么我有傻气？”

“你们想想看，”芝凤笑着问道，“李大人这回是大哥跳入海中把他救起来的，他会给大哥多少赏金啊？”

“哦，对啊！”芝虎、芝豹高兴得跳了起来。

“大哥拿了那么多赏金难道不留一些在家里？”芝凤接着问，“我们还愁没钱盖房子、买舢板?!”

“是啊，这二十两赏银就该是我们个人的私房钱，”芝虎拍起手，“往后想买弓箭、想买飞镖，想到泉州府、漳州府去逛逛，都不用愁没钱啰。”

“有这二十两银子啊，”芝豹应和说，“就算买它一只舢板、两条渔网、几排钓钩也尽够了。”

芝凤在一旁听着，又摇起头来。

芝虎看他那神色，甚感不解：“芝凤，难道我们又错了？”

“错是没错，”芝凤说，“不过还是傻气十足。”

“哼，”芝虎有些气恼，“就你老三乖巧。”

“这不关什么乖巧不乖巧，”芝凤解释道，“我们都听大哥介绍过，李大人有商馆六七处，大船几十艘，手下的伙计有上千人。别的我们没见过就不说了，单说厦门这幢商馆，不但比我们南安县的县衙要大，还要气派得多。”

“对，对。”芝虎、芝豹齐声应说。

芝凤：“那你们算算看，李大人他到底有多少钱？”

芝虎：“这，这哪算得清楚啊？”

芝凤：“所以我想呀，得了这二十两赏银只是区区小事……”

“只是区区小事？”芝豹甚难理解。

“对，”芝凤继续说，“如果我们能当上李大人的伙计，每个月都有薪水，三不五时还有赏金，你们说说，一年下来会有多少钱啊！？”

“哦！”芝虎、芝豹明白过来了，齐声叹道，“我们怎么没想到这一招？！”

芝凤郑重地说：“现在这机会真是千载难逢，明天我们一定要盯住大哥，叫他求求李大人把我们都留下。”

“对，”芝虎坚决响应，“我们三兄弟全都留下来。”

芝豹却有些犹豫：“不过，我们都走了，母亲她一个人怎么办？”

芝虎瞪起眼睛：“那你就留在家里陪她嘛。”

“不，不，”芝豹连忙改口，“我要跟哥哥们在一起。”

芝虎指着他鼻子：“你还是个男子汉吗？！”

“我怎么不是男子汉？”芝豹给顶了回去。

“好啦，好啦，别争了。”芝凤劝道，“李大人乐不乐意收下我们还不一定，今晚我们先睡它个好觉，明天再想办法把这事给办成。”

“对，对；睡觉，睡觉！”芝虎、芝豹齐声应说。

于是，三兄弟一起翻身上床，顷刻之间便都呼呼地进入梦乡……

在芝虎等三兄弟入睡之前，李旦在芝龙的服侍下经已安睡了。

在芝虎等三兄弟入睡之后，蔡继明和郑大雄也都相继睡着了。

二更时分，闹哄了大半天的厦门商馆渐渐寂静下来。

这时，前往船队处理事务的刘奔来到商馆后落，轻轻推开杨陆那房间的门。

“谁人？”坐在交椅上陷入沉思的杨陆猛抬起头。

“是我呀，”刘奔走到他跟前，“怎么啦，师兄，情况不妙？”

“原来是你啊！”杨陆舒了口大气，脸现喜色，“你想想看，情况能不妙吗？！”

“李旦那家伙没生疑?”刘奔问道。

“生什么疑呀?”杨陆微微一笑,“他感谢都来不及呢!”

刘奔仍不相信:“真的?”

“明天你问问商馆的伙计就知道了,”杨陆应说,“他一和我见面呀,我就叫他感动得老泪纵横。”

“师兄,”刘奔甚感惊奇,“你使的是哪一招?”

“别人使的是‘一手遮天’,”杨陆扬扬得意,“我使的却是‘一语遮天’。”

刘奔仍不明白:“什么‘一语遮天’?”

杨陆颇为自得:“就是我在福船上也讲、在商馆里也讲的那句话,‘吉人自有天相’。”

“当时你讲这话是在哄人的啊!”刘奔依然不解。

“不错,当时是在哄人,”杨陆应道,“可我在下午相见时刻意提起这句话,却让李旦认为我是在为他祝祷,使他感动得不得了。”

“对啊,”刘奔顿时明白过来,“想不到这句哄人的话竟把那些事全遮掩了。”

“何止是遮掩,”杨陆说,“就凭这句话表的那份‘忠心’,李旦往后还能不更加信任我们?倚重我们?”

“师兄你真高明啊!”刘奔跷起大拇指赞道。

杨陆笑道:“好啦,说说你那边的情况。”

“遵照师兄的吩咐,”刘奔报告说,“我很快就在器物间里找到一根相差无几的吊杆,叫两个工匠扛到福船上,花了整整一个时辰才安装好。”

“那根折断的吊杆呢?”杨陆问。

刘奔应道:“叫工匠拿回商馆放进废料间,只是那折断的部位我都处理过了,管保经得起任何查验。”

“船队的船员们呢?”杨陆再问。

“我全数把他们管束在船上,不让他们上岸。”刘奔应道。

杨陆仍不放心:“他们没看到岸上很热闹?没听到商馆放鞭炮?”

“看是看到,听是听到,”刘奔答说,“可我就是不让他们上岸凑热闹,以免节外生枝。”

“这样做很对,”杨陆点了点头,“不过,明日早晨,你要领着他们到商馆拜见李旦。”

“是，”刘奔应着，继而问道，“那个陈衷纪怎么办？”

杨陆：“继续把他关着，等李旦问起了再说。”

刘奔：“他可是从小就跟随李旦的啊。”

“不过，哼，”杨陆轻蔑一笑，“这回他是罪责难逃，即便李旦不加责罚，也不可能再重用他啰。”

“唉！”刘奔叹了口气，“可惜挤掉了一个陈衷纪，却冒出了一个郑芝龙……”

“郑芝龙，”杨陆沉下脸，“看来这少年家很不简单。”

“这家伙张狂得不得了，”刘奔咬着牙说，“这回要不是他，我早就得手了。”

“他张狂他的，与你何关？”杨陆劝道，“况且他也并非有意和你作对。”

“可这样一来，我们什么时候才能把金阳拿到手，以告慰师父在天之灵？”刘奔依然愤愤不已。

“别急，师弟，今后的机会还有的是。”杨陆说，“至于这郑芝龙，他毕竟还年轻，我们总是有办法对付。”

“怎么对付？”刘奔问，“你看今日李旦当众褒扬他时，简直把他尊为救命恩人。”

“这又有什么呢？”杨陆答，“我们想办法将他拉过来不就得了。”

“难啊！”刘奔摇了摇头。

“有什么难，”杨陆笑道，“年轻人总逃不过财、色两关。”

“哦!?”刘奔看他那样子，问：“师兄有何妙策？”

杨陆凑到刘奔耳旁，一阵耳语……

“是，是，记住了。”刘奔频频颔首……

受到李旦当众褒扬，郑芝龙反倒不敢像以前那样张狂了。

当晚，他更加无微不至地侍候李旦，自己睡得很少，而且心中一直记挂那三个跟着他到厦门来的弟弟。

第二天一大早，他看李旦正在酣睡，一时半刻不会醒来，便悄悄来到弟弟们住宿的那间客房。

从外墙的小窗户透进了熹微的晨光，客房里的情境依稀可见。两张四尺宽的床铺倚墙而放，中间是一台五尺高的木柜。靠左边的铺上，睡着芝虎一人；靠右边的床上，芝凤、芝豹则合睡在一起。

芝龙先走到左边铺前，低下头一看，芝虎躬身侧卧，一条棉布被单遮身，睡得正香。他再转到右边床前，芝凤、芝豹紧挨而睡；芝豹的一只脚跷在芝凤的腹肚上，芝凤的一只手则搁在芝豹的胸脯前；那条被单不知什么时候让他们给踢到床下去了。

郑芝龙看着看着，胸中充溢爱怜之情，他俯身从地上捡起那条被单，轻轻抖了抖，重新盖到芝凤、芝豹的身上，而后坐到床沿，抚摩着芝凤的脸庞和双肩。

母亲去世的时候，自己已经七岁，芝虎也已五岁，多少懂了点事；唯有这三岁的小芝凤，硬是扑在闭上双眼的母亲怀中，哭呀，哭呀，死活不肯离开……想起当年那情景，芝龙的眼眶又红了，他掠去遮在芝凤脸上的一绺头发，俯首盯着那张俊秀的脸。

“咿呜……”睡了一夜的芝凤不知做了个什么梦，把搁在芝豹胸前的那只手举了起来，一勾勾到芝龙的脖子上，随即睁开了眼睛。

“大哥！”芝凤高兴地喊道，两只手将芝龙紧紧抱住。

这一喊把芝虎、芝豹也吵醒了。

他们俩相继坐起身，蒙眬中看到芝凤抱着一个人，即刻认定那人是谁。

“大哥！大哥！”芝虎腾身而起，冲到芝豹的床前，四兄弟再次紧搂在一起。

过了好一会儿，芝龙将弟弟们扣在他身上的手一只只掰开，关切地问：“昨晚睡得怎么样？”

“很好，睡得很好！”弟弟们齐声应道。

芝龙笑道：“你们睡得好，我就放心了。”

“能睡不好吗，哥。”芝虎说，“你看这房间，墙上刷的是白灰，地上铺的是红砖，床铺又宽又牢，不像我们家里那统铺睡起来吱吱嘎嘎的。还有，昨晚那顿饭吃得真够饱，当然睡得好……”

“对，对，”芝豹接着说，“昨晚那顿饭真好吃，就像我们家的年夜饭。”

“大哥，”芝凤顺势转入正题，“昨晚我们三人商量来商量去，决心要留下来当李大人的伙计……”

“你们想当李大人的伙计?”芝龙感到有点意外。

“是啊，大哥，”芝虎、芝豹应道，“你去求求李大人，把我们都留下吧。”

“这……”芝龙有些犹豫。

“大哥，你虽然很有本事，毕竟‘孤鸟插人群’。”芝凤恳切地说，“我们三人再留下来，大哥你就有贴心伙伴了。”

芝龙一听，眼睛一亮:“好，我这就去找李大人。”

郑芝龙回到大房，李旦刚醒，盥洗完毕，膳房送来早餐。

李旦用餐时，芝龙几番想把弟弟们的请求提出来，却又感到过于冒昧。

忽听到敲门声响，芝龙走了过去，把门打开，杨陆和刘奔已相偕来到门外。

“快进来，快进来。”李旦连声招呼，随即将碗里所剩无多的鱼片粥吃光。

杨陆、刘奔走到李旦跟前，抱拳禀道:“李大人，船队全体船员已聚在大厅，恭候大人接见。”

“啧，”李旦摇了摇头，“过几天就要一起回平户了，何须特地前来求见。”

“大人平安归来，船员们高兴得不得了。”杨陆连忙应说，“大家都想早一点向大人请个安，都以一睹大人尊颜为快啊!”

“是啊，是啊，”刘奔紧接着说，“昨晚听到大人平安归来的喜讯，大家就争着要到商馆来，职下担心打搅了大人，才答应他们今早来拜见。”

“那好吧。”李旦站起身，由芝龙搀扶，缓步走向大厅……

金阳这主船队各船的火长、司货、司舵、水手、工役等六七十人，一见李旦进入大厅，立即下跪，齐声拜道:“恭祝大人平安归来!”

“快请起，快请起!”李旦连连挥手。

船员们遵命起立，两名仆役端来太师椅。

李旦坐定后开言道:“此次突遇暴风，诸位多辛苦了，不知各船现况如何?”

“托大人之福，船队虽遇风暴，但各船受损不大，现在都已修复。”刘奔代表众人回答。

李旦:“各船的人员呢?”

刘奔:“人员全都安好。”

李旦举目，扫向人群，仔细寻觅，忽觉有异，问:“衷纪呢，他在哪里?”

“陈衷纪这次过错太重，致使大人落海。”杨陆站出来应说，“我已将他关押起来，听候处置。”

“啊?!”李旦甚感惊讶，“他虽有过错，但怎么能把他给关起来?”

“据福船上的船员报称，大人曾怒斥陈衷纪。”杨陆辩道，“可见其罪责之重，我是按商行的规章暂停他的职务并予以关押的。”

“他的应对措施虽有失当之处，但大多还是正确的。”李旦显得焦灼不安，“船员们该是误解了我的本意。”

“哦，原来是这样，”杨陆忙说，“那我赶紧去把他放出来。”

“慢!”李旦摆手，“我自己去。”说着，让芝龙把他扶起身，迈步走到商馆后落关押犯案伙计的囚室门前。

看管的卫丁打开铁栅门，李旦弯腰踏入室内，但见陈衷纪蜷曲着身子，坐在铺有稻草的地面上。

“衷纪!”李旦亲热地唤道。

一听到那熟悉的声音，陈衷纪猛抬起头……

“啊?!”才过这么几天，本来黝黑丰盈的脸庞竟瘦瘪成这个样子，李旦不禁一阵心酸，“衷纪，衷纪! 你……”

“你，你是谁人?”陈衷纪惊惶万状。

“我是李旦呀。”还是那熟悉的声音。

“李旦大人?!”衷纪睁大着眼睛，上上下下将李旦端详过几番，嘴里直叨念着，“我还在做梦吗? 我还在做梦吗?”

“不，衷纪，你不是在做梦。”李旦走到他跟前，拍着他的肩膀，“李旦我回来了，我活着回来了!”

“李旦!?”衷纪倏地站起，浑身发颤，“大人，你活着回来了?!”

“是啊，你看嘛，衷纪，”李旦牵起他的手，“我不是好好地站在你的面前吗?”

“李大人啊!”衷纪扑到李旦肩上，放声大哭，“李大人! ……”

李旦不停地拍着他的背:“别哭了，别哭了，衷纪……”

“李大人，”衷纪边哭边诉，“你要是没回来，我这颗脑袋恐怕也保不住了……”

“不会的，衷纪。”李旦郑重地说，“杨总管他是在执行商行的规章，你千万不要把这事挂在心上。”

“是，是，我听大人的。”衷纪止哭应说。

李旦亲切地说：“好啦，衷纪，擦干你的眼泪，跟我到大厅去。”边说边拉着陈衷纪，走出囚室，来到大厅。

看到李旦和衷纪一起前来，在场的船员们真是又惊又喜……

李旦将陈衷纪带到全体船员面前，郑重宣布：“这次突遇暴风，陈衷纪应对时虽有过失，但并无大错，你们可能有些误会。现在，他仍然是我们福船上的火长，也是这支船队的总火长，今后各船航行，仍然要听从他的指挥。”

“好！”船员们高声应道。

李旦满怀深情地说：“这回抗击风暴，诸位都辛苦了，特别是杨陆和刘奔两位主事人，我衷心感谢你们！”说着，向大家深深鞠了个躬。

在场的船员们看李旦是那样的诚挚，无不深受感动。

“再过三天，我们就要起程返回平户，”李旦继续说道，“希望各位对船只和船上的装备再进行一番检查修整，以保万无一失。至于奖赏，待船队回到平户，商行总部一定会重赏大家。”

“哦嗬，哦嗬！”大厅里响起了阵阵欢呼声。

第二十七章 李旦勉励芝龙兄弟

刚一散场，杨陆立即来到陈衷纪面前，抱拳躬身，语气诚挚地说：“衷纪兄，前两天多有得罪，实在抱歉，还望多加包涵。”

衷纪对杨陆主动前来道歉甚感意外，连忙应说：“二总管说到哪里去了，你是在执行商行律令，船员们有误会也在所难免。”

杨陆叹道：“事情虽然是这样，不过这些天让衷纪兄受苦，杨陆我于心不安啊！”

“千万不要这样说，”衷纪十分感动，“刚才李旦大人已经说过了，请二总管不要把这事记挂在心。”

杨陆：“是啊，我们都应该听从李大人，现在请赶紧去洗个澡换件衣服，今晚我再备一席薄酒，向衷纪兄赔礼。”

“不敢当，不敢当！”衷纪连连摇手。

“衷纪兄不要客气了！”杨陆说着，交代大厅里的一个女仆，“你快领衷纪火长到客房，好好洗个澡。”

“多谢二总管！”衷纪抱拳谢过之后，跟着女仆到客房洗澡去了。

这时站在大厅角落的刘奔才走了过来，看看周围没有其他人，开口问道：“二总管，你这玩的是什么把戏啊？”

“怎么啦，师弟，”杨陆轻声地问，“你都看见了？”

刘奔似笑非笑：“不但都看见了，而且都听到了。”

杨陆瞅了他一眼：“哦，你把两只耳朵全都竖起来？”

“当然啰，”刘奔气愤地说，“我真不明白你为什么要向他道歉，而且还要置酒赔礼。”

“唉，师弟，”杨陆叹了口气，“我看你粗率之气至今尚未根除，须知善于隐忍才能成就大谋啊。”

“隐忍？”刘奔反问，“隐忍就该这样低三下四？”

“这不是低三下四，师弟，”杨陆应道，“你没看到今天李旦是怎么对待陈衷纪的？我们原先的估计错了。”

“错了?!”刘奔一凛。

“要是按照你最初的意见，把他给做掉，”杨陆压低声音说，“我们这回就很难过关，多年来的隐忍和努力就可能全废了。”

“嗯，”刘奔明白过来了，“师兄说得有理，那我们该……”

杨陆坚定地说：“我们应该继续隐忍，笼络人心，抓准时机，一锤定音。”

“继续隐忍，笼络人心，抓准时机，一锤定音……”刘奔复述着杨陆的话。

“对，”杨陆继续说道，“笼络人心是为了积蓄力量，所以今晚我要在厦门城内的酒楼里招待陈衷纪，你和钟斌要来作陪，而且要老老实实地向衷纪赔礼道歉。”

刘奔点头：“是。”

杨陆继续道：“回平户之后，你对上对下都要讨好，还要多用心计，耐心等待时机，千万不要性急。”

“对吉冈呢？”刘奔忽然想起，问道。

“我看吉冈还是可靠的，”杨陆应说，“你要暗中跟他联络，必要时给他一些好处，务必让他为我所用。”

刘奔应道：“好，我明白了。”

李旦散场后在芝龙陪侍下返回大房，蔡继明已带着药箱在门前恭候。

“快请进，蔡先生。”李旦连忙招呼道。

三人相偕进房，芝龙搬来一只藤皮凳，搀扶李旦坐定，帮他解开锦袍，露出左背左肩。

蔡继明靠前一看，背上乌青肿块已消去近半，心中甚喜，他将药液倒进掌心，继续在相关穴位上推拿按摩，边发力边问说：“大人现在感觉如何？”

李旦笑道：“疼痛减轻许多，关节也较前活络。”

蔡继明赞许道:“大人体质强健，痊愈得相当快，我在泉州和石井曾为多人治过伤，像大人这样的体质很少见过。”

“自小摔打滚爬，”李旦笑道，“这把身骨全都贱了。”

“不，不，”蔡继明应说，“此‘健’非那‘贱’，大人之身骨乃‘强健’之‘健’也。”

“这样咬文嚼字，真不愧是个教书先生，”李旦频频颔首，“不过，我有点不明白……”

“大人有何疑惑之处?”蔡继明叩问。

“先生是个秀才，又是个塾师，”李旦反问，“为何医术也如此高明?”

“不敢当，不敢当。”蔡继明忙答，“我对医术只是兴趣而已，大人不嫌已是万幸。”

“先生不必故谦了，”李旦说，“这两三天你如此用心为我治伤，我都想要把你留在我们商行里呢。”

“感谢大人抬举，”蔡继明谦辞，“不过目前我教书职责在身，这些天石井村几十名学童停课，我已深感不安，跟随大人之事将来有机会再说吧。”

“难得先生心系学童，”李旦夸道，“我想将来我们一定会再次相聚。”

蔡继明应道:“是的，大人。”

李旦活动了一下左臂，说:“好啦，先生!”

蔡继明暂停按摩，问:“大人想自己活动活动?”

“是的，”李旦再活动了几下左臂左肩，说，“这下舒适得多了，我看上午就按摩到这里吧。”

“遵从大人吩咐，”蔡继明应道，“我现在就留些药给芝龙，让他随时帮大人按摩。”

李旦恳切道:“真多谢蔡先生!”

蔡继明当即将两瓶药水和一包药粉交给芝龙，然后收拾起药箱，躬身致礼:“大人，小的这就告辞了。”

“请!”李旦回礼，转对芝龙，“代我送一送蔡先生。”

“是，大人。”芝龙应道，帮蔡继明提着药箱，送他到门外，悄悄地说了两句话，然后转身回房。

李旦舒展过肩背正坐在交椅上沉思，见芝龙进房，心中甚喜，向他招了招手，指着交椅旁一张凳子："到这里来坐。"

芝龙赶紧来到李旦身旁，坐到凳子上。

"芝龙，这些日子我一直在琢磨，"李旦亲切地说，"那天风浪那么大，你为何不顾自己的死活，头一个跳入海中救我？那时，我已经被卷到水底，你是如何下潜紧追抓住我，而且将我托出海面的？接着，一阵狂浪从头顶压下把我们冲开，你又是怎样寻找到我且抱着我漂流到小嶝岛的？"

"这……"芝龙不知如何回答是好。

"还有，我这一辈子还没见过一个水性像你如此之好的人，"李旦再问，"你这水上功夫到底是从何而来？"

"我……"芝龙应说，"我生长在海边，从小在海里滚大的。"

"生长在海边的人多的是，我就不信人人都能像你这样？"李旦继续追问，"你一定是有特殊的天赋或者有特别的经历。"

"哦，"芝龙想起来了，"大人，这也许和我三岁就学会游水有关。"

"你三岁就学会游水？"李旦大感兴趣。

"是啊，听我母亲说，我很小的时候就非常顽皮。"芝龙兴致勃勃地讲述，"三岁那年夏天，母亲带我乘帆船去安平镇，探望一位表亲。船一出海，阿母和阿姑谈得兴高采烈，把我冷落在一边。我自己望着大海，看着蓝蓝的海水被船身划出一道道白色的水泡，在日光下闪闪发亮，觉得很好玩，便悄悄挪到船侧，刚一伸手要抓水泡就滚到海里去了。坐在船后的舵公一看我掉进海中，急忙解缆松帆，但那帆船已经滑出了十几丈。据阿母说她当时急得大喊大叫，忽然，一条金色的小龙甩着长长的尾巴游了过来，用龙头将我顶出水面；我扑腾扑腾地游了几下，又沉了下去；小金龙又过来把我托住，让我自己划水；就这样，我沉沉浮浮，游游划划，竟然自己游到船边；那条小金龙在我被抱上船后，咻的一声钻进水里，消失得无影无踪……"

"噢！"李旦即刻回想起五年前在大担口救起郑芝龙的情景，心中暗想："这少年家莫非是……"

芝龙看李旦那神态，恭谨地叩问："大人你不相信吗？"

"哎，哎……"李旦一时不知如何回答。

"真的是这样，大人。"郑芝龙一本正经地说，"我游水的本领真的是那条小金龙教的，阿母、阿姑都是这样告诉我的。”

李旦缓过神来，笑了笑：“怪不得你的水上功夫如此高深奇特。”

芝龙听他这么一说，兴头更大，不由自主地卖了个关子：“还有呢……”

“还有什么？”李旦问。

芝龙神秘兮兮地说：“我母亲曾悄悄给我说起我出生那一天遇到的怪事……”

“怪事?!”李旦大感兴趣，“说来听听。”

“李大人，”芝龙郑重其事地说，“现在我都跟你讲，可你千万不要传出去。”

李旦不解：“为什么？”

芝龙一本正经地说：“阿母一再叮嘱，这事不能告诉别人。”

“好，我答应你。”李旦慨然承诺。

芝龙压低声音，神态虔诚：“母亲说分娩那天的下午天气很闷热，她腆着大腹肚到海边，那时潮水正在反涨，一对鲎公鲎母顺着涨潮爬上沙滩，她一时兴起蹲下身子正要去抓，忽见一只金色的小龙从海面上溜了过来，越过鲎公的背壳，一下子撞上她肚皮；她大吃一惊猛站起身，那条小金龙却不见了，那两只鲎也很快躲进水里。回到家她就感到肚子阵阵绞痛，当天晚上就生下了我。”

“哦，金龙投胎……”李旦不禁一凛，问，“真有这事？”

“母亲给我讲过三次，她是不会骗我的，”芝龙应道，“不过，她叮嘱我这事不要告诉别人，以免引起外人猜忌。”

“可是你呀，”李旦展颜一笑，“你为什么要告诉我呢？”

“因为呀，”芝龙满怀感恩之情，“因为李大人你救了我。”

“我救了你?!”李旦反问道，“你不也救了我吗？”

芝龙谦恭地说：“那是我应该做的。”

“哈哈哈哈……”李旦开怀大笑，“应该做的，应该做的……好小子啊，好小子！”

芝龙看李旦那样高兴，便乘势求道：“李大人，小的有一事相求，不知该讲不该讲。”

李旦道：“你尽管讲。”

芝龙："我那三个弟弟跟着大人到了厦门，就不想回去，他们都希望能在大人手下当差。"

李旦："这……"

"他们从小就习练武艺，还很会游水，还读过五六年的书，"芝龙连忙推荐道，"在厦门或在北港商馆里当个卫丁准定能当好。"

"好吧，"李旦看芝龙那样恳切，只得点头允诺，"我看就叫芝虎前去北港，叫芝凤留在厦门，具体做什么工就由龚掌柜与杨二总管分派。至于芝豹嘛，他年纪还小，你二妈也需有人陪伴，这次还是返回石井为好，以后有机会再来。"

"遵从大人安排，"芝龙赶紧下跪拜道，"感谢大人关顾！"

他这话音刚落，藏在门外偷听的芝虎、芝凤、芝豹一起跑进房来，跪在李旦跟前，连连磕头："多谢大人，多谢大人！"

李旦先是一愣，随即哈哈大笑，伸出手指着跪在地上的四兄弟："原来你们兄弟早就串通好啦！"

"请大人恕罪、恕罪、恕罪！"芝龙等又连磕了三个响头。

"起来吧！"李旦招呼道。

由芝龙领头，四兄弟相继站起身。

李旦看芝龙这三个弟弟一个个虎头虎脑，精神饱满，高兴地问："我刚才说的你们都听到了？"

"听到了。"芝虎、芝凤、芝豹齐声答说。

李旦问道："芝虎你到北港，芝凤留在厦门，你们满意吗？"

芝虎、芝凤笑容满面："多谢大人恩典，小的实在太高兴了。"

李旦转问芝豹："这次让你回石井，怎么样？"

芝豹恭谨地答道："大人安排极妥，小的回石井后，一定好好习文练武，好好侍奉母亲，今后有机会再来为大人效力。"

"这样很好，难得你们兄弟如此明理。"李旦频频颔首，接着亲切勉励说，"不过你们要记住，我们炎黄子孙素以'刻苦耐劳、敢打敢拼、善思善断、仗义施仁'著称于世。你们目前虽说是在我手下做事，但总有一天要自己去闯荡江湖。不论是到什么地方、不论是在做什么事，你们都要发扬'刻苦耐劳、敢打敢拼、善思善断、仗义施仁'的精神。这样就能创建伟业，庇荫百姓，报国耀宗。”

芝龙、芝虎、芝凤、芝豹全神贯注听完李旦的嘱咐，挺胸抱拳朗声拜道：“刻苦耐劳，敢打敢拼、善思善断，仗义施仁！李旦大人，我们记住了。”

拜谢过李旦，四兄弟相携走出那雕龙绣凤的寝室，由芝龙领到商馆外的海边，围坐在一块礁石上。芝龙郑重地告诫芝虎、芝凤，上工后一定要牢记李大人的教示，刻苦耐劳、认真负责、不畏艰险、敢打敢拼。然后转向芝豹，从怀里掏出一个皮袋子，交代说：“这皮袋子里装的是一百两银锭，你回去请阿母到安平镇拜托一个常走澳门的亲友，带你到澳门铸炮厂找一位名叫高弘的工头，麻烦这位工头帮你找到你嫂子，将这一百两银子交付给她；然后把我在爪哇落难、逃脱魔窟、投奔李旦大人的情况告诉她，并向她说清楚现在我确实还离不开李大人。如果她愿意，就带她回我们家乡石井走走看看。”

“好啊，好啊！”芝豹接过那一袋银锭，高兴得手舞足蹈，“这回我可以到澳门啰！”

第二十八章 雷克再探台海两岸

回过头说一说荷兰人。

那位雷克少校初探北港，先是遭到龚玉娘手下的围攻，继而意外碰到了郑芝龙，后来又挨了李旦一阵软棍；虽然没有受到什么损失，心里却极感郁闷。

离开北港后，他按照原计划，下令战舰和快船沿着台湾西部岸线往南行驶，一路勘校二十年前韦麻郎测绘的地图，于当天傍晚抵达大员外港，乘着落日的余晖拐进内湾，在一处大沙洲东南角抛下铁锚，天色就暗下来了。

闷闷不乐的雷克将麦丁从快船召上战舰，共进晚餐。

餐室里已经点起烛灯，随舰厨师送来牛排、煎蛋、炸薯条、鲜鱼汤和面包、奶油等食品，外加一瓶法国葡萄酒。

在航程中的船舰上，有这样的晚餐应该说是很不错了，但雷克吃起来却淡然无味。他低着头动着刀、叉、汤匙，仰起头大口喝酒，那瓶葡萄酒都快喝光了还是一言不发。

在一旁陪酒的麦丁实在看不下去，终于开言劝道："雷克长官请别泄气，我们在北港还是有希望的。"

"希望?!"雷克摇了摇头，反问道，"什么希望?"

麦丁："我们可以先跟他们建立贸易关系，然后再渗透进去。"

雷克："难啊，现在主动权已经在他们手里。"

麦丁："我们还可以出动舰队占领北港，把李旦他们这伙人通通赶走。"

雷克："有那么容易吗?"

麦丁："我们的武装比他们强好几倍呢。"

雷克："但要付出很大的代价。"

“我看不见得吧，雷克长官，”麦丁继续说出自己的看法，“他们不过是一群商民，并非中国朝廷的官兵，力量终究有限。”

“在北港你没看出来吗？”雷克反问，接着剖析道，“他们组织严密，训练有素，上下一心，士气高昂，又得到当地民众的拥护，依我看其力量比官兵还要强；况且据我所知，李旦拥有一百多艘大船，船上都配有火炮和其他武器，调集起来，我们在澎湖的舰队不一定打得过他们。”

“唔，长官讲得对。”麦丁听后心服，继而问，“那我们该怎么做才好？”

雷克：“我们现在已经进入大员海湾，明天应该上岸去考察，一切只能等考察后再说了。”

麦丁：“那么，明天就让我跟随长官上岸考察，好吗？”

雷克：“我召你到战舰上，正是要跟你说这件事。”

麦丁举杯：“感谢长官，请接受我的敬酒。”

雷克随之举杯：“晚餐后你回快船，务必作好明日上岸考察的准备。”

翌日透早，太阳还躲在东边的高山后面。

雷克早餐后佩上短刀、手铳，随带一只小罗盘，从战舰乘小艇来到快船上，和整装待发的麦丁并肩站到船头，举目四望，但见大员海湾呈椭圆形，南、北、东三面被山岭环抱；西边濒临大海的岸线上，有两个大沙洲左右相对，夹出一条狭窄的港道，使得湾内波平浪静，与港外波涛汹涌形成强烈对比……

雷克指着那些郁郁葱葱的山岭：“麦丁，你看，这些高高低低的山上全都长满树木！”

麦丁：“是的，长官，大员这地方看来很不错啊。”

雷克：“你再看这海湾，多么宽阔！”

“我看南北长四五海里，东西宽也有两海里多。”麦丁应说。

雷克：“对，足足可以停泊一百多艘船舰。”

他们说到这里，朝阳才从东边高山顶上升起，把光辉洒满整个海湾。

雷克显得有点激动，问：“上岸考察的准备都作好了吗，麦丁少尉？”

麦丁：“全作好了，只是登陆的地点还没选定。”

“登陆地点？”雷克左右扫视，最后手指北面一处伸入海湾的低矮坡地，

“就从那坡地下的沙滩上岸。”

麦丁一声令下，快船即刻升起帆片兜起风，十二名操桨手同时划起长桨，很快就抵达那片海滩。

下锚泊锭后，已经换上劳作服的雷克、麦丁，和八名背着背囊的年轻士兵，带着斧头、劈刀、钩索、猎枪和水壶、干粮，分乘两只小艇登岸。

刚开始，那片坡地还算比较平缓，但却长满杂草、荆棘。随行的士兵举起劈刀，左砍右劈，在前开道……

栖息在草丛中悠然自得的蛇蝎、蜥蜴、野鼠、野兔，被激烈的砍劈所惊动，纷纷四处逃窜，他们都不予理会，继续开路前进。

顺着那坡地往上走了有四五里，越过几个高低不一的山丘，穿过一片浓密的树林，前方出现了一座陡削山岩。

抬头一看，那山岩有三十多寻高，岩壁上布满各色藤蔓；低头环顾，四周尽是沟壑，流淌着涓涓山泉。

景致固然很美，但却挡住了去路。

倒回去重辟新路？谁都不会同意。顺着岩下绕道前行？说不定会遇到更大的障碍。

“攀上岩顶！”雷克下令。但随带的钩索只有四条。

于是，十个人按二、二、三、三分成四批。

借助钩索，两名手脚灵捷的士兵先行往上攀爬探路，经过不懈努力，率先成功登顶。

紧接着，两名携带钩索的士兵，顺着他们的路径，一步一步攀爬上去。

四名登顶的士兵缒下三条钩索，留一条以备不时之需。

第三批由麦丁带领，第四批由雷克带领，费了很大气力，终于相继攀上岩顶！

太阳都快升到头顶上了，雷克和大家会齐后擦了擦脸上和身上的汗水，顺手解下腰间的小罗盘，定准方位，而后放眼望去，但见东边层峦叠嶂，森林茂密，最远处的一座山峰，高可入云；南边和北边则丘陵起伏，连绵不绝，林木苍翠，溪涧横流，一些丘陵之间有整块较为平坦的谷地，不时可以看到三五成群的野鹿从树林中跑出来，在谷地上啃着野草……

雷克不由自主地叹道：“啊！真是个好地方呀！”

“是啊，长官。”麦丁和士兵们应道。

雷克接着俯首仔细探视东边的岩壁，高兴地说：“这坡度比刚才那堵岩壁平缓得多，我们完全可以从这边下去。”

“不过，雷克长官，”麦丁在一旁提醒道，“现在已经快到正午，是不是用过午餐再继续进行考察？”

雷克仰头一看，笑了笑：“好，大家就在这岩顶上用午餐。”

士兵们立即解开背囊，取出面包、肉干和水壶，雷克和麦丁也拿出自己随带的食品、饮料，三三两两坐在岩顶的树荫下，边吃着边说说笑笑……

用过午餐，又是那两名士兵在前开路，一群人下到这山岩东坡的坡底，朝向那层层叠叠的山峦走了六七里之后，爬上一处大山包。

那山包长满两人合抱的大树，有的树甚至有三四人合抱那么粗。

“哇！这么多这么大的树啊！”士兵们又惊又喜。

“这可是筑造城堡的好材料呀！”在爪哇筑堡工地担任过监工的麦丁更是激动不已。

雷克张开手掌接连拍了几棵大树的树干，沉吟片刻：“但就是很难运出去。”说着，继续领大家在山包里转了一圈，看看太阳已经偏西，便决定返回大员湾。

回程不再攀爬那座陡峭的山岩，而是沿着山岩脚下绕行到西边坡底，然后取道原路回到登岸的那段海滩，上了小艇，划回快船。

天暗下来了。

雷克叫麦丁跟他一起上战舰。

用过晚餐，两人又一起进入舰长室，共同回忆，相互补充，由雷克手执鹅毛笔，将大员湾的地形和今日上岸考察所得，一一绘在羊皮纸上。

绘毕，麦丁十分激动，说：“雷克长官，这大员真是个好地方呀！”

“不错，是个好地方。”雷克看了看自己绘制的地图，轻轻叹了口气，“但比起北港来，却显得太荒凉了。”

麦丁：“我们可以前来开发嘛。”

雷克：“像这样的地方要进行开发，需用大批人力，这可是一个难题。”

麦丁：“福建东南沿海，人口众多，我们完全可以使用这些劳力。”

“从福建征召劳力到大员?!”雷克摇了摇手，“这花费太大了，我们远东舰队无论如何是负担不起的。你知道，我们现在着手开发澎湖，用的是当地廉价的劳力。”

“那我们这趟到大员来，岂不是……”麦丁欲言又止。

“不是，不是白费力气，”雷克接上他的话，“我们这次探察北港、大员，收获还是很大的。我们把所得的资料带回澎湖，转送爪哇总部，今后一旦时机成熟，北港、大员都将落入我们荷兰东印度公司的手中。”

麦丁恭谨地说：“长官高瞻远瞩，那么，明日我们是不是按计划返回澎湖?”

雷克点头：“当然。”

那阵突袭李旦船队的风暴，同一天凌晨就光顾大员，打乱了雷克返回澎湖的计划。

透早天蒙蒙亮，暴风越刮越猛。刚指挥过船舰加锚、收帆、扣扎火炮的雷克来不及歇息，又带着麦丁上到舵楼顶。

狂风从头上呼啸而过，把前后几支号旗全刮折；暴雨倾盆而下，几乎把他们的雨衣穿透；港外汹涌的浪涛猛击镇守在港口的大沙洲，恨不得将它夷平……

幸运啊，真太幸运了！要是在航行途中遇到这风暴，损失可就大了，说不定那只快船会被刮翻。

雷克心中深感宽慰，他扶着栏杆察看四周……哎，这大员湾内竟增添了十几只中国渔船！

他盯着那些渔船，看着，看着，突然转过头问麦丁：“你看那些进港避风的中国渔船，是从哪里来的?”

麦丁：“我看大多是从澎湖来的。”

雷克：“澎湖的渔民都是从福建东南沿海来的，对不对?”

麦丁：“对。”

雷克：“那他们对厦门、金门和闽南一带应该都很熟悉。”

麦丁：“是的，他们虽然在澎湖建了房子，但还是经常回家乡。”

“好，很好，”雷克兴奋地捏起拳头，捶了一下麦丁的胸膛，“今天等风暴减弱，你跟我一起上这些渔船，探访那些渔民。”

麦丁：“我们去探访那些渔民？”

雷克：“对，我这就通知舰上的庶务，准备好丰盛的礼品。”

“还给他们送去礼品？”麦丁甚感不解。

雷克：“我们必须这样做。”

麦丁：“为什么？”

雷克：“因为只有给了他们好处，他们才会听从我们的差遣。”

麦丁若有所悟：“哦！……”

暴风雨逞威大半天，午后就没那么威猛了。

近傍晚时分，风势已减弱下来，大雨也变成细雨，转到快船上等候多时的雷克一声令下，快船即刻起锚，由操桨手划向在港内避风的最大的一艘渔船。

快船的启动开始并没引起人们的注意，待到它越来越靠近那艘大渔船时，渔船上一个少年家才感到有些奇怪，连忙向船老大报告。

船老大和渔民们一看，果然有一艘洋船朝着他们驶过来，便你一言，我一语，议论开来。

这个说：“这分明是上个月乘机占据澎湖的‘红毛’战船。”

那个说：“没错，就是那些红毛鬼子的战船。”

这个问：“他们想来干什么？”

那个答：“不知道。”

又一个指着沙洲南角：“看，那里还停泊着一艘大战舰呢。”

“是啊，”渔民们顺着他手指的方位望去，不禁有些惊惶，“他们会不会来抢我们的船？”

“我看不会吧。”那报信的少年家说。

“难讲，”船老大立即予以反驳，“来者不善，善者不来啊。”

“怎么办？”渔民们紧张地问。

“回舱房拿起家伙，”船老大咬着牙，“如果这些‘红毛’敢动我们，就跟他拼了。”

“是。”渔民们应着，纷纷到舱内拿出弓箭、刀枪，到舱面上准备迎战红毛鬼子。

站在快船船头张望的麦丁，一看那渔船上的渔民都拿出兵器，连忙挥动双手，用洋腔洋调的闽南语高声喊道："朋友们，不要误会，我们是来拜访你们的！不要误会，请不要误会，我们要来拜访你们！"

船老大竖起耳朵听了听，一时没听清楚，便问那少年家："阿逵，他在喊什么？"

张逵："他喊说朋友们，不要误会……"

"误会，哼，"船老大摇了摇头，转问其他渔民，"那红毛鬼子到底在喊些什么？"

"他是说不要误会，说要来拜访我们。"其他渔民应道。

"哦?!"船老大甚感意外，侧耳再听，对方真的是在喊说要来拜访，更是疑惑不解，心想这些"红毛"会不会在耍什么诡计？

麦丁眼看自己的喊话不起作用，赶紧到舱房里取出两大瓶法国葡萄酒，回到船头，一手一瓶高高举起，继续喊道："朋友们，我们是真心实意要来拜访你们。请看，这洋酒就是要送给你们的礼物！"

一看那两瓶晶莹透红的洋酒，渔船上的人全都乐了。

这时，快船距渔船只剩两丈多，很快就要靠上船舷。

"怎么办，老大？"大家纷纷问说。

船老大看看对方并无前来抢船的迹象，便点了点头："好吧，就先让这个带洋酒的'红毛'上船来。"

张逵当即指着麦丁，大声喊道："你一个人先来，其他人不准动。"

"好啊，好啊。"麦丁高声应说，随即用荷兰语交代船上的水手，"我一个人上中国渔船，你们派个人进舱向雷克长官报告，大家都不要乱动。"

他那些荷兰语的话音刚落，快船右舷已经靠上渔船的左舷。两船高度相差不到三尺，麦丁先将两瓶洋酒递给渔民，然后往下轻轻一跳，落到渔船舱面。

张逵把麦丁带到老大跟前，介绍说："这位是我们的船老大。"

麦丁看他四十来岁，个头粗矮壮实，黝黑的脸庞透出三分威严，便先鞠了个躬："请问尊姓大名？"

船老大："我名叫张庆源，人家称呼我张大叔。"

麦丁："贵府是在哪里啊？"

船老大:“我们就住在海澄县屿仔尾村。”

“噢!”麦丁听后暗喜,指着渔民们说,“那船上的弟兄们都是你的同村人啰?”

在一旁的渔民纷纷应道:“我们都是同村的叔伯兄弟。”

“很好,很好,”麦丁笑容满面,朝着船老大再鞠了个躬,“张大叔,我是荷兰东印度公司的一名职员,今天很幸运在这里和你们相识。”

张庆源看他身穿普通西服,态度还算和善,便说:“别客气,你有什么话就尽管讲吧。”

麦丁:“我有一位上司要来拜访你们,因为我会讲当地话,所以叫我先来接洽。”

“哦?!”庆源甚感意外,“你的上司要来拜访我们?”

麦丁:“是的。”

庆源:“我们和你们素不相识,为何要来拜访?”

麦丁:“我这位上司有事要向你请教。”

庆源更感诧异:“我从小就是打鱼讨海,一个大字都不识,你们有什么好向我请教的?”

“哎,”麦丁朝向渔民们,说,“张大叔虽然不识字,但对讨海行船却有丰富的经验,对不对啊?”

“对,对,”渔民们异口同声应道,“我们大叔不但是讨海能手,而且对漳、泉两府直至这澎湖、台湾的海面都很熟悉,渔船不用罗庚都不会走错路。”

麦丁:“是啊,我们荷兰人刚到这里来做生意,人生地不熟,所以上司要来向你们讨教。”

庆源:“你那位上司人在哪里呢?”

麦丁:“他就在我们船上,如果你们愿意,他就带礼物来相见;如果你们不愿意,我们也不勉强。”

“好吧,”庆源脸展笑容,“那就请他到渔船上来吧。”

麦丁一听,转过身走到船舷,朝着快船上的水手,用荷兰语高声交代说:“赶紧向雷克长官报告,这是一只闽南的渔船,渔民们欢迎他来拜访。”

少顷,身穿西装便服的雷克从快船的舱房里走出,在他身后跟着两名水

手，一个捧着木匣，一个提着藤箱。

三人走到船舷，两名水手先将木匣和藤箱递给渔船上的渔民，而后退到一旁。

雷克从容地跳到渔船舱面，站定后，麦丁先用闽南话向船老大介绍："这位就是我的上司雷克先生。"然后用荷兰语向雷克介绍："这位是渔船上的老大张庆源先生。"

接着，由麦丁担任翻译，雷克和船老大进行了交谈。

雷克先打开木匣和藤箱的盖子，说："这是四盒檀香、八瓶洋酒，一点礼物，请张先生收下。"

庆源："雷克先生太客气了，有什么事请说吧！"

雷克："张先生，你们是从闽南来的渔船？"

庆源："是，不过我们在澎湖也有一间石厝。"

雷克："哦，张先生在澎湖住在哪里啊？"

庆源："住在白沙岛。"

雷克："很好，很好！张先生是个船老大，不知在海上打拼多少年了？"

庆源："我从小就跟父亲出海打鱼，行船讨海已经三十年了。"

雷克："那张先生对福建和这一带沿海谅必很熟悉吧？"

庆源："从泉州府惠安县一路下来，到漳州府的海澄、漳浦、铜山，还有厦门、金门、澎湖、大员这一带，我都很熟悉。"

雷克："我们荷兰东印度公司想到泉州、厦门做生意……"

"做生意？"庆源打断他的话，问，"你们真的是要来做生意的吗？"

雷克听出那话意，语气诚恳地答说："当然是真的，张先生，我们是商人，我们从遥远的欧洲来到东方，就是来做生意的，因为一路上有许多海贼，船上不得不配备武器。上个月我们到澎湖，跟当地百姓都是公平买卖，你应该都知道；但那里没有中国商人，也没有中国官员，我们带来好几船货物无法进行交易，听说泉州、厦门一带商人很多，市面很繁华，所以决定由我带两只船先去走一趟。"

庆源感到他说得还算在理，便应道："你们确实是要来做生意，当然很好，不过我们是打鱼的，恐怕帮不了你们。"

"不，不，"雷克更加恳切，"只要张先生愿意，就可以给我们很大帮助。"

庆源："你要我怎么帮你们呢？"

雷克："我希望张先生派一个熟悉这一带海面的兄弟，到我们船上帮助引路，只要到厦门和周近沿海绕上一圈就可以了，我们会把这位兄弟带回澎湖的。"

"这……"庆源有些犹豫。

雷克从随带的包里掏出五枚银锭，说："这五十两银子是给引路的兄弟的酬金，先押在你这里；这位兄弟事情做得好，我们还会再给他一笔奖赏。"

"哇！"渔民们一看到那五枚白花花的银锭，个个心动。

"怎么样，张先生？"雷克问道。

"好吧，我这就派一个兄弟给你们引路。"庆源应说。

雷克心中暗喜："派哪一个？"

庆源皱起眉头，盯着同村这七八个乡亲……

他们都投过来期待的目光……

庆源沉吟片刻，最后作出决定："阿逵，你过来。"

阿逵激动地走到他身旁。

庆源向雷克介绍："这位是我的族侄，名叫张逵，大家都叫他阿逵……"

"他?!"雷克感到这个阿逵只是个大孩子，怎么……

庆源听出那话意，继续介绍说："他读过几年书，九岁就跟我上船，至今已整整八年啰！他呀，勤学好问，记性特好，现在对泉、漳、厦这一带海面已经很熟悉，我看就由他去帮你们引路吧。"

"这……"雷克仍然有点犹豫。

"你别看他年纪轻轻，他门道可精呢，上船后你们就清楚了。"庆源坚持自己的意见。

"好吧。"雷克只好接受。

张逵快手快脚地进房舱拎出一只小包袱，向大叔和弟兄们道别，跟着雷克、麦丁上了快船，而后转到那艘战舰上，被带进舰长室，经由麦丁翻译，接受雷克的询问。

雷克："你对福建东南沿海海面都很熟悉？"

张逵："是的。"

雷克："那你说说看，明天我们从这里前往厦门，怎么走最合适。"

张逵："依我看，明天还会刮南风，我们从大员起航，先朝向西偏北，航行一百六七十里，就可以看到澎湖列岛最南端的大屿。越过大屿后折向西北偏西，航行三百里就抵达漳州府海澄和漳浦两县交界的海面；因为这段航程都在茫茫大海中，受风势和水流的影响，船只抵达对岸有时是在海澄县境，有时则落到漳浦……"

雷克："是抵达海澄，或是落到漳浦，你能判别出来？"

张逵："能！到了那一带海面，我一看岸上的山头田野和海边的岛屿礁石，就知道船只是在哪里；即便往南溜到铜山，往北蹿到惠安，也全都认得出来。"

"嗯，"雷克点了点头，"我再问你，你们渔船上有没有海图？"

张逵："什么海图？"

雷克从书架里抽出一卷羊皮纸，摊开在桌面上，说："这就是海图。"

张逵仔细一看，那纸上画着弯弯曲曲的线条和大大小小的圈圈，还标注许多洋文，便大胆猜道："那些圈圈该是海中的岛屿，那些线条准是陆地的岸线，对吗？"

雷克有点惊奇："哦，你好聪明啊！"

张逵："不敢当，不敢当。"

雷克："这海图就是我们航行的依据。"

张逵："我们虽然没有海图，但这方圆数百里所有岸线、港口和大小岛屿的方位，以及它们之间的距离，全都在我们心里。"

雷克："好啊！我再问你，你们渔船上有没有罗盘？"

张逵："没有。"

雷克："那你们在海上是怎样确定航向的？"

张逵："白天看太阳、看岛屿，晚上看月亮、看星星；按照不同月份、不同时辰太阳、月亮所处的方位来辨认航向。"

雷克："遇到阴雨天呢？"

张逵："一般阴天，我们依稀还可辨出太阳和月亮的方位；如果遇到大风大雨，我们就不出海。"

雷克："说得有理，那明天你确有把握帮我们引航啰？！"

张逵："是的。"

第二十九章 福建总兵移驻厦门

翌日清晨天蒙蒙亮，海面上刮着南风，这两艘荷兰大船升满帆片，从大员起航。

张逵被请到战舰舵房引路；雷克和麦丁则在一旁摊开羊皮纸，观测海面，进行记录。

船只先朝向西偏北，取澎湖列岛南端，傍晚穿过大屿和东、西屿之间的航道；而后折向西北偏西，取漳浦县的将军澳，继续航行。

夜幕垂降，一牙弯月升上东天，北斗七星随之也在天幕的北端出现。

张逵仰望天空，根据星、月的方位，校准航向；雷克和麦丁则对着罗盘，加以检验……直到深夜，雷克才把导航工作交给值班的副手，带着麦丁和张逵回舱房歇息。

第二天太阳升起后，三人又相偕来到舵房，雷克拿起单筒望远镜瞄看海面，但见天连海、海连天，四周尽望不到边。

南风劲吹，舰船破浪前进，航速比昨日要快。

雷克放下望远镜，瞥了一眼舵房里的罗盘，问："张逵，现在船行的航向是……"

张逵："西北偏西。"

雷克："你能确定吗?"

"能，"张逵应道，"因为昨晚值班的舵手，一定会按照舰长的命令，按照罗盘所指，始终保持西北偏西航向，稍有偏离，就会立刻纠正。"

"真给你说对了，"雷克显得很高兴，"那么，按照目前的航速，日落之时，我们能不能抵达漳浦将军澳?"

张逵:“还说不准。”

雷克:“为什么?”

张逵:“船只虽然保持航向,但因今日南风较强,依我推测,抵达对岸时将稍为偏北,进入海澄县境。”

果不出张逵所料,太阳落山时,战舰和快船披着晚霞抵达海澄县南端的白塘村。

下锚泊定,雷克、麦丁经认真向张逵查询,制订了探测厦、金两岛和周近地区的计划;并租来一只当地的渔船,花了七八天,走遍这一带海域和一些滨海村落,一路上边用望远镜观测,边查问各点的地形、村社、民风、物产等情,绘制出五张海图。

完成了探察,雷克就近为两艘船舰补充淡水和食物,然后借着上弦月色,悄悄起航返回澎湖……

荷兰人占据澎湖,窥探两岸,给东南沿海造成巨大威胁。

福建巡抚与总兵官在上奏朝廷后,奉旨召集福州、兴化、泉州、漳州、建宁、延平、汀州、邵武等八闽知府,商议对策,决定由福建总兵俞咨皋率水师移驻与澎湖隔海相对的厦门,以便及时应对。

就在雷克离开白塘海湾的第二天晚上,为欢迎福建总兵官俞咨皋的莅临,厦门守备署举行了一场盛大的酒宴。

宴设五席,由厦门守备王一雄主持,除俞总兵及其部属卢毓英、洪先春等将领外,还邀请了厦、金两岛及周近各县的主要官员和知名士绅赴宴;厦门最大商号金阳商馆的掌柜杨陆名列其中,并安排在主桌陪酒。

按明朝兵制,总兵官乃一省或一个地区的最高武将,以下依次为副将、参将、游击、守备、把总、营官、哨官及听用官等。

这位俞咨皋身材魁梧,颇有将才,奔驰水陆,屡立战功,不惑之年就晋升为都督总兵官,镇守福建;现亲自莅厦,理所当然受到各界的热烈欢迎。

宴席一开始,王守备首先举杯致辞:“诸位袍泽、各位乡绅,今日俞总兵官率战船队莅临厦门,真我等之莫大荣幸。将军此来,系奉朝廷之命,欲赴澎湖驱剿红夷。按红毛夷者,乃远在西方数万里外之荷兰国人也,东来之后,曾于万历三十二年窃据澎湖，被沈有容将军斥退。但其贼心不死，前月乘我撤防之机，又在澎湖登岸，并开始筑建城堡，图谋长期占领。现俞总兵奉命先期驻厦，待兵船人马调齐后，即兴师讨伐。现本将谨请诸位举杯，预祝俞咨皋总兵出师大吉，马到成功！”

赴宴者“唰”的一声同时起立，举杯朝向端坐在主桌首席的俞咨皋，齐声祝道：“恭祝俞将军马到成功！”

俞咨皋随之挺身站起，双手捧杯作抱拳状，朗声回礼：“多谢诸位！”说着，举杯一饮而尽。

在主桌上忝列末位的杨陆，面对面看这总兵官身高七尺，魁梧奇伟，面若冠玉，声如铜钟，目光炯炯，豪气满怀，况且统领着闽省水陆两军，大权在握，叫他怎能不动心？

多年来他每次见到李旦身穿五品官服，出入前呼后拥，走到哪里都被尊称为“大人”，真是又羡慕又忌妒。但他很清楚，李旦那五品文官是花银子捐来的，只有虚衔没有实位，心想要是有朝一日，自己能攀上高官，说不定弄到的官位，比李旦还要略胜一筹。

今天这机缘不是到来了吗？

杨陆一边陪着酒赔着笑，一边暗自思忖盘算，如何抓住这难得的机遇……

杯来盏去，酒意正酣，王守备又站起身，说：“诸位乡绅，今晚难得相聚，总兵大人有桩事，想借此机会跟大家商量商量。”

“俞将军有什么事，尽管吩咐就是。”在座的士绅们纷纷应道。

王守备目光转向俞咨皋：“那就请俞大人给大家说说。”

俞咨皋随即起立，拱手开言：“多谢诸位厚意！大家谅必都知道，近期北方战事愈演愈烈，满洲铁骑肆虐边境。朝廷为对付强敌，正调集全国各地的财力、物力，支援边关。现本将奉命剿夷，事关重大，但我省财政支绌，抚台拨给的粮饷有限，实难应对剿夷之需，为此特请诸位慷慨解囊，捐款助饷；来日渡海征战获胜，诸位都有一份功劳，本将一定上报朝廷，给予褒奖。”

总兵大人此言一出，宴席热烈的气氛顿时冷将下来，绅商们一个个噤若寒蝉，默不作声。

原来当时的文武官员，不少人贪婪成性，欲壑难填，十年前朝廷派来的监丞高采，巧立名目，横征暴敛，名为公家，实饱私囊，商民深受其害，至今记忆犹新。现在这位总兵官又以剿夷为名，要求捐款助饷，这笔钱拿出去，其结果可想而知。

几十号人的宴席竟然无人响应，使俞咨皋感到很尴尬。

坐在一旁的王守备眼看情势不对，正想出面圆场，忽见金阳商馆杨掌柜缓缓站起身，朝着俞咨皋抱拳拜道："总兵大人出师剿夷，为国效命，眼下粮饷不足，我等自当鼎力相助，本商号愿首捐两千两银，明日兑付；往后大人需用，尽管吩咐，本商号定会尽力而为。"

俞咨皋眼睛一亮，把这领头首捐者打量了一番，见他身材虽瘦削，骨架却坚挺，温顺的目光隐含着果敢刚毅，黝黑的脸庞刻着风霜的印记，从他起立抱拳、慷慨陈词，可以看出此人定必习练过武艺……

王守备看他们两人默然相对，忙介绍道："这位就是金阳商行驻厦门总管杨陆杨掌柜。"

俞咨皋当即拱手回礼："杨掌柜的盛情，本将领了！"

其他绅商遇此情况，想退已退不得，想进又不心甘，真是犹豫难决。

王守备明白这些富商们的心理，转过身对大家宣布说："捐款助饷，应该量力而行，诸位无须攀比，具体数额过几天再议也不迟，现在我敬诸位一杯，请大家继续畅快饮酒。"说着，举杯一饮而尽。

于是，在欢声笑语中你一杯我一盏，热烈气氛一直延续到席终人散……

翌日早晨，杨陆盥洗后正在用餐，卫丁领班杨宗送来一份请帖，拆开一读，原来是俞咨皋总兵官邀请当天上午前往守备署晤谈，当即交代司账开出一张银票，交代司库备好两份礼物，餐毕立即沐浴熏香，换上玉色绢衣，戴上冠方顶巾，叫杨宗和新来的卫丁郑芝凤陪侍，步入厦门城，来到守备府。

府衙知事已在门房恭候，见杨陆前来，当即出迎："杨掌柜，请！"说着，命衙役从杨宗、芝凤手中接过礼品；然后引领客人入门进厅，并向内室通报。

少顷，俞咨皋、王一雄身穿武官官服，相偕走出。

杨陆依礼下跪拜道："小民叩见总兵大人、守备大人！"

王一雄连忙趋前将他扶起："杨掌柜不必多礼。"

俞咨皋随之延请入座："请坐吧！"

三人坐定，杨陆先从怀里取出那张银票，呈给王一雄："守备大人，这是本商行首期的助饷款两千两纹银，请转呈总兵大人。"

王一雄接过银票，转送给俞咨皋。

俞咨皋手执银票，颔首微笑："杨掌柜侠义为怀，助饷剿夷，着实令人钦佩啊。"

"大人过奖了，"杨陆谦恭应说，"剿夷卫国，义不容辞，小民只是尽一份责任而已。"

俞咨皋："据王守备说，贵商馆信誉卓著，经营有方，乃厦门最大的商号，实属难得。"

杨陆："岂敢，岂敢，小民从商多年，稍有经验；主理厦门商馆，兢兢业业；能有今日，多凭官府照应。"

"杨掌柜虽然长年经商，"俞咨皋再次把杨陆打量一番，"但从身架来看，似乎武功功底甚厚。"

"哦，"杨陆一凛，随即从容答说，"小民只是少年时习练过武艺。"

俞咨皋赞道："这样很好，能文能武，知商知兵，才算得上是个好人才啊。"

"今后还望大人多加栽培。"杨陆连忙应道。

俞咨皋继续道："本将还听说，金阳商馆伙计，人人习武，馆内还配有十几名专职卫丁，藏有大量兵器，出海船只则装备火炮，不知确否？"

杨陆连忙应道："大人十分清楚，如今盗贼横行，为保商馆安全，不得不要有自己的武装。"

"对，对，"俞咨皋加以肯定，"大商馆拥有自己的武装，于国于民都是有利的，本将对此表示支持，不过……"

杨陆看他欲言又止，猜出其意，立即表态说："本商馆的武装，大人如果需用，小民一定听从调遣。"

"好，很好！"俞咨皋击掌赞道，"杨掌柜如能为国立功，本将自当上报朝廷，给予褒奖。"

杨陆站起身，抱拳拜谢："谢大人！"

俞咨皋、王一雄随之起身。

"贵商馆有什么需要官府帮忙的吗？"一雄关切地问。

“没有，没有。”杨陆边应着边转到几桌前，手抚带来的一大、一小两个礼盒，说：“一点薄礼，不成敬意，请俞大人、王大人笑纳。”

王一雄朝几桌瞥了一眼，那大盒上的帖子写着“敬奉俞咨皋总兵大人”；小盒上的帖子写着“敬奉王一雄守备大人”，便说：“以后常来常往，杨掌柜就不要这样客气了。”

“这是应该的，应该的，”杨陆恭谨作揖，“两位大人还有什么吩咐？”

俞咨皋：“今天就说到这里。”

杨陆：“那小民这就告辞了。”

俞咨皋、王一雄齐声：“请走好！”

送走了杨陆，王一雄回到自己的居室，那只小礼盒已经从大厅被移放到房中桌上。

他打开盖子，盒里装着两瓶洋酒和两包燕窝；取出燕窝，一张银票显露出来，票上写着：“纹银贰佰两整。”

王一雄不禁叹道：“这杨掌柜真懂得做人啊！”

第三十章 义父子谈海论兵

仲秋季节的日本平户，天气晴朗，凉风习习。三天前接到快帖的颜思齐，一大早就带着一大帮伙计和卫丁来到码头。

据厦门送来的快帖称，商行主船队在金门海域突遭暴风袭击，李大人在指挥抗风时不幸落入大海，最终虽然绝处逢生、获救归来，但已元气大伤，这叫他怎能不忧心忡忡?

从卯时等到辰时，从辰时等到巳时……直等到午时三刻，港湾入口处才出现那支船队的帆影。

颜思齐舒了一口大气，心想这位恩深义重、情同手足的大头家，此番大难不死，也该享享后福，见到面一定要苦劝他再也不要出海了。

“新洋号”领着船队越来越近，转眼就靠上码头。陈衷纪、刘奔、钟斌站在船上向颜思齐挥手致意后，就忙着抛缆索，搭跳板……

少顷，李旦由一位少年家搀扶，走出舵房，来到舱面，码头上即刻响起阵阵欢呼声……

颜思齐在欢呼声中仔细一看，那少年家面生得很，但和李旦却显得很亲密，未免有些疑惑。心里正在猜测，李旦已经踩过跳板，踏上码头，他赶紧趋前，单膝下跪拜道:“思齐恭迎李旦大人!”

李旦忙把他扶起:“思齐兄弟何必多礼!”

思齐站起身，牵起李旦的手，两人相互端详了一番。

“大人福体该已康复了吧?”思齐关切问道。

“已经好多了，”李旦应说，“这些日子让你多操心了。”

思齐恭谨应道:“大人康健乃金阳之福，我算不了什么。”

李旦连连道："不，不，金阳商行没有你也不行啊……"正说着，忽觉得左腿乏力，身子一歪，郑芝龙连忙将他扶住。

思齐和善地看着芝龙，叩问："大人，这位少年家是……"

"哦，我忘了给你介绍，"李旦脸带喜色郑重宣称，"这少年家是我的儿子。"

"啊?！大人的儿子?"思齐和在场的一大帮伙计连同郑芝龙本人，全都惊奇不已。

"哈哈哈！"李旦看他们一个个张着嘴巴，不禁笑道，"没错，他是我的儿子。"

思齐怎么说也无法相信，他低下头喃喃而语："李大人哪来这么个儿子?"

"哪来这么个儿子? 哈哈哈哈！"李旦更是开怀大笑，"这儿子是我从海上捡来的！"

"海上捡来的儿子?！"大伙更感惊愕。

"不信……"李旦指着随后到来的刘奔和陈衷纪，"你们问问刘奔、衷纪他们就明白了。"说着，在芝龙的搀扶下一步步朝着商行走去。

颜思齐和一大帮伙计、卫丁连忙跟在他们身后，一路上扯着刘奔、衷纪、钟斌悄悄攀问，才知道这少年家名叫郑芝龙，突遇风暴时是他冒死跳入海中，救了李旦大人一命。

但对李旦因何宣称郑芝龙是他的儿子，衷纪等人也全不知晓。

回到商行，李旦对颜思齐提出的"摆宴庆贺""敬拜请安"等建议，全都不予采纳，只要求一切从简。

特别令人感到讶异的是，这位李大人竟吩咐仆役在自己的居室里添加一张四尺床，说是要给郑芝龙睡觉用；对于爱妾杨秋花，则半劝半推叫她到商行家眷房宅暂住几天，弄得苦等了一整年的秋花妹子不停地抹着眼泪……

当晚提前用餐。餐毕，李旦一如在福船上那样，让郑芝龙侍候他洗澡更衣，为他按摩上药，然后半卧在一张靠墙的雕花红木躺椅上，假寐片刻，醒来一看芝龙站在他跟前，便坐起身亲热唤道："芝龙！"

"什么事，大人?"芝龙应说。

李旦："来到平户，你高兴吗?"

芝龙:“能在大人身边，我都很高兴。”

李旦:“今天在码头上，你感到很突然吗?”

芝龙:“是的，大人。”

李旦:“你会不会认为我是在开玩笑?”

芝龙:“不会，只是不明白大人为什么要说我是你的儿子。”

李旦:“那我现在告诉你。自从在大担口将你救上福船，我就一直把你挂在心上，但澳门分手后却未能再相见。三年啊，整整过了三年，谁能料到我们竟然在三宝垄重逢，而且就此相聚在一起，连那狂涛恶浪都没能把我们割开，你说这是怎么回事?”

“这……”芝龙凝思片刻，“这也许是缘分吧!”

“对，正是缘分，一种像是亲缘的缘分。”李旦带着几分稚气满怀深情地说，“你知道吗，那天一沉到海底，我的神魂就离开躯壳钻出海面，在海上飘呀飘呀飘，飘累了想找个落脚的地方都找不到。就在那魂儿快被狂风吹散的瞬间，一尾小龙从天上飞了下来，用两条长须把那魂儿捆缚在头壳顶，继续飞呀飞呀飞，飞到小嶝岛海边的渔船上，将这神魂重新装入我的躯壳;当我睁开眼睛时，怎么一眼就看到你?从那时起，我就一直在想，你我两人准定是被一种亲缘紧紧绑在一起，再也割舍不开，所以很想要收你做我的儿子……”

“要我做你的儿子?”芝龙心头一热，“那你亲生的儿子呢，大人?”

“这你就不要问了。”李旦摇了摇手，继续说道，“当然，你毕竟不是我亲生的，我是要你做我的义子，可就是不好意思开口，今天在码头上不知为何，竟把这藏在心底的话吐了出来……”

郑芝龙听到这里，热泪禁不住涌上眼眶:“大人，你真的要收我做你的义子?”

李旦亲热地说:“当然是真的，就不知道你愿不愿意?”

郑芝龙热泪夺眶而出，双膝下跪，抱拳拜道:“义父在上，小儿芝龙在此叩拜!”说着，连叩三个响头。

李旦俯身将他扶起，眼含泪花:“孩子，我的孩子，快起，快起!……”

芝龙站起后，李旦郑重地说:“芝龙，今天正是黄道吉日，我既收你为义子，自当赐你信物，以作永久纪念。”说着，从躺椅后的墙上摘下一把古剑，递给郑芝龙。

芝龙单膝下跪，双手接过一看，那赤铜的剑鞘上雕铸着两条吞云吐雾的游龙；再把剑身抽出，只见锋刃犀利，寒光逼人，不禁惊喜交加。

李旦：“此剑乃元朝一铸剑师汇集蒙、汉铸剑术精工锻造而成，名曰‘龙吟’，具有斩铁如劈木之功，十余年前我在杭州用千两纹银购得，一直佩带收藏至今，现赐予你，作为你防身护主的利器。”

芝龙捧剑叩首：“谢义父！”

“你起来吧。”李旦说着，又从床头旁的铁柜里取出一件鳞光闪闪的短褂，亲手帮芝龙套在身上，结好纽扣，问，“这短褂子穿起来感觉如何？”

“感到十分厚实又格外柔韧。”芝龙答说。

李旦问道：“它是一般的短褂子吗？”

“不，”芝龙摸了摸身上那短褂，“这该是一件护身的软甲。”

李旦点了点头，笑问：“知不知道它用的是什么材料？”

芝龙想了想：“这材料一定很奇特。”

“没错，”李旦娓娓道来，“这软甲是用爪哇的野蚕丝、台湾的鹿蹄筋和西洋的铜丝线编织成形后，内外各胶上一层犀牛皮而成，穿在身上如同皮毛短褂，不会被人发现；但其功效则超过铁制的铠甲，不仅刀枪不入，且能防水防火。”

“哇，如此珍贵神奇啊！”芝龙真是惊喜交加。

李旦颔首：“正是，早年每逢出战我都穿上它，屡试屡验；近些年来一心一意经商，很少用它了，现赠予你，正可发挥它的妙用。”

芝龙激动万分，双膝下跪，连连叩首：“义父宏恩，孩儿当粉身以报。”

李旦把他扶起：“明日我将任命你为商行总部的‘协理’，过两天你就住到我居室隔壁，在协理商务的同时继续担任护卫。”

芝龙抱拳拜道：“孩儿遵命！”

李旦频频颔首，随即又躺下歇息……

少顷，李旦再次坐起身，说：“芝龙，你给我泡一壶咱闽南的功夫茶。”

芝龙赶忙烧水泡茶，用茶盘将茶壶、茶杯端放在红木躺椅前的几桌上。

李旦捏起小茶杯，咂了一口，指着躺椅旁的一张凳子：“芝龙，你过来，坐到我身旁。”

芝龙随即坐到木凳上。

李旦一口一口地把小茶杯里的茶水喝光，精神焕发地笑了笑：“芝龙，我在海上闯荡几十年，也打过几十次海战，感受很深。今晚我倒想先问问你，你对大海有什么感受?”

芝龙听他这一问，皱起眉头想了想，忽然喜笑颜开：“大海就像个母亲。”

“母亲?!”李旦颇感惊讶，“大海就像母亲?”

“是啊，”芝龙应说，“我在石井从小到大，每一次跟着长辈们出海，都很高兴。那海风轻轻地吹拂着我的脸，就像母亲在亲我吻我；那海水又把船儿摇啊摇、摇啊摇，我就像躺在摇篮里，舒服极了……”

“噢，原来如此……”李旦点了点头，继而问说，“那现在呢?”

“现在也一样，大海总是护着我。”芝龙应道，旋而挠了挠头皮，“不过，大海有时又像严厉的父亲……”

“哈哈哈!”李旦禁不住笑开了，“大海又像个父亲……”

芝龙眼睛里闪烁着天真：“是啊，你如果顽皮胡闹，他就会惩罚你，用藤条抽打你一顿。”

李旦眯着眼睛：“你给抽打过吗，芝龙?”

“抽打过。”芝龙应道：“有一回我要和二弟芝虎比赛潜泳，二弟不肯，说准定我赢；我还是硬拉着他到海边。下水前，我先深深地吸了口气，就钻进水里，贴着水底的海滩，朝前直游，快憋气时就运用水中‘吐纳法’，半吸半吐；游着游着，越游越远，越游越深，直到气全憋住了才想要钻出来。当我双脚踩着海底的实地用力一蹬，就控制不住自己，大口大口的海水直往肚子里灌。我晕乎乎地用双手划水、双脚蹬水……也不知道过了多久，才浮出水面……”

李旦听到这里，关切地问：“后来呢?”

“我浮出水面就晕乎乎，只好平躺在海面上任它漂荡。”芝龙继续说，“过了好一会儿，像是听到芝虎在哭喊：‘阿兄……阿兄……’我才缓缓地睁开眼睛，果然是芝虎游到我身旁……”

“你这条命才捡回来……”李旦紧接着说。

芝龙噘起嘴：“我这条命不是捡回来的。”

“哦?!”李旦笑问，“没有芝虎来救你，你活得了吗?”

芝龙信心满满：“当然活得了。只要我浮出水面，我终究会醒过来；凭我的水性，一定能够游到岸上。”

李旦备感有趣：“那你就认为这是因为你胡闹，大海父亲在惩罚你，对吗?”

芝龙点头：“对，我一直感到大海是疼我爱我的。”

“原来如此!”李旦叹道，“所以你认为大海像是你慈爱的母亲，又像是你严厉的父亲……你既是你父母亲的儿子，又是大海之子……”

芝龙连连点头：“没错，义父说得没错。”

“好一个大海之子!”李旦赞叹道，“相信你这一生都会受到大海的庇佑!”

芝龙一听，眼含泪珠凝视着义父那慈祥的脸……

寝室一片谧静……少顷，李旦提起茶壶，斟了两杯茶水，招呼道：“喝茶吧!”说着，自己端起一杯，一饮而尽。

芝龙随之端起另一杯，咂了两口……

李旦喝过茶，开言道：“芝龙，我对大海的感受与你的感受不尽相同啊!”

芝龙恭敬地说：“请义父教示。”

李旦陷入沉思：“大海当风平浪静之时，确实像个母亲；可是当它暴怒之时，却像个凶煞的恶魔。我这一生就亲眼见过它吞噬了上千条生命……还亲眼见过许许多多的伙伴在海战中葬身大海……”

“哦!?”芝龙乍一听有点惊讶，随即明白过来，“是啊，俗话说，行船出海三分命。”

“这就对了，芝龙，你可以迷恋大海，可不能轻视大海。”李旦恳切地说，“你要知道大海不单单是那广阔的海面和那碧蓝的海水。大海还包括风、云、雷电，日、月、星辰；还包括滨海的山岭、海中的礁石、海边的沙滩、海面的浪涛、海空的雾气和涌动的潮汐……”

芝龙瞪大着眼睛听着、听着，衷心感佩：“义父说得极是，孩儿记住了。”

李旦没再说下去，却转过身指着那靠墙的书桌：“你去将书桌上格那叠书给我拿过来。”

芝龙即刻取来交给李旦。

李旦从中抽出一本又大又厚的线装书，递给芝龙："这是《三宝公航海图集》。"

芝龙翻开一看，书中开头是三宝公的画像和宝船图、罗盘图；紧接着是一页一页的海图；每页海图载录一段航线的起点、终点和途经的城镇、港口、府司、卫所、岛屿、山岭；还有每段航线的航行针路，极为详尽……不禁惊叹道："哇！三宝公真是大海之神！"

"是啊！"李旦频频颔首，"这大海不仅仅有渔、盐、通商之利，那沿着疆土的海洋乃我国施行海权的疆域。但我中华自秦始皇一统天下，历朝历代都只重大陆，不重大海；直至天朝成祖皇帝，才指派三宝公建造巨船，组建船队，七下西洋，宣扬国威，通好大洋彼岸各国，成就了旷世伟业。"说着，手指海图集，"这部海图集记载了万里航线的方方面面，乃我海商以及海船上的火长、水手长，以至全体船员的必读典籍，现赠送给你。你读后要尽力背诵下来，特别是自南京以下，经镇江、太仓，转向南；历经普陀山、海门卫、台州、平阳、连江、定海、福州、兴化、泉州、厦门、铜山、南澳、交趾洋；直至占城、占腊、暹罗、马剌加、巨港、爪哇这段航程，乃我中华东南广阔的海疆，必须牢记在心；并在航行中多向衷纪火长他们请教，为将来成就为大海商打下坚实的基础。"

芝龙喜出望外，手捧《三宝公航海图集》站起身频频鞠躬："感谢义父的厚爱！……"

接着，李旦一字字地念道："三宝公还叮嘱我们，'欲国家富强，不可置海洋于不顾。财富来自于海，危险也来自于海。一旦他国之君夺得海洋，华夏危矣。我国舰队战无不胜，可用置于扩大通商，制服异域，使其不敢觊觎我海洋……'这段话你必须牢牢记在心里。"

郑芝龙默忆片刻，朗声复诵："三宝公还叮嘱我们，'欲国家富强，不可置海洋于不顾。财富来自于海，危险也来自于海。一旦他国之君夺得海洋，华夏危矣。我国舰队战无不胜，可用置于扩大通商，制服异域，使其不敢觊觎我海洋……'"

李旦脸展笑容赞道："你的记性真好，相信你这一生将会在海上创建出伟业。"随即向芝龙招了招手，"你坐下，还有两本书要给你。"说着，从那叠书中又抽出两本线装书，交给芝龙，指着其中一本，说："这是历代兵家必读的《孙子兵法》。"再指着另一本："这本则是抗倭名将戚继光的《练兵实纪》。"

芝龙接过两本兵书，好奇地翻阅……

李旦频频颔首："这两本兵书对你将来，将会大有用处，你不妨先认真读一读。"

芝龙手捧《三宝公航海图集》和《孙子兵法》《练兵实纪》，郑重地说："孩儿谨遵义父之命。"

"你要记住，"李旦继续说道，"兵者，乃国之长城，民之卫士；将者，乃练兵之导师，率兵之统领，歼敌之战神。戚继光之所以成为抗倭名将，名垂千秋，就因为他既善于练兵，又善于用兵，所以才能每战必胜，将祸害极深的倭寇歼灭，保我东南海疆之安定。你既然是大海之子，将来难免涉及海战。今日熟读兵书，来日就可用于实战。"

芝龙深感义父此言之重，随之默念道："兵者，乃国之长城，民之卫士；将者，乃练兵之导师，率兵之统领，歼敌之战神……"

第三十一章 颜紫霜初识芝龙

当晚在家眷房宅里，又是另一番景象。

这家眷房宅位于商行大厝五院五落的最后一个院落，庭院中间有口水井，左右两侧各有四个房间，后面则是公用的厅堂和厨房；为了方便出入，在后墙还特地装了一个铁门。

房宅里住的都是一些中层以上伙计的眷属。颜思齐一手抚养长大的女儿紫霜，因尚未出阁又不便跟兄长住在一起，所以也住在这里。

晚饭后，杨秋花带着几件换洗的衣裳，由颜总管领到这家眷房宅。

已经先被告知的紫霜连忙将她迎进房间，亲热地唤道："秋花姐，来，来，坐，坐！"说着，手牵手把她送到那张绣榻前，让她坐下。

"紫霜，好好款待你的秋花姐。"颜思齐吩咐说。

"知道了！"紫霜应着，并在父亲离开后关上房门，然后紧挨着秋花坐到绣榻上，搂起她的腰肢，劝道，"别管他了，秋花姐，你都好些日子没到我这里来了，咱俩也该好好说说心里话了。"

杨秋花呆呆坐在那里，一点反应也没有。

"怎么啦，秋花姐？"紫霜摇着她的双臂，"就那么几天时间，你又何必这样？"

秋花依然毫无反应，像是丢了魂似的。

紫霜把她的身子扳将过来，一看这位平户唐人中有名的美女，今天竟变了模样：滴溜明亮的眼睛暗淡无光，白嫩秀丽的脸庞黯然失色，不禁一阵心酸。她掏出丝绢拭去秋花脸上的泪痕，紧紧将这位待人和善的姐姐抱入怀中。

过了些时，一直默不作声的秋花轻轻叹了口气。紫霜赶紧捧起她的脸，说:“对了，对了，秋花姐，快多叹它几口，把心头的气全吐出来，别闷在肚子里。”

“唉……唉……”秋花果然接连叹了两口大气。

“好啦，好啦，把气吐出来就好啦!”紫霜高兴得手舞足蹈，“我刚才就说，别管他了。这里虽然不像李大人那里有气派，但却自由自在，想吃我就煮给你吃，想睡躺上床你就睡，想玩嘛，还可以从后门出去外面玩玩。说不定在我这里住上几天，你还舍不得回去呢!”

“唉，”秋花又叹了口气，“妹子，我真羡慕你啊!”

紫霜一听，板起脸:“我这个苦命的孩子，有什么好羡慕的?”

秋花继续道:“你虽然从小失去母亲，却有这么好的父亲，而且练出了一身好武艺，现在谁都不敢欺负你;我看你准定会遇上个好郎君，将来准定会当上个夫人……”

“不准你说，不准你说。”紫霜用手掩住秋花的嘴，娇嗔道，“你再说，我就不让你住了。”

“好，我不说了。”秋花又沉下脸。

紫霜即刻意识到刚才的话说重了，伸出手在自己脸上掴了两巴掌:“我错了，我错了。”然后求道:“秋花姐，你可别生我的气。”

秋花看她憨态可掬，不禁展颜一笑，戳了一下她的额头:“你这个大妹子……”

“哎，”紫霜忽然想起，“听我阿爸说，李大人这回是带了一个儿子到平户来，所以才要你到家眷屋宅暂住几天，真的是这样吗?”

“正是这样，”秋花应道，“但据刘爷和衷纪火长他们说，这少年家根本不是他的儿子;只因冒死下海救了他一命，今天在码头上就突然宣称是他的儿子，弄得大家都莫名其妙。”

紫霜:“哦，冒死下海救李大人，而且把大人救起来?”

秋花:“当然啰，要不，他们怎么能够回平户。”

紫霜:“如此看来，这少年家不但很勇敢，而且水性一定很好。”

秋花:“是啊，船上的人都说，他就像一条蛟龙。”

“像条蛟龙!?”紫霜扑哧一笑，“那相貌一定很丑……”

“不，不，不。”秋花大摇其手，“要论相貌，这少年家长得实在太俊俏了!”

“真的?”紫霜根本不信,“哼!”

“我会骗你吗?”秋花十二分认真地说,“要论标致,凭良心说,我见过的男人当中,没有一个比得上他。”

“啊!?”紫霜两颊顿时泛起红晕。

“也许你还不信,”秋花一下子就看出她的反应,故意绕了个圈子,“我看这样吧,明天我带你到李大人那里走一走,准定会看到这个少年家。”

“看他做什么?”紫霜依然晕红着脸,“我才不稀罕呢。”

秋花笑道:“你要看了才知道稀罕不稀罕。”

紫霜扭捏着:“我不看,我不看!”

“看一看又何妨呢?”秋花劝道,“妹子,你今年都十八了,也该快点找个如意郎君啰……”

紫霜没等她说完,霍地站起身,捏起拳头,捶打秋花的双肩:“你坏,你坏,你坏!”……

尽管开口骂,出手打,隔日上午,颜紫霜还是跟着杨秋花来到李旦的居室。

这居室位于商行大厝第三院落,单门独户,前面有个花圃,接下去是个小厅,厅后面才是卧房。

她们进了小厅,秋花轻轻地敲了敲房门,见里面无人应声,便拉起紫霜的手,径自推门而入。

“谁人?”卧房里传来李旦威严的声音。

“是我呀!”秋花有点心慌,急忙跨过门槛进房,却把紫霜撂在小厅里。

房内郑芝龙正在为李旦按摩,看到一个美貌女子扭着腰肢进来,不禁一愣。

“你怎么来啦?”李旦显然有些不高兴。

“我思念你啊,我的老爷!”秋花娇声娇气应道。

“咳,”李旦当着芝龙的面不好发脾气,只得好言好语,“我不是跟你讲了吗?暂时在家眷屋宅住几天,等我伤痛好些了再回来。”

秋花靠上前去,伸出手抚摩着李旦裸露的左肩左臂,关切地问:“哦,这

回老爷落海就伤在这里啊?!”

李旦:“是啊。”

秋花:“这伤痛几时才能好呢?”

李旦:“本来已经快好了，回平户途中经不起颠簸又痛起来，再按摩几天就会好的。”

秋花瞥了芝龙一眼:“这位就是在给你按摩的郎中啰!”

“噢，昨天忘了给你介绍，”李旦说着，指着秋花，转对芝龙，“这位是你的姨娘杨秋花。”

“秋花姨娘!”郑芝龙深深鞠了个躬。

“免礼，免礼。”秋花连忙摇手。

李旦指着芝龙:“这就是我海上捡来的义子。”

“义子?!昨天不是说是儿子吗?”秋花反问。

李旦笑道:“昨天我跟大家开了开玩笑。”

秋花似有所悟:“原来是这样!”

李旦偶尔抬头，见到小厅里有个人影，问道:“厅里是谁人?”

“是紫霜!”秋花急忙应说。

李旦不解:“她怎么会到这里来?”

秋花找着措辞:“是我带她来的。昨天我住在她那里，受到人家无微不至的款待，今天就带她出来走走嘛。”

李旦略一思考:“那……那就请她也进来坐一坐。”

“好嘞!”秋花三步并作两步跑回小厅，把紫霜拉进房中。

紫霜一到李旦跟前，单膝下跪抱拳拜道:“小女紫霜向李大人请安!”

李旦笑道:“快起，快起。”

紫霜随即站起身来。

郑芝龙一看，这个自称小妹的女子玉貌绛唇，颜面生辉，两道剑眉配着一对凤眼，站直身子比秋花高出许多，壮美身骨透露出一股英气，兼有女人的妩媚和男人的刚毅，不禁心生好感，两只眼睛直盯着她……

颜紫霜被郑芝龙看得芳心扑扑直跳，满脸涨得通红;想留不好意思，想走又舍不得……她偷偷地瞄了芝龙几眼，哇!真是个从未见过的俊俏、帅气的美男子，一颗芳心禁不止扑扑直跳……

她赶紧低下头拉起秋花的手："秋花姐，李大人正在治伤，我们不要打搅他了。"

"不会，不会。"李旦摇了摇手，转对芝龙介绍说，"这位是颜总管的女儿紫霜，一身功夫十分了得。"

芝龙抱起拳："幸会，幸会！"

紫霜随之挺胸抱拳，朗声应道："幸会！"

秋花见目的已达，便不再逗留，向李旦道了个万福："大人，不打搅了，我们告辞啦。"

紫霜紧接着单膝下跪："李大人，小女告辞了！"

两人一走出厅门，秋花便俯在紫霜耳边，悄悄问道："怎么样，妹子？"

"你问的是什么呀？"紫霜红着脸反问说。

"嘿，嘿，"秋花摸了她一下脸颊，"还装傻呢！"

紫霜强自辩道："我用不着装傻，是你自已问得不清不楚。"

秋花笑嘻嘻地说："刚才问的有哪里不清楚啊？我看呀，是你被那郑芝龙盯得有点头晕了吧！"

紫霜嘟囔着："我才不头晕呢。你看他两眼直愣愣地盯着人家，一点礼数都没有。"

秋花盯着她的脸："他真心喜欢你嘛！"

紫霜娇嗔道："喜欢不喜欢是他的事，跟我有什么关系？"

"哎哟哟，"秋花搂起她的腰肢，"这么俊俏的少年家喜欢上你，你能不动心？"

"俊俏是很俊俏，可我不稀罕。"紫霜卖了个关子。

"哦?！……"秋花盯着她的脸，"这么俊俏的男人你不稀罕？"

紫霜噘了个嘴："俊俏的男人都很花心，不可靠。"

"嘻，嘻。"秋花半讥半笑，"看来，妹子是想找一个老老实实、呆头呆脑的男人噢！"

"也不是，"紫霜应道，"我相信人世间会有既可靠又可亲的男人。"

秋花叹道："好啊，妹子，等你找到这么一个如意郎君，可别忘了请姐姐吃喜酒！"

她们说着、说着，不觉回到了家眷屋宅……

当天下午，颜思齐召集商行全体伙计和船队全体船员到大厅开会，安排冬季各部门的作业。最后，李旦向大家正式宣布，郑芝龙是他的义子，并任命芝龙为金阳商行总部协理，即日上任，协助处理总部各项事务。

这一宣布，赢得了全场热烈的掌声！

散场后，大家边走边议论开来：有的说，这郑芝龙真是一表人才；有的说，这少年家碰上了好运气；有的说，李大人也该有个好儿子；有的说，这全然是缘分巧合，命中注定……

刘奔则悄悄拉着钟斌，随着散场的人群走出商行，来到一处海边。

“钟斌，怎么样，你手下这名水手平步青云，你该很高兴吧!?”刘奔问道。

钟斌心中郁闷，一时不知该怎么回答。

刘奔：“人家下一次海吃一辈子，顶不错的啊。早知道会是这样，我准定头一个跳下海救人。”

钟斌：“刘爷，你不要这样说了。”

“怎么啦，我还不能说吗？”刘奔愤愤不平，“要说下海救人，你钟斌也是冲在最前头，这回却跟大伙一般，只领到那么几两赏银，这公平吗？”

“算了，不要提它了。”钟斌无奈地应道。

刘奔：“为什么不要提？商行规矩，赏罚严明，这回李大人分明是偏心。”

钟斌：“李大人怎么会偏心呢？”

刘奔：“你没看出来吗，钟斌。从北港起航这一个月来，李大人和这少年家都是同房共寝啊！”

钟斌：“他代替魁奇大哥当李旦大人的贴身侍卫，还要帮李大人按摩治伤，当然要住在一起。”

“住一起是要住一起，但你看他们两人是那样的亲密恩爱，就像是……”刘奔欲言又止。

钟斌：“就像是什么？”

刘奔郑重其事：“我告诉你，你可不能传出去。”

钟斌：“你说吧，刘爷，我不会跟别人讲的。”

刘奔神秘地眨了眨眼睛：“他们两人就像一对‘老夫少妻’（闽南语）。”

“老夫笑……‘笑’什么？”钟斌一时没听明白。

“不是‘笑’，是‘少’，‘少年’的‘少’，”刘奔用闽南语解释说，“‘老夫少妻’就是‘老翁少年某’（闽南语），懂吗？”

“少妻‘少年某’？”钟斌有点疑惑，“李大人不是有个杨秋花吗？”

刘奔：“你还不知道呢，昨晚李大人把杨秋花赶到家眷房宅去住，继续和郑芝龙同房共寝，弄得秋花哭哭啼啼……”

钟斌：“真的？”

刘奔：“千真万确，我和颜总管都亲眼看到。”

“噢，”钟斌恍然大悟，“原来是这样！”

“明白了吧，”刘奔拍了拍钟斌的肩膀，“漳、泉二府的大富商，几乎人人都好男色，这你我都知道；李大人曾经玩过男色，我也略有所闻；没想到这回把真戏搬上台来了。”

“哼，”钟斌哼了哼鼻子，“男色有什么好玩的？”

“这你就不懂啰。”刘奔压低声音，“据说呀，那男色比女色还更甜、还更爽呢！”

“别说了，刘爷，我不信。”钟斌似乎很气愤。

“好啦，我不再说了，”刘奔板起脸，“不过，今天我们在这里说的，你可不能传出去。”

钟斌冷笑道：“反正我不信。”说着，愤然离去。

尽管嘴巴说不信，钟斌心里却对刘奔的话深信不疑，嫉恨之心油然而生……

第三十二章 武德行隐藏杀机

发货，理货，收账，对账，商行主船队买办刘奔接连忙了五六天。

这一天下午，他到市街一家商号理账后刚走出店门，肩膀就被人拍了一下。

刘奔转过头一看，原来是武德牙行的掌柜，连忙招呼道：“噢，是吉冈君啊，久违了！”

“是啊，刘奔君，”吉冈应说，“都一年多没见面啰！”

刘奔：“这趟远航走的地方太多，遇到的事情又多，耽搁了不少时间。”

吉冈：“那，刘奔君是什么时候回到平户的？”

刘奔：“刚回来六七天。”

吉冈：“噢，已经回来六七天了，也不知会一声，你知道兄弟多想念你吗？”

“我也一直记挂着你啊，吉冈君。”刘奔笑了笑，“怎么样，趁现在我还有点时间，咱们到水花楼喝它两盅。”

吉冈：“不用了，咱们一路走一路聊吧！”

刘奔：“好啊。”说着，两人相偕拐入一条街巷，边走边谈。

“杨陆君在厦门一切都好吗？”吉冈先开口问道。

刘奔：“都好，都好。”

吉冈：“杨少堂主什么时候会再到平户来呢？牙行的伙计们都想见一见他呀！”

“他要来随时都可以来，”刘奔答说，“不过，近期厦门商务繁忙，他又要兼顾北港商馆，一时恐怕抽不出身。”

吉冈似笑非笑:“少堂主和刘奔君在金阳的地位是越来越高了，真是可喜可贺呀!”

刘奔听出话意，谦辞道:“我们都是在李旦大人手下做事，说不上有什么高的地位。”

吉冈:“没错，目前是在李旦手下，今后那就难讲啰。”

“呵，”刘奔瞥了他一眼，正色道，“吉冈君，这种话可不能乱说啊。”

“我当然不会到处乱说。”吉冈应着，忽然想起，问道，“刘奔君，听说李大人这回在金门外海突遇风暴，跌入海中，差点把老命给丢了，不知确否?”

“你怎么知道的?”刘奔反问说。

吉冈神秘笑道:“这又不是什么秘密，现在通街都在传，大家都为李大人平安归来感到高兴。”

刘奔连声说:“这就好，这就好。”

“不过，我认真想了想，”吉冈压低声音，“李大人在海上闯荡几十年，经历多少狂风恶浪，从没有崴过脚，这回怎么会跌入海中?”

刘奔盯着他:“你说呢?”

吉冈诡秘地说:“我看这里面大有文章啊……”

“别胡猜乱想了。”刘奔打断他的话，“吉冈君，还是说说你们牙行的事吧。”

“好，好。”吉冈当即诉起苦来，“去年刘爷你和少堂主曾经承诺要关顾武德牙行，可是你们一走，颜总管根本就不认账；现在生意揽不到，伙计要吃饭，我已经是撑不下去啰。”

“你现在有多少伙计?”刘奔问。

吉冈:“有六七十个。”

刘奔:“这么多呀?”

吉冈:“多?要做大买卖还不够用呢。”

刘奔:“那你准备怎么办?”

“如果少堂主和刘爷你多加关顾，我就继续做下去；”吉冈应说，“要是得不到关顾，我就准备叫他们散伙。可惜的是，我现在招来的这帮人全都十分勇武，有一大半还跟随过上野师祖在福建沿海做过买卖。”

刘奔被他左一句刘爷、右一句刘爷叫得有点心动，却又有些为难:

“这……”

吉冈看他那神态，当即解释道：“其实，这些伙计要求并不高，平时只要有口饭吃，做起买卖都愿遵照以往的规矩，按货论价，货到款清，尽量做到双方都满意。”

“果真如此？”刘奔问。

吉冈：“咱们相识都四五年了，你还信不过我吗？”

刘奔：“好啦，你现在需要多少钱？”

吉冈：“需要三百两银子应急。”

刘奔沉吟片刻，点了点头：“就这个数，过两天我给你送来。”

“多谢刘爷关顾！”吉冈连连鞠躬，“不过，现在伙计们讨得很急，要是今晚就能赏给他们，那就太好啰！”

刘奔：“今晚?!”

吉冈：“是啊，今晚刘爷若能光临敝行，当面赏钱给他们，比起经我的手转送，岂不光彩得多？”

刘奔心头一热，脸展笑容，当即满口答应：“好吧，我今晚就过来。”

吉冈再次鞠躬：“我跟伙计们在牙行里恭迎你的大驾光临！”

当晚，月暗天黑，刘奔依约来到武德牙行。

这牙行位于平户市街东北端一条街巷的低处，原是一片荒地，五年前吉冈在此搭建起一幢大平屋，经营当地土产，起名“武德”，只因地点偏僻，不利于商业运作，生意一直不好。

但是，这偏僻的地点却有利于从事另一类“买卖”，颇合吉冈之意；可惜这类买卖也不景气，一年只做成十几笔，而且数额不大，收益有限，只能勉强维持生计。

自从通过“对时招魂散”结识了刘奔，吉冈便料定这将是一笔特大买卖。他想方设法探清了刘奔及其师兄杨陆的底细，并在去年初秋跟他们搭上了关系，原以为可以较快地把这笔大买卖做成，却不料这对师兄弟一个返回厦门，一个远航南洋，整整一年毫无音信，真教他又焦急又无奈。现在，刘奔回到平户了，机会难得，不能放过；于是，经过一番谋划，今晚果然将他请到牙行里来。

夜幕垂降，站在牙行大门外的吉冈两只眼睛直盯着前方……少顷，见刘奔一个人漫步而来，连忙迎上，抱拳鞠躬，两人相携走到大门前……

大门两旁各站着一名身穿和服且又美貌的日本女子，深深地向刘奔鞠了个躬，用日语亲昵地唱道："欢迎刘爷光临！"

刘奔一听那银铃般的声音，连忙刹住脚，两只眼睛左旋右转地盯着两个美女滴溜一番，才走进大门，边走边拍了拍吉冈的肩膀，说："吉冈君左拥右抱，艳福不浅啊！"

"哪里，哪里。"吉冈忙解释道，"她们是我的女徒弟，跟我习武的。"

刘奔笑道："难得你能收到这么两个美貌的女徒弟，她们的名字叫什么？"

"站在左边的叫玲子，站在右边的叫瑰子。"吉冈应道，"在我这里两年，武艺大有长进。"

他们边说着边进入大厅。刘奔举目一看，但见宽阔的大厅里空无一人，只有在两边墙上的十几个沙罐子里，各插着一支点亮了的松明火，冒出的缕缕黑烟，弥漫在厅中，散发着焦酥的香味……

"你那些伙计呢？"刘奔开口问道。

"都在牙行里。"吉冈应说。

刘奔有些不信："都在牙行里？"

吉冈应道："是的，刘爷，请跟我来。"说着，带刘奔穿过大厅，来到一间房门前，脱下鞋子，走进房内，将后墙的窗户打开。

刘奔举目望去，那屋外的一片小树林里，点燃着十几支火把，一群赤膊的汉子手执锋利的倭刀，正在那里练武；再仔细一看，这群练武的人分成不同的组合，有"一对一"的，有"一对二"的，有"一对四"的，还有一组是"一对八"，总共有六七十人；演练时，对手之间全都真招实打，并非摆花架子……

吉冈待他看得差不多了，才恭谨地介绍说："刘爷，我的伙计都在这里。"

"嗯，不错！"刘奔颔首。

"怎么样，刘爷，过去考一考他们？"吉冈邀道。

"好吧，走！"

刘奔走出两步，忽又转回，说："不必过去了，在这里试一试就行。"

吉冈甚感不解："在这里怎么试呢？"

"你看，"刘奔说着，从窗户的木框上拗下一块木片，顺手朝着"一对八"的那组人掷去。

虽然是一块木片，但在刘奔手中却像是一支飞镖，瞬间就飞到一名围攻者的脑后。

"着！"刘奔轻声喝道。

他话音未落，那家伙忽然脑袋一偏，挥刀一拨，将那木片击落在地上。

同一组共九人即刻停下练武，用日语高声喝问："谁发的暗器？"

"伙计们，这是……"吉冈正要如实回答，却被刘奔拦住。

吉冈："怎么啦，刘爷？"

刘奔："快，向他们说，发暗器的是你自己。"

吉冈不敢怠慢，连忙朝着窗外用日语喊道："伙计们，这是我在考你们啊！"

"噢！"那九名伙计一齐抱拳，"是大掌柜啊！"

吉冈："是啊，你们继续练武吧。"

小树林里又恢复正常的练武了……

疑惑不解的吉冈转过身子叩问刘奔："不是说好了吗，刘爷，今晚你要跟大家见见面？"

"不啦，"刘奔摆手，"今晚我还是不跟大家见面为好。"

吉冈："为什么？"

"你去仔细想想吧。"刘奔应着，从怀里取出一张银票，递给吉冈，"这是三百两纹银，你收下吧。"

吉冈接过银票，鞠了个躬："多谢刘爷！"

刘奔："那我就告辞了。"

吉冈求道："刘爷能不能再稍坐片刻？"

刘奔："还有什么事？"

吉冈："近日我弄到一种妙药，不知刘爷你想不想看看？"

刘奔喜道："哦，你又弄到对时追魂散？"

吉冈："不，不是追魂散。"

刘奔："那是什么？"

“请刘爷稍等。”吉冈说着，转入内室，少顷捧出一个木匣，打开匣盖，匣内绸布垫上有两只葫芦形瓷瓶，取出一只递给刘奔，顺手拔开瓶塞。

刘奔将瓶里的药倒出少许在掌心一看，这药形状犹如高粱米，呈淡黄色，闻一闻略有香味，便问道：“这是什么妙药？”

吉冈：“此药名叫旬日招魂丹。”

刘奔：“和追魂散有何不同？”

吉冈：“追魂散是十二时辰致命，这招魂丹则要过十天十夜才发威，而且用量较大。”

刘奔：“如此说来，它跟追魂散怎能相比？”

“刘爷有所不知。”吉冈解释说，“道上各种妙药各有妙用，有的立即夺命，有的对时招魂，有的则可待以时日才致人于死地，这就要根据你下手的对象、目的、时机和条件，加以选用，而且要尽量做到不露痕迹。因此，那位隐居的药师才研制了多种秘药，以应各类不同的需求。”

刘奔听后，大感兴趣：“好，吉冈君，请说说这旬日招魂丹如何用法。”

吉冈：“这丹药气香味美，很快溶解，掺入药汤、菜汤和各类美酒，饮者绝不生疑，连续喝上十天，毒性发作立即毙命。”

刘奔怦然心动，问：“价钱多少？”

“此药来之不易，”吉冈应说，“如果刘爷想要，一瓶只需百两银子。”

刘奔将掌心中的少许药丹倒回瓷瓶，递还给吉冈：“如果两瓶都要呢？”

吉冈：“那两瓶就收你一百八。”

刘奔干脆地说：“行，我要了，明后天就把钱送来。”

吉冈连忙把手中的瓷瓶放进木匣，关好盖子，捧给刘奔。

刘奔摆了摆手：“这招魂丹先寄放在牙行里，我须用时再来拿，好吗？”

吉冈：“好啊，好啊，不过，希望刘爷能把钱先给送来。”

“当然，当然，”刘奔应道，“该给的钱就得给，吉冈君如果能再弄到对时追魂散，我同样欢迎。钱款一定会如数照付，分毫不差。”

吉冈深深鞠躬：“那就多谢刘爷啰！”

第三十三章 烧杀抢荷贼逞凶

回过头说说占据澎湖的荷兰人。

荷军司令罗尔森派遣雷克前往北港、大员探察，原叮嘱须尽快返回报告；可这个新来的少校却一去十天未回，而且连个音信也没有。

按理说，北港、大员都在澎湖周近，往返航程加上登陆探察，最多不过五六天工夫，为什么去了这么多天还不见人影？

是登陆后遇到强敌遭到伤害？还是船舰被这次风暴刮沉？

罗尔森司令开始有点焦急了！

这雷克少校乃柯恩总督的得力部属，被派到澎湖来显然负有特殊使命！……攻袭澳门战役已经失去一位卢昆中校，要是雷克少校再有三长两短，他这个远东舰队司令怎么向公司总部交代？

罗尔森感到不能再干等，当即派出一艘快船，带上几只当地租来的渔船，前往搜索，得知前些天有两艘荷兰船舰到过北港、大员，都是平安离开，并没有遇到什么意外。至于它们离开大员后驶往何处，则众说纷纭，莫衷一是……

日子一天天过去。

正当罗尔森焦灼难忍之时，这一天中午，码头上的哨兵忽然来报，说雷克少校带领的战舰和快船已经进入澎湖湾，正朝着码头驶来。

正在用餐的罗尔森一听，放下手中餐具，激动地搓着双手，轻轻地舒了口气，忽又板起脸孔，交代那哨兵说："你快回码头去，雷克少校一登岸，叫他立即到行营来见我。"

哨兵走后，罗尔森重新拿起刀、叉、汤匙，继续用餐。

他边吃菜边饮酒边思索，用过午餐又喝了一杯浓浓的咖啡，而后漫步来到行营的小厅，关上厅门，坐在藤交椅上，闭目养神……

过了些时，小厅外响起了敲门声。

罗尔森缓缓地睁开眼睛，粗声粗气地说："进来。"

身穿军服的雷克左手握着一卷羊皮纸，右手推开厅门，立正敬礼："报告司令，少校雷克前来报到。"

"好啊，雷克，"罗尔森猛站起身，声色俱厉地喝问，"派你到北港、大员探察，命你尽快返回，你这一去就是半个多月，你上哪里去了？"

"我……"雷克一下子愣住了。

罗尔森厉声道："你，你到底上哪里去了？"

"我到了厦门、金门和两岛邻近的海域探察，司令。"雷克连忙解释道。

"啊？！"罗尔森甚感惊讶，"你去了厦门、金门，那北港、大员有没有去？"

"有，我先到了北港，那里已经被中国巨商李旦的武装人员占据，而且还开设了商馆，我们无法插足，便转到大员。"雷克报告说，"大员的港口相当不错，土地也很肥沃，还有许多林木，应该说是个好地方；可惜山岩阻隔，人烟稀少，甚难开发，就没再逗留。"

罗尔森感到不解："这样说来，你到北港、大员，不过是五六天工夫。"

雷克应道："是的，风暴过后，我原想返回澎湖……"

"那为什么不回来呢？"罗尔森打断他的话反问。

"因为在北港、大员没什么收获，"雷克应道，"所以离开之前改变计划，转到厦、金两岛及周近海域，希望能获取到有用的情报。"

罗尔森怒道："如此重大的改变，为何不向司令部请示？"

雷克低下头："这是职下的不对。"

罗尔森摆出司令的架子："雷克少校，你如此违反军纪，应该如何处置啊？"

"对此，职下愿负全责，"雷克坦然应说，"不过，此次厦、金之行，收获很大，请求司令听取我的报告后，再进行处理。"

罗尔森略一思考："好吧，你说。"

雷克将手中那卷羊皮纸呈给罗尔森："这是厦、金两岛及周近海域的地图，一共五张，请司令审阅。”

罗尔森接过手，拿到办公桌前，摊开在桌面上，即刻被第一张总图吸引住。

他睁大眼睛，边审看边轻声念道：“东至金门东水道，西至海澄海门岛，北至同安浔尾村，南至海澄镇海角……横向二十八浬，纵向十九浬……大小岛屿十一个，大小村落九个……”

读过总图，罗尔森相继翻开“厦门岛”“金门岛”“海澄沿岸村落”“厦门港外岛屿”等四张附图，一一仔细审读……

雷克待他全部读完，鞠了个躬：“请罗尔森司令多多指教。”

罗尔森一改刚才的严厉，脸现喜色：“雷克少校，你完成了一件很重要、很有意义的工作啊！”

雷克看他态度已转变，连忙乘机进言：“司令长官，这次我在探察中感到厦门比澳门还要好。”

罗尔森：“果真如此？”

雷克：“这厦门港湾优良，地势险要，周近各县物产丰富，人口众多，可以提供很多食品、商品和劳力。现在厦门城外聚集许多商家，积存很多货物；其中最大的金阳商馆据说还藏有财宝，我们如果对厦门和海澄进行一次突袭，准定会有很大收获。”

罗尔森：“哦，突袭厦门和海澄？”

雷克：“对。”

罗尔森：“有把握吗？”

“有。”雷克作了肯定的回答。

罗尔森：“你的依据是什么？”

雷克：“这次我和麦丁少尉穿着便服上了厦门岛，雇了一个当地人引路，对厦门城及厦门的布防，作了详细的探察，探知城内设有守备署，四个城楼各有两门火炮；港口虎头山设有两座炮台，各装火炮四门，总共拥有火炮十六门；士兵一千名多数常驻城内，装备大都是刀枪、弓箭等兵器，只有少量火器；而商家和他们的货仓则设在城外滨海地带，虽然各家各户都有卫丁，但都没有经过正规训练，最多只能防备一般盗贼。至于海澄县则全无设防，我们到了那里，想要东西就可以拿，想要劳力就可以抓。”

罗尔森："依你的看法，要打这一仗，我方需要投入多少兵力？"

雷克："只需五艘军舰、十艘快船和八百名士兵；但装备必须精良，弹药必须充足。"

"嗯。"罗尔森点了点头，再问："那么，这一仗你准备怎么打？"

雷克："整支舰队抵达厦门港外，先隐藏在周近的小岛屿，夜间悄悄进入港内，躲到鼓浪屿后面，午夜发动进攻；军舰用猛烈火力摧毁虎头山下的炮台，扫除障碍，并负责掩护和接应；快船则运载士兵从码头南边的海滩登陆，冲进城外商家的货仓，搬取我们需要的货物，拂晓之前结束战斗，返回战舰；然后转到海澄沿海村庄，大捞它一把，速战速决，预计第二天就能起航返回。"

罗尔森颔首："这主意不错。"

雷克："现在东北季风还没刮到台湾海峡，我们趁这时机打好这一仗，不但可以震慑腐败无能的中国官府，还可以增添我们的货源，补充我们的劳力和食品，到了冬天日子就会好过得多。"

罗尔森："好啦，雷克少校，这作战方案还需舰长会议研究通过，你先休息一下，等待我的通知。"

雷克立正敬礼："是。"

这一天晚上，又轮到郑芝凤和另一个卫丁值更。

已经快到半夜时分，两个少年家还是毫无倦意，他们手持着朴刀，在商馆到码头一带来回巡逻，注视着四周的动静。

卷云蔽空，月色朦胧，他们绕了一圈走到码头上，对岸的鼓浪屿像披着一袭面纱，显得分外妩媚。

"哇，这鼓浪屿好美噢！"郑芝凤赞道。

"是啊。"那卫丁应说。

芝凤："怎么样，找个时间我们再去玩玩？"

卫丁："好啊。"

芝凤："对了，今晚值更，明日歇息，我们明天下午就去。"

卫丁："可以啊，不过，别老是到龙头山。"

芝凤："那你说，该去哪里？"

卫丁举起手，指着鼓浪屿南端临海那座圆秃秃的山岩："就去这覆鼎岩，还有后面那大印斗石，那里有很多水窟子，藏着许多小鱼、小虾和青蟹，我们抓它一篓回来下酒，你看怎么样？"

"好，好。"芝凤边应着边顺着他指的方向望去，忽然发现覆鼎岩外的海面上，好像有帆影在晃动，仔细再一看，都是些横帆式的帆片，不禁深感诧异："哎，哪里来的洋船？"

"是啊，是洋船，"卫丁也同时发现，"而且都是些大洋船。"

芝凤睁大着眼睛，注视着这些洋船的动向："奇怪，它们为什么不进港来？"

卫丁："你看，它们都朝着鼓浪屿后面驶去了。"

芝凤猛然想起："这些洋船莫非是澎湖那伙荷兰红毛的战船？"

卫丁："对，对，这准定是红毛鬼子的战船。"

芝凤叮嘱卫丁："你在这里好好盯着，我这就回去报告。"说着，拔起腿奔回商馆。

"嘭，嘭，嘭！"酣睡中的杨陆被一阵紧急的敲门声吵醒。

"嘭，嘭，嘭！"敲门声再次响起。

"谁啊？"怀里抱着女人的杨陆恶声恶气问道。

"是我呀，杨总管。"芝凤在门外焦急地应道。

杨陆："你，你是谁人？"

"我，我是郑芝凤。"

杨陆："深更半夜的，吵什么？"

芝凤："发现荷夷的战舰。"

"荷夷的战舰？！"杨陆推开怀里的女人，"看清楚没有？"

芝凤："看清楚了。"

杨陆连忙翻身下床，穿上衣服，带上手铳，打开房门出房来，盯了芝凤一眼："走，看看去。"

两人急匆匆来到码头，杨陆举目扫视海面，厉声问道："荷兰战舰在哪里？"

"都驶到鼓浪屿后面去了。"卫丁应说。

“驶去鼓浪屿后面?!”杨陆皱起眉头，“你有没有看错?”

“没看错，杨总管。”卫丁给予肯定的回答。

杨陆:“一共有几艘船?”

卫丁:“共有十五艘，其中五艘大船，十艘较小。”

杨陆:“这些洋船全都驶去鼓浪屿后面了?”

卫丁:“是的。”

“杨总管，我这就划一只双桨到鼓浪屿后去探一探。”芝凤建议。

“不必了。”当过多年海盗的杨陆心里已经很明白。

芝凤:“那我们该怎么办?”

“他来者不善，我有备无患。”杨陆答说，随即交代卫丁，“你在这里注意盯着，我马上再派人来。”说着，带芝凤迅捷回到商馆，把伙计和卫丁们全数叫醒。

一场紧急备战迅即全面铺开。

在卫丁队长杨宗的指挥下，四尊火炮连同相配的弹药箱，从炮库里被扛出来，其中两尊架设在商馆门外路旁的土坡上，两尊架设在栈房外的炮垒上，每尊火炮三名、共十二名炮手全都各就各位。

刘青则领着两个年轻力壮的伙计，各执一把朴刀，带上两面铜锣，以便随时发出警号。

其他伙计分成两拨，随带刀枪、弓箭，分别由四名卫丁带队，在栈房和商馆里协防。

老年伙计和女仆也都分发给朴刀、匕首，用以自卫。

一切安排妥帖，杨陆从账房柜中取出一张名刺，交给芝凤:“用我的名刺，随时都可以叫开城门，明白吗?”

“明白。”芝凤接过名刺，揣进怀中。

“走!”杨陆说着，迈开步伐直往码头走去;芝凤紧紧跟在他身后。

还没走到半路，一个派到码头监看的卫丁匆匆跑了过来，见到杨陆，急忙报告:“杨总管，红毛战船杀过来了。”

“快!”

杨陆快步奔到岸边一看，五艘高大的洋船，一艘紧接一艘，从鼓浪屿覆鼎岩后绕了出来，直扑虎头山……

“轰隆，轰隆，轰隆！”冲在最前头的那艘荷兰战舰开始发炮。

“敲锣报警！”杨陆下令。

“咣，咣，咣！”两名负责报警的伙计即刻敲响铜锣，朝着城外各街巷奔去，边跑边敲锣边拉长脖子高声喊道：“红毛海贼来啰！红毛海贼来啰！”

杨陆随即交代芝凤：“快到城内擂鼓报信。”

“是。”芝凤抱拳领命，转过身奔向厦门城。

五艘荷兰战舰很快都驶进厦门港内，首尾衔接排成一列纵队，对准虎头山炮台，相继发炮……

“轰隆隆，轰隆隆，轰隆隆！……”

遭到突袭的炮台士兵一时慌了手脚，待到他们进入炮位，已经有两尊火炮被毁，只剩十尊可用。

镇守炮台的哨官职责在身，不敢懈怠，和士兵们一起冒着敌方炮火，迅捷装填弹药，瞄准敌船，全面反击……

“轰隆，轰隆隆！……轰隆，轰隆隆！……”

在双方猛烈的炮战中，十艘荷兰快船飞速绕过五艘战舰，插进水仙宫南边的海滩。麦丁少尉领着火枪队先跳下第一艘快船；紧接着，其他快船上的六百名士兵，有执刀剑的、有持短铳的、有扛木檑的、有背钩索的，在雷克少校指挥下，一批批地、有秩序地登陆上岸，朝着水仙码头周近的街巷奔去……

“咣咣咣，咣咣咣，咣咣咣！……”

报警的锣声一阵紧似一阵，各商家的伙计与卫丁全被惊醒，大家一听到“红毛海贼来啰……红毛海贼来啰……”的呼喊声，立即披上衣服，抄起家伙，有的镇在门外，有的守在门内，准备迎敌……

麦丁率领先头火枪队进入头一条小街，看到每户商家门前都有手执刀枪的卫丁在把守，又听到街外传来阵阵锣声，知道对手已有戒备，再也不容迟疑。

“开枪！”麦丁下令。

“砰，砰，砰，砰……砰，砰，砰，砰……”

一户商家门前的两名卫丁应声而倒。荷兰士兵在枪声中猛冲进去……

其他七八户商家的几十名卫丁见状，大惊失色，赶紧躲进门内，闭上大门。

后续部队很快到来，士兵们甩起丈多长的木檑撞门，那些商家的大门相继被撞开，里面已经看不到卫丁与伙计们的身影。

冲进屋内的士兵很快就找到囤货的地方。

一箱箱、一袋袋的货物被搬上商家的板车。

一辆辆满载货物的板车被拉出商家的大门，往快船登陆的地点送去。

手持指挥刀的雷克少校，脸上现出得意的微笑。

此时，厦门城内守备署衙的大门仍然紧闭着。

忽见一个少年家飞身越过门外石阶，跳上廊道的大鼓架前，拔出两支鼓槌，猛敲鼓面，“咚，咚，咚，咚……”

擂鼓的正是奉杨陆之命前来报信的郑芝凤!

鼓声中，一匹快马急奔而来，马背上的讯兵到了门前，腾身而下。

署衙的大门打开了。

守备大人和总兵大人被叫醒了。

署衙的大厅里，王守备先接过虎头山炮台的紧急讯帖，而后收下郑芝凤呈上的杨陆的名刺……

过了午夜，洗劫小街得手的荷兰军队，士气更加高昂。

仍然由麦丁的火枪队开道，五六百名士兵乘胜转向金阳商馆一带。

“砰，砰，砰，砰……”接连不断的枪声，把一般商家和百姓全给镇住了……

突然间，“轰！轰！”两声巨响，两发炮弹在火枪队的前方炸开，一名枪手的脸部顿时被弹片刮伤……

“停止前进!”雷克赶紧下令。

枪手们立即刹住脚步。

“轰！轰!”又两发炮弹打了过来。

雷克借着朦胧曙色，朝着炮弹打来的方向仔细一看，原来在大路旁一个土坡上，架有两门火炮。他指着那土坡，下令：“分成两路，左右包抄，冲上土坡，夺取火炮。”

士兵们即刻分左右两路，包抄过去，用火枪开道，很快就逼近土坡。

“轰隆……轰隆……”土坡上的火炮不停地射出炮弹。

“砰，砰，砰，砰！”枪手们用密集的子弹回敬。

就在左路的荷兰士兵冲上土坡的那一刻，一支配有火枪的中国军队从厦门城方向奔杀过来，震天的杀声和密集的枪声交织在一起……

“啊?!”雷克猛吃一惊，急忙下令，“撤！”

撤退是迅速而且有序的。

那些负责破门和搬运的荷兰士兵，先行跑回快船；船上的旗手立即向战舰打出旗号。

接到旗号，前头三艘战舰撤出原地，驶向码头海面，昂起炮口，朝着岸上猛烈开炮，以阻滞中国军队的前进；第四艘战舰开到快船登陆的滩地附近，随时准备出击，以确保快船的安全；第五艘战舰则留在虎头山海面，继续对山下的炮台进行轰击。

在战舰炮火与枪队火力的掩护下，大部分士兵迅捷回到快船；殿后的火枪队边反击边撤退，最后付出九人受伤的代价，也全数返回。

看到所有士兵都已返回快船，旗舰上的旗手打出旗号，四艘战舰继续朝着岸上猛烈发炮，掩护快船安全撤出，随即整支舰队兜起夜风驶离厦门，转到海澄县沿海村社。

舰队首先来到最靠近厦门岛的屿仔尾和石后两村，先开炮轰击村社，掩护士兵登陆。士兵登陆后用火枪开道，大肆抓捕青壮年，抢掠鸡、鸭、猪、羊等家禽家畜……

昨晚完成捕鱼作业回到屿仔尾家中酣睡的张逵，被震天的枪炮声和杀声惊醒。他翻身下床，跑出门外一看，村里火光冲天，十几个荷兰士兵手持火铳，正押着一批被反绑双手用麻绳串成长列的青壮年乡亲，沿着村间小路，朝向海边走去。

"啊!?"张逵猛然一震，"这些贼寇显然是前些日子把我请到战舰上，要我帮他们考察厦、金两岛和海澄沿岸的红毛鬼子。我受骗了！我受骗了！……"

悔恨锥心的张逵咬着牙转回身，到屋里抓起一把大刀，奔出家门，朝着走在后面的荷兰士兵猛砍过去，一下子就砍倒两个。

那些走在前头的荷兰兵大吃一惊，转过身举起手铳，朝着张逵一阵猛射。

身中十几颗子弹的张逵用刀尖顶在地面上，硬撑直腰板，等到最后一个荷兰士兵走到他身旁，再次举起大刀，朝那红毛鬼子头顶猛砍下去，劈开那鬼子的头颅；而后再次用刀尖顶在地面，圆睁着双眼，依然挺立在那小路旁。

尽管海澄县沿海村社的村民英勇反抗，荷兰士兵还是用火枪开道，一个村社接一个村社地烧杀抢掠，终于抓获几百个青壮年和难以计数的鸡、鸭、猪、羊，拂晓时分完成了预定的作战任务，满载着战利品，起航返回澎湖。

胜利的捷报很快就报到巴达维亚公司总部，雷克的密报也已经送到柯恩总督手中。

东印度公司的董事们在振奋之余，接受柯恩总督的提议，决定加派四百名士兵和四艘战舰，载满各类火炮及武器弹药赶赴澎湖，以加快澎湖基地的建设；并任命刚被提升为上校的巴达维亚城务主管普特曼为远东舰队司令，替换率师不力的罗尔森。

第三十四章 借剿夷一箭双雕

荷兰海贼偷袭厦门、劫掠海澄，震动了八闽，惊动了朝廷。

东南海疆岂容荷兰人肆虐，皇上当即下旨，命福建巡抚与总兵调集水、陆二师前往征剿。

这一天，负责率军剿夷的福建总兵俞咨皋与厦门守备王一雄，正在署衙商议粮饷筹集事宜，衙役进厅报告称，金阳商馆掌柜杨陆前来求见。

一听说是杨陆，俞咨皋立即站起身："快请！"说着，与王一雄相偕走出厅门。

杨陆在衙役带领下正步入石庭，看到俞、王二人已在大厅门外，急步趋前，撩起儒袍前裾，单膝下跪拜道："小民拜见俞大人、王大人！"

俞咨皋将他扶起，说："杨掌柜不必多礼，请到厅里坐。"

三人进厅坐定，衙役献茶，俞咨皋先关切问道："杨掌柜近来生意好吗？"

"托俞大人之福，"杨陆应说，"厦门官民抗击荷夷之后，周近商家、民众对敝行格外垂青，生意是越来越好啊。"

"理应如此，理应如此。"俞咨皋频频颔首，"杨掌柜英勇抗夷，金阳名声大振，理应受人尊敬，本官也已将相关情况上报巡抚大人，褒奖令不日谅可下达。"

"感谢俞大人栽培，小民实不敢当。"杨陆谦辞道，"厦门商馆抗夷情事，我也向平户总部做了报告，李旦大人十分高兴，批复说'抗夷卫土乃国人天职'，嘱令今后更要竭尽所能，支持官府抗夷。"

"李旦乡绅爱国之情令人钦佩啊！"俞咨皋由衷赞叹，"请代本官向他表示敬意。"

杨陆抱拳："遵命，遵命。"

俞咨皋转而问道："杨掌柜今日前来，不知还有什么事？"

杨陆："是这样，小民听说俞大人即将出师澎湖，征剿荷夷，不知确否？"

"是的，"坐在副位上的王一雄代俞咨皋答说，"俞总兵已接到剿夷令，正在调集兵将，筹措粮饷。"

杨陆："今日小民正为此事而来。"

王一雄："杨掌柜这话是什么意思？"

杨陆："俞大人率师出征剿夷，小民愿效犬马之劳。"

"哦?!"王一雄颇感意外，探问道，"杨掌柜要再捐饷？"

"捐饷只是其中一项。"杨陆答说。

王一雄："杨掌柜还能作出哪些贡献？"

"其一是捐饷，款额待定；"杨陆屈指历数，"其二，金阳在台湾北港设有商馆，可就近为官兵提供粮草；其三，北港商馆掌柜龚玉娘，熟悉澎湖地形海貌，可做官兵向导；其四，北港商馆通事何斌，熟谙荷兰语和荷夷内情，可当主帅谋士。"

"果真如此？"俞咨皋半信半疑。

"小民怎敢欺骗俞大人。"杨陆应道，"如若不信，我可立即将龚玉娘、何斌调来厦门，让两位大人当面考问。"

王一雄问道："杨掌柜调得动他们吗？"

"王大人请放心，"杨陆傲然答说，"我忝为金阳总部的二总管，现又有李旦大人的批示，调用他们随师剿夷，谁敢不从？"

俞咨皋击掌赞道："好，杨总管，请立即将他们调来。"

"遵命！"杨陆抱拳，"不过，他们调来后须由我带领，出征时我们一定会听从俞大人的调遣。"

俞咨皋："杨总管也想要随军出征？"

杨陆："是的，俞大人。"

俞咨皋："这样就更好了。"

"不过，"杨陆求道，"小民希望俞大人能给我一个名分，以便我更好地为大人效命。"

"可以啊。"俞咨皋慨然应允，"本将现在先任命你为'听用官'，待剿夷有功再行升迁。”

杨陆连忙离座下跪，叩首拜道：“谢大人！”

福建总兵谋划渡海剿夷的同时，澎湖原荷军司令罗尔森正准备移交。

这一结局对他来说还是有点意外。

虽然澳门一役损兵折将，但占据澎湖不能不说是立了一功，近期袭击厦门、海澄更是取得大捷，在这样的情况下被撤换，叫人怎能吞下这口气。

几天来，他表面上依然神气十足，心底里却不胜惆怅。部属有事前来请示，他都借故推托；新任长官邀他出巡，他也婉言谢绝；独自一人关在行营的办公室里收拾官兵名册、装备清单和收支账本……

新上任的普特曼上校实在抽不时间关照这位老友，他必须尽快熟悉澎湖及其周近地区的环境。几天来，他在雷克少校的陪同下，乘座舰“威灵根号”巡查了澎湖诸岛，探访过大员及周近海域，才返回行营。

当天晚上，普特曼不敢再拖延，特地在小厅里备酒，强邀罗尔森共进晚餐。

“为我们的友谊，亲爱的老朋友。”普特曼先举杯。

“谢谢你了，亲爱的普特。”罗尔森随之将酒杯端起。

两人碰杯后同时一饮而尽。

“这些天实在忙不过来，没能和你畅叙友情，十分抱歉。”普特曼恳切地说。

听老友这样一说，罗尔森忙应道：“你太客气了，普特，照理说我该先找你谈谈才是。”

两位老朋友就这样边喝酒用餐，边交谈起来……

“啊！时光过得真快。”普特曼感慨地说，“回想当年在攻占安汶的战斗中，你是我们的伍长，登陆时领头冲锋，中了标枪还是勇猛向前，直至杀退了敌人才躺下来接受军医的包扎治疗，真了不起啊！”

“咳，”罗尔森叹了口气，“那都是过去的事情啰。”

普特曼：“但你那勇敢的精神却一直受到战友们的钦佩。”

“钦佩?!”罗尔森应道，“战友们更钦佩的是你，亲爱的普特。”

普特曼：“我怎能比得上你，亲爱的老伍长。”

罗尔森："你参加大小战斗几十场，至今还只受过轻伤，没受过重伤，这才了不起呢！"

普特曼："我只不过记住先哲的一句话，'既要勇于攻击敌人，也要善于保护自己'。"

罗尔森："战斗中要勇于攻击敌人，又要善于保护自己，这道理大家都知道，可就是很难做到，你算是我们战友中做得最好的一个，所以步步升迁，现在当起了远东舰队的上校司令，真叫人佩服。"

普特曼："不敢当，不敢当。我能有今天，其中也有老伍长一份栽培之恩啊！"说着，又给罗尔森斟满酒。

两人干杯后，普特曼换了个话题，说："有件事我想请教你，罗森。"

罗尔森："什么事，请讲。"

普特曼："前个月你派雷克少校突袭厦门、海澄，取得辉煌战果，对吗？"

罗尔森："是的，这事我在呈送公司总部的捷报中都已列明。"

普特曼："公司董事会对抓获四百多个青壮劳力特别赞赏，这对我们加快澎湖城堡的建造发挥了很大的作用。"

罗尔森："不错。"

普特曼："我前天到工地视察，那城堡再过一个月就可以完工，实在叫人高兴。"

"到那时，你就不用窝在这简陋的行营里了，亲爱的普特。"罗尔森语气中略带酸味。

普特曼恳切地说："这是老伍长对我的关爱啊！"

"好啦，普特，"罗尔森开始有点不耐烦，"你还有什么事？"

"公司总部还了解到，"普特曼应道，"出征之前，雷克少校先到福建东南沿海一带进行周详的探察，为突袭胜利奠定了基础，这情况属实吗？"

罗尔森一凛，这事我在捷报中并没有提到，总部怎么会知道？随即明白过来，哦，是他……便冷漠地答说："属实。"

普特曼："这样看来，雷克少校是立了大功。"

"没错，他是立了大功。"罗尔森说，"不过，他也招来了大麻烦。"

普特曼："大麻烦？"

罗尔森："你想想看，普特，我们在厦门抢了那么多货物，在海澄抓了那么多人，中国官府会坐视不管吗?”

普特曼:“当然不会。”

罗尔森:“据我派到厦门的密探报告，福建巡抚已经在调集官兵和战船，即将对我们发起进攻。”

普特曼:“这一点公司总部已经估计到了，所以才决定增兵澎湖，现在我们的兵力增强了一倍，武器装备又如此精良，完全有足够的力量战胜那些中国官兵。”

“但愿如此，”罗尔森依然忧心忡忡，“不过我还是要提醒你，中国军队的战船比我们小，武器比我们差，但他们的兵员比我们多得多，加上澎湖当地居民的支持，实在很难对付，你还是多加小心为好。”

罗尔森的担心并非多余。

经过一个多月的努力，福建巡抚和总兵俞咨皋已经调集了战座船“福平号”、主战船“福翔号”“福凌号”等六十多艘战船、快船，以及士兵四千余名，加上辅助运兵运粮的百只民船，组成一支剿夷大军。

出师前，俞咨皋在厦门守备署衙召开军事会议，与会者有南路游击卢毓英、福建都司洪先春、厦门守备王一雄、原驻澎湖守备林际元，以及福州知府潘师道、泉州知府王猷、漳州知府赵纾、海澄知县刘斯琜等文武官员十余名；杨陆作为主帅的听用官也列席参加。

会议一开始，俞咨皋走到悬挂在墙上的澎湖地形图前，慷慨致辞：“诸位袍泽，这澎湖列岛扼守在我国东南，屹立于大海之中，东临台湾琉球，西望漳泉二府，数十个岛屿大小错列，南北环拱，连亘百里，风涛喷薄，可谓是御敌之关隘，神州之藩篱，航路之要冲，海疆之重地……”

说到这里，他顺手拿起搁在图前的一根细圆木棒，指着图中上端一个特大的岛屿:“这是澎湖本岛，面积等于其他数十个岛屿的总和，它跟北面的白沙岛、西面的渔翁岛连环相扣，围出一片内澳，可泊船数百只。该岛山丘起伏，地势险要，南有港门，直通西洋，北有港门，名曰镇海，自古就有福建渔民在此居住。三百年前，元朝更在此设立巡检司，管辖台、澎两地。我天朝为防倭寇袭扰，多次增兵驻守，前年红毛荷夷乘我暂时撤防之机，予以占据，并以此为据点，袭我厦门，掠我海澄，是可忍孰不可忍!”

俞咨皋越说越激昂，一出手将那木棒折断，扔在地上，面朝众官员，拔高声调："现朝廷下旨征剿荷夷，望我水、陆二师，英勇奋战；望我相关府、县，全力支援；上下同心，文武协力，务必收复澎湖要地，以安我福建百姓。待剿夷获胜之日，本将自会上报朝廷，论功行赏，按绩擢升！"

主帅致辞毕，会议对渡海作战进行了部署，以王一雄为先锋，以卢毓英、洪先春为左右两翼，林际元则统领民船跟进；并指派杨陆、龚玉娘、何斌等三人装扮成渔民，先行潜入澎湖，刺探荷夷动静。

十天后，杨陆等返厦报告称：荷夷新任的司令普特曼，勇猛善战，狡诈多谋，前不久从爪哇新带来五艘军舰、数百名士兵，使驻澎湖的兵力倍增，现已在风柜角建造城堡，广筑炮垒，准备长期占领。

根据新的敌情，俞咨皋重新作了部署，并决定克日起兵。

是日也，春阳高照，剿夷大军在厦门誓师东征。鼓浪屿后、南太武前广阔的海面上，旌旗飘扬，锣鼓喧天……站立在龙头山顶的俞咨皋举起令旗一挥，王一雄率领的先锋战船队即刻扬帆起航，朝向澎湖列岛以北的海域，破浪前进，翌日傍晚抵达列岛最北端的吉贝屿。

该屿距白沙岛约二十里，距澎湖荷军总部则有五十余里，四周波涛汹涌，岸线蜿蜒曲折，素来不为人们所重视，荷兰人当然也未加注意；但对兵家而言却十分有利于隐蔽。俞咨皋因之选中它，作为进剿荷兰人的集兵之地。

王一雄率战船队泊定登陆后，先将住在岸上的几户渔民召来，每户赏给一包白米，叮嘱他们不要声张，并征用他们的渔船连夜送杨陆、龚玉娘、何斌到南面的白沙岛探察，获悉荷军仅在岛南端的镇海港驻有四艘军舰和两百余名士兵，立即写出两份同一内容的军情报告，扎在两只随军信鸽的腿上，放飞厦门，上报主帅俞咨皋。

第三天午后，立功心切的王一雄估计大军即将到来，便命守备府战船队领军洪旭留驻吉贝屿，自已和杨陆率领战船、民船共四十余艘、士兵八百多名，乘风南下，直扑镇海港。

驻扎在港内的荷军猝不及防，仓促应战，虽拥有先进的火炮、火铳，终因寡不敌众，被迫撤出镇海港。

刚住进新建的风柜城东门那幢三层楼房的普特曼，突然接到白沙岛荷军败退的消息。虽感意外，却镇定自若，立即派出八艘战舰，依仗舰炮射程远、火力猛的优势，到镇海港口轰击港内的中国船队，首战就击沉民船五六只，重创战船两艘。

正当普特曼组织好兵力准备夺回白沙岛之时，卢毓英率领的左翼军已经绕过吉贝屿，进驻镇海港，与先锋王一雄会合；右翼洪先春紧接着从渔翁岛西岸登陆并控制了全岛。

统率全军的俞咨皋抓住战机，一声令下，三路大军即刻对盘踞在澎湖的荷兰军队展开猛烈进攻。

澎湖内澳有史以来最激烈的一场战斗爆发了！炮弹和箭矢击碎了波平如镜的水面，殷红的鲜血溅洒在清澈碧蓝的水中，士兵们的厮杀声和滚滚的春雷交织在一起，震荡着四周的海空……

几番猛攻之后，剿夷大军终于突破荷兰军队的防线，攻取了位于澎湖本岛西端的妈祖宫，逼近荷军总部风柜城。

大军压境，形势严峻，普特曼才记起罗尔森离任时的忠告，看到了劫掠厦门、海澄所造成的严重后果。但他并不责怪雷克，而是与之共商对策，最后决定以保存实力为第一要务，以静制动，将全军的陆战火炮集中部署在城堡北面的炮垒和山口，与镇守在南港门的大型战舰上的舰炮连成一道超强的火力网，一次次击退中国军队的进攻。

这样的攻防战打了十几天，澎湖荷军损耗了大量的弹药，而剿夷大军则付出了重大的伤亡。

出师前激昂慷慨的俞咨皋开始焦灼难忍，当即召集手下部将，在妈祖宫清风阁商讨对策。

可是，一壶茶都冲过三遍了，大家还是一言不发。

“怎么啦，都变成哑巴了?!”俞咨皋有点恼火。

眼看主帅那副焦灼的神情，一向寡言的原澎湖守备林际元开口了：“这回攻打荷兰人城堡，我军战船被击沉八艘、被击伤十余艘、士兵伤亡数百名，如果继续强攻，损失必定更重。依属下愚见，是否暂时歇兵……”

“歇兵?!”憋了一肚子气的卢毓英拍案站起，“我军为剿夷而来，哪有歇兵之理?”

“属下的意见，歇兵是暂时的，是为了重新组织兵力。”林际元解释道。

“对，重新组织兵力。”先锋主将王一雄首先响应。

卢毓英听后怒气消去大半，问:“这兵力如何重新组织?”

林际元道:“我军应兵分两路，一路继续从北面进攻，另一路则从海上绕到澎湖岛南，从南面偷袭风柜城，打它个措手不及。”

“好，这主意好!”王一雄极表赞同。

求战心切的卢毓英随之点头称许:“对，此计可行。”

“不过，据我方派出的细作报告，荷夷那新造的风柜城堡十分坚固，岸上又布满火炮，偷袭恐难奏效。”老将洪先春发表不同意见。

“洪都司过虑了。”卢毓英反驳说，“我军既要偷袭就不是小股袭扰，而是组织强大兵力，乘敌不备进行突袭猛攻，我就不信他荷夷的风柜城能守得住。”

“组织强大兵力就要调动大批战船，敌人难道不会发现?”洪先春反问道，“这十几天来，我军全员从北面发起进攻未能攻下，绕到南面就一定有把握突袭成功?”

卢毓英语塞:“这……”

“唔……”统率全军的俞咨皋沉吟片刻，转对杨陆，“杨掌柜，你对荷夷情况较为熟悉，请说说你的看法。”

杨陆皱起眉头，恭谨应道:“偷袭本是兵家一计，林守备对澎湖的地形、海域也了如指掌，但据属下多次深入荷夷驻地所闻所见，我军面对的强敌确实非同一般。他们不但舰大炮锐，而且上下一心，新来的司令更是狡诈多谋，对我方的偷袭该会有所防范……”

“照你所讲，”卢毓英打断他的话，“我们这剿夷就剿不下去了?”

卢游击这一说，使全场再次陷入寂静。

少顷，洪先春献策道:“依我之见，荷夷虽然城堡坚固、武器精良、士卒拼命，但它城内所存粮草、弹药毕竟有限，我军可以采取围困之策，一旦它弹尽粮绝，就必降无疑。”

“澎湖海域如此宽阔，”林际元摇了摇头，“恐怕很难围困得了。”

“即便围困得了，”王一雄接着说，“何时才能使它弹尽粮绝，也很难讲。”

正当众将苦无良策之时，杨陆忽开言叩问俞咨皋："总兵大人，属下有个想法，不知该说不该说？"

俞咨皋忙道："有什么想法，你尽管讲。"

杨陆进言道："适才洪都司所言不无道理，荷夷城堡内储存的粮草、弹药确实有限，目前也已陷入困境；但其实力仍不可小觑。我军进行攻袭须付出沉重代价，进行围困则迁延时日且疏漏在所难免……"

"打也不行，围也不是，"卢毓英气愤地打断他的话，"那我们怎么向朝廷复命？"

"只要我们能将荷夷逐出澎湖，就会获得朝廷嘉许。"杨陆从容应说。

"既不打，又不围，荷夷会自行撤出澎湖？"卢毓英反问道。

"万历三十二年沈有容将军谕退红毛番的事迹，诸位大人该都知道吧。"杨陆侃侃而谈，"当年荷夷窃据澎湖，沈将军率军前往交涉，正气凛然，直逼敌酋，终于迫使敌方知难而退。现荷夷虽凭借舰大炮锐、城坚堡固与我军对抗，但其损耗也必定十分严重，在此双方相持不下之时，总兵大人不妨采取谕退之策，说不定还真能成功。"

"哦，谕退！"俞咨皋大感兴趣，"如何进行谕退呢？"

杨陆应说："大人可派出代表，与荷夷先行接触，探知其意向，然后以退出澎湖为首要条件，与之正式谈判。"

"唔，唔，"俞咨皋频频颔首，转问诸将，"听用官杨陆这建议，可不可行呢？"

"大人裁定，属下听命！"诸将齐声应道。

"好，"俞咨皋拍案站起，"本将现委派听用官杨陆为我军代表，克日起程，前往敌营。"

杨陆一听，心中窃喜，当即离座趋前，下跪拜道："属下遵令。"

前往敌营，敢无风险，因何杨陆乐当此任？

原来近些年他与荷兰人曾做成多笔生意，交情甚好；此次剿夷更是几番深入荷兰人驻地刺探，对敌我双方情况了然于胸。现我军因伤亡过重难再强攻，敌军也因损耗严重而陷入困境，如果继续硬打死拼，双方都将付出更为惨重的代价。因此只要条件合适，完全有可能通过和谈退敌。于是，在诸将意见不一之时，杨陆便提出这“谕退”之策，并料定总兵大人准会派他为谈判代表，这可是立功晋升的大好机会呀！

情势的发展果不出杨陆之所料。

当他与通事何斌带上俞咨皋致荷军司令的谕退函进入风柜城，非但未遭遇险情，而且得到一名使者应享的礼遇。荷军随即派出雷克少校为代表，首次接触便决定暂时停火。

接着，双方使者频密往来，互提条件。

熟谙主将意图的杨陆，坚持荷军撤出澎湖为底线，并要求赔款、放人。

掌握荷军现况的雷克，深知食物、弹药难以为继，死战绝非良策，退回爪哇又损失过大。他曾多次到过台湾沿岸探察，经已看出隔海相对的大员是个有待开发的好地方，如能着力加以经营，其前景难以限量，便以转移到大员为底线，要求对方同意。

就这样双方经几度讨价还价，取得了初步共识；然后由双方主将俞咨皋和普特曼进行正式谈判，最终达成如下协议：

（甲）荷军同意：一、人员、船只及物资、装备等，两个月内全数撤出澎湖，并拆除在澎湖的城堡；二、释放从海澄县掳掠的四百余名青壮年，保证今后不再到中国东南沿海进行抢掠；三、赔偿明军战费白银八万两，立即赔付。另，赔偿厦门商民二万两、海澄乡民二万两，共四万两，交由总兵大人分发。

唯一的条件是：明军必须允许其整支船队和全数人员撤往澎湖水道对岸的大员，并在大员设立商馆。

（乙）明军允诺：荷军在交清赔款、释放乡民、撤离澎湖之后，同意其人员和船只就近转移到尚属“荒土”的台湾大员，并继续与中国通商。

这是一份双方当事人皆大欢喜的协议，执行的结果是：

中国方面：俞咨皋率军剿夷，“旗开得胜”，将荷兰人“逐出”澎湖，救出被俘乡民凯旋，上获朝廷嘉奖，下博百姓赞颂，真是八面威风。

荷兰方面：普特曼率兵抗剿，重创敌军，最终迫于形势，幸得言和；虽然撤出澎湖，且赔付了十二万两银子，但却保存实力全身而退，并获得一片比澎湖大上数倍的滨海沃土，在中国东南海疆扎下根基。

杨陆作为和谈使者，凭借他的口才和手段，在谈判中赢得了荷兰人的赏识和丰厚的报酬；凯旋回闽后又因功劳卓著被擢升为把总，成为金阳商行戴上官帽的第二人；真是两面讨好，两头得利！